莊子集解

清 王先謙 著

序

夫古之作者。豈必依林草。群鳥魚哉。余觀莊生甘曳尾之辱。卻為犧之聘。可謂塵埃富貴者也。然而貸粟有請。內交於監河。係履而行。通謁於梁魏。說劍趙王之殿。意猶存乎救世。遭惠施三日大索。其心迹不能見諒於同聲之友。況餘子乎。吾以是知莊生非果能迴避。以全其道者也。且其說曰。天下有道。聖人成焉。天下无道。聖人生焉。又曰。周將處乎材不材之間。夫其不材。以尊生也。而其材者。特藉空文以自見。老子云。美言不信。生言美矣。其不信又已自道之。故以橛飾鞭筴為伯樂罪。而擻髑髏未嘗不用馬捶。其死棺槨天地。而以墨子薄葬為大瞉。心追容成大庭結繩無文字之世。而恆假至論以修心。此豈欲後之人行其言者哉。嫉時焉耳。是故君德天殺。輕用民死。刺暴主也。俗好道諛。嚴於親而尊於君。憤濁世也。登無道之廷。口堯而心桀。出無道之野。貌夷而行跖。則又奚取夫空名之仁義。與無定之是非。其志已傷。其詞過激。設易天下為有道。生殆將不出於此。後世浮慕之以成俗。此讀生書者之咎。咎豈在書哉。余治此有年。領其要。得二語焉。曰。喜怒哀樂。不入於胸次。竊嘗持此。以為衛生之經。而果有益也。噫。是則吾師也。夫舊注備矣。輒芟取眾長。間下己意。輯為八卷。命之曰集解。世有達者。冀共明之。宣統元年七月。

莊子集解

目錄

雜篇

卷一

內篇 逍遙遊第一

言逍遙乎物外，任天而遊無窮也。

北冥有魚，釋文：本一作溟，北海也。其名為鯤。釋魚：鯤，魚子。方以智云：鯤本小魚，莊子用為大魚之名。鯤之大，不知其幾千里也。化而為鳥，其名為鵬。鵬之背，不知其幾千里也。怒而飛，其翼若垂天之雲。是鳥也，海運則將徙於南冥。玉篇：運，行也。案：行於海上，故曰海運，下云水擊是也。南冥者，天池也。成元英云：大海洪川，原夫造化，非人所作，故曰天池。案：言物之大者，任天而遊。齊諧者，志怪者也。司馬彪云：齊諧，人姓名。簡文云：書名。諧之言曰：鵬之徙於南冥也，水擊三千里，崔譔云：將飛舉翼，擊水踉蹌。摶扶搖而上者九萬里，崔云：拊翼徘徊而上。爾雅：扶搖謂之飆。郭注：暴風從下上。去以六月息者也。成云：六月，半歲，至天池而息。引齊諧一證。野馬也，司馬云：野馬，春月澤中游氣也。成云：青春之時，陽氣發動，遙望藪澤，猶如奔馬，故謂之野馬。塵埃也，成云：揚土曰塵，塵之細者曰埃。生物之以息相吹也。成云：天地之間，生物氣息更相吹動。案：漢書揚雄傳注：息，出入氣也。言物之微者，亦任天而遊。入此義，見物無大小，皆任天而動。鵬下不言，於此點出。天之蒼蒼，其正色邪？其遠而無所至極邪？其視下也，亦若是則已矣。其，謂鵬。是，謂人視天。鳥在九萬里上，率數約略如此，故曰則已矣，非謂遂止也。借人視天，喻鵬視下，極言摶上之高。且夫水之積也不厚，則其負大舟也無力。覆

杯水於坳堂之上。支遁云、謂堂有坳垤形也。則芥為之舟。李頤云、芥、小草。置杯焉則膠。崔云、著地。水淺而舟大

也。風之積也不厚。則其負大翼也無力。故九萬里則風斯在下矣。而後乃今培

風。王念孫曰、培、馮也。周禮馮相氏注、馮、乘也。鵬在風上、故言馮。培馮聲近義通。漢書周緤傳、緤封蒯城侯、顏注呂忱蒯音陪。楚漢春秋作馮城侯、是培馮音近之證。背負青天。而莫

之夭閼者。司馬云、夭、折也。閼、止也。言無有折止使不行者。而後乃今將圖南。謀向南行、借水喻風、唯力厚、故能負而行、明物非以息相吹、不能遊也。蜩與

學鳩笑之曰。釋文、學本又作鷽、本或作鸒、音預。司馬云、學鳩、小鳩。俞樾云、文選江淹詩、鸒斯高下飛、李注引莊子此文說之、又引司馬云、鸒鳩小鳥、是司馬注作鸒不作鷽。我決

起而飛。李云、決、疾貌。槍榆枋。支云、槍、突也。李云、猶集也。榆枋、二木名。枋音方。李云、檀木。時則不至而控於地而已矣。王念孫云、則猶

或也。司馬云、控、投也。奚以之九萬里而南為。借蜩鳩之笑、為惠施寫照。適莽蒼者。三飡而反。釋文、蒼、七蕩反。或如字。崔云、草野之色。三

飡、猶言竟日。腹猶果然。適百里者。宿舂糧。隔宿擣米儲食。適千里者。三月聚糧。之二蟲。謂蜩鳩。又何

知。借人為二蟲設喻。小知不及大知。釋文、音智。本亦作智。下大知同。小年不及大年。上語明顯、設喻駢列、以掩其迹。奚以知其然

也。朝菌不知晦朔。列子湯問篇、朽壤之上有菌芝者、生於朝、死於晦。晦、謂夜。釋文、朔、旦也。惠蛄不知春秋。此小年也。釋文、惠本作蟪。

司馬云、惠蛄、寒蟬也。一名蝭蟧。春生夏死、夏生秋死。楚之南有冥靈者。以五百歲為春。五百歲為秋。上古有大

椿者以八千歲為春。八千歲為秋。楚之南下，全引列子湯問篇。楚彼作荊。而彭祖乃今以久特聞。李云：彭祖名鏗。堯臣，封彭城，歷虞夏至商，年七百歲，故以久壽見聞。眾人匹之。言壽者必舉彭祖為比。不亦悲乎。此段從小年句演出。湯之問棘也是已。湯問篇，殷湯問於夏革。張湛注：湯大夫。棘革古同聲通用。窮髮之北有冥海者天池也。有魚焉。其廣數千里。未有知其修者。其名為鯤。有鳥焉。其名為鵬。背若泰山。翼若垂天之雲。湯問篇：終髮北之北，有溟海者，天池也。有魚焉，其廣數千里，其長稱焉，其名為鯤。有鳥焉，其名為鵬，翼若垂天之雲，其體稱焉。按列子不言鯤化為鵬。又此下至而彼且奚適也，皆列子所無，而其文若相屬為義。漆園引古在有意無意之間，所謂洸洋自恣以適己者，此類是也。摶扶搖羊角而上者九萬里。司馬云：風曲上行若羊角。絕雲氣負青天。然後圖南。且適南冥也。引湯問再證。斥鴳笑之曰。司馬云：斥，小澤。鴳，雀也。斥本作尺，古字通。夏侯湛抵疑：尺鷃不能陵桑榆。文選七啟注：鷃雀飛不過一尺，言其劣弱也。案雀飛何止一尺，下文明言數仞矣。彼且奚適也。彼，鵬。我騰躍而上。不過數仞而下。翱翔蓬蒿之間。此亦飛之至也。而彼且奚適也。又借斥鴳之笑，為惠施寫照。此小大之辨也。點明。

故夫知效一官。行比一鄉。李云：比，合也。德合一君。而徵一國者。郭慶藩云：而讀為能，能而古字通用。官鄉君國相對，知行德能亦相對。司馬云：徵，信也。其自視也亦若此矣。此謂斥鴳，方說到人，暗指惠施一輩人。而宋榮子猶然笑之。司馬李云：榮子，宋國人。崔云：賢者。謂猶以為笑。且舉世譽之而不加勸。舉世非之而不加沮。郭象云。審自得也。定乎內外之分。郭云。內我而外物。辨乎榮辱之境。郭云。榮己而辱人。斯已矣。成云。榮子智德止盡於斯。彼其於世未數數然也。言不數數見如此者也。雖然。猶有未樹也。司馬云。樹。立也。至德未立。案言宋榮子不足慕。夫列子御風而行。成云。列禦寇。鄭人。與鄭繻公同時。案列子黃帝篇。列子師老商氏。友伯高子。盡二子之道。乘風而歸。下又云。隨風東西。猶木葉幹殼。竟不知風乘我邪。我乘風乎。泠然善也。郭云。泠然。輕妙之貌。旬有五日而後反。彼於致福者。未數數然也。成云。致。得也。得風仙之福。案言得此福者亦不數數見也。此雖免乎行。猶有所待者也。雖免步行。猶必待風。列子亦不足慕。若夫乘天地之正。而御六氣之辯。司馬云。六氣。陰陽風雨晦明。郭慶藩云。辯讀為變。與正對文。辯變古字通。以遊無窮者。彼且惡乎待哉。無所待而遊於無窮。方是逍遙遊一篇綱要。故曰。至人無己。神人無功。聖人無名。釋文。己音紀。成云。至言其體。神言其用。聖言其名。其實一也。案不立功名。不以己與。故為獨絕。此莊子自為說法。下又列四事以明之。

堯讓天下於許由。司馬云。潁川陽城人。曰。日月出矣。而爝火不息。字林。爝。炬火也。其於光也。不亦難乎。時雨降矣。而猶浸灌。其於澤也。不亦勞乎。夫子立而天下治。而我猶尸之。成云。尸。主也。吾自視缺然。請致天下。許由曰。子治天下。天下既已治也。而我猶代子。吾將為名乎。名者實之賓也。吾將為賓乎。鷦鷯巢於深林。不過一枝。李云.鷦鷯.小鳥.郭璞云.桃雀.偃鼠飲河。不過滿腹。李頤云.偃鼠.鼹鼠也.李楨云.偃.或作鼴.俗作鼹.本草陶注.一名鼢鼠.常穿耕地中行.討掘即得.說文.鼢下云.地行鼠.伯勞所化也.李說誤.歸休乎君。予無所用天下為。庖人雖不治庖。尸祝不越樽俎而代之矣。釋文.傳鬼神言曰祝.案引不受天下之許由.為己寫照.言非此不能獨全其天.

肩吾問於連叔成云.並古之懷道者.曰。吾聞言於接輿。釋文.皇甫謐云.接輿躬耕.楚王遣使.以黃金百鎰車二駟.聘之不應.大而無當。釋文.丁浪反.案.當.底也.往而不返。吾驚怖其言。猶河漢而無極也。成云.猶上天河漢.迢遞清高.尋其源流.略無窮極.大有逕庭。宣穎云.逕.門外路.庭.堂外地.大有.謂相遠之甚.不近人情焉。連叔曰。其言謂何哉。曰。藐姑射之山。釋文.藐.音邈.簡文云.遠也.姑射.山名.在北海中.有神人居焉。肌膚若冰雪。淖約若處子。李云.淖約.好貌.釋文.處子.在室女.不食五穀。吸風飲露。乘雲氣。御飛龍。而遊乎四海之外。乘雲氣三句.又見齊物論篇.御飛龍作騎日月.其神凝。三字吃緊.非遊物外者.不能凝於神.使物不疵癘而年穀熟。司馬云.疵.毀也.癘.音癩.惡病.列子黃帝篇.姑射山在海中.山上有神人焉.吸風飲露.不食五穀.心如淵泉.形如處女.不施不惠.而物自足.不聚不斂.而己無愆.陰陽常調.日月常明.四時常若.風雨常均.字育常時.年穀常豐.而土無札傷.人無夭惡.物無疵癘.漆園本此為說.吾是以狂而不信也。狂.李云.九況反.案音讀如誑.言以為詌．連叔曰。然。瞽者無以與乎文章之觀。聾者無以與乎鐘鼓之聲。豈惟形骸有聾盲哉。夫知亦有之。是其言也。猶時女也。司馬云．猶處女也．案．時．是也．云是其言也．猶是若處女者也．此人也．此德也．云云．極擬議之詞．之人也。之德也。將磅礴萬物以為一世蘄乎亂。孰弊弊焉以天下為事。李云．磅礴．猶旁礴．李楨云．亦作旁魄．廣被意也．言其德行廣被萬物．以為一世求治．豈肯有勞天下之迹．老子曰．我無為而民自化．亂．治也．簡文云．弊弊．經營貌．案蘄同期．之人也。物莫之傷。大浸稽天而不溺。司馬云．稽．至也．大旱金石流。土山焦。而不熱。是其塵垢粃糠。說文．粃．作秕．釋文．秕穅．猶繁碎．案言於煩碎之事物．直以塵垢視之．將猶陶鑄堯舜者也。孰肯以物為事。又引不以天下為事之神人．以明其自全之道．宋人資章甫。適諸越。李云．資．貨也．章甫．殷冠也．以冠為貨．司馬云．諸．於也．越人短髮文身。無所用之。為無所用天下設喻．堯治天下之民。平海內之政。往見四子。藐姑射之山。司馬李云．四子．王倪．齧缺．被衣．許由．李楨云．四子本無其人．徵名以實之則鑿矣．汾水之陽。窅然喪其天下焉。汾水之陽．堯都．宣云．窅然．深遠貌．案言堯亦自失其有天下之尊．下此更不足言矣．

惠子謂莊子曰。司馬云．姓惠．名施．為梁相．魏王貽我大瓠之種。瓠．瓜也．即今葫蘆瓜．我樹之成而實五石。以盛水漿。其堅不能自舉也。成云．樹．植．實．子也．虛脆不堅．故不能自勝舉．剖之以為瓢。則瓠落無所容。簡文云．瓠落．猶廓落也。成云。平淺不容多物。非不呺然大也。釋文。呺。本亦作号。李云。虛大貌。俞樾云。呺。俗字。當作枵。虛也。吾為其無用而掊之。莊子曰。夫子固拙於用大矣。宋人有善為不龜手之藥者。向秀云。龜。拘坼也。釋文。徐音舉倫反。李楨云。此以龜為皸之叚借。元應音義。皸下。引通俗文。手足坼裂曰皸。經文或作龜坼。下引此文為證。世世以洴澼絖為事。成云。洴。浮。澼。漂。絖。絮也。李云。漂絮水上。盧文弨云。洴澼。擊絮之聲。客聞之。請買其方百金。李云。金方寸。重一斤。為一金。百金。百斤也。聚族而謀曰。我世世為洴澼絖。不過數金。今一朝而鬻技百金。請與之。客得之。以說吳王。越有難。吳王使之將。冬與越人水戰。大敗越人。裂地而封之。能不龜手一也。或以封。或不免於洴澼絖。則所用之異也。今子有五石之瓠。何不慮以為大樽而浮於江湖。司馬云。慮。猶結綴也。樽如酒器。縛之於身。浮於江湖。可以自渡。案所謂腰舟。而憂其瓠落無所容。則夫子猶有蓬之心也夫。向云。蓬者短不暢。曲士之謂。案言惠施以有用為無用。不得用之道也。

惠子曰。吾有大樹。人謂之樗。其大本擁腫而不中繩墨。其小枝卷曲而不中規矩。立之塗。匠者不顧。今子之言。大而無用。眾所同去也。猶言棄而不取。莊子曰。子獨不見狸狌乎。成云.狌.野貓. 卑身而伏。以候敖者。司馬云.遨翔之物.雞鼠之屬. 東西跳梁。成云.跳梁.猶走擲. 不辟高下。

辟.音避. 中於機辟。辟所以陷物.鹽鐵論刑法篇.辟陷設而當其蹊.與此同義.亦作臂.楚詞哀時命篇.外迫脅於機臂兮.機臂即機辟也.玉篇王注.以為弩身 死於網罟。今

夫斄牛。司馬云.旄牛. 其大若垂天之雲。成云.山中遠望.如天際之雲. 此能為大矣。而不能執鼠。今子有

大樹。患其無用。何不樹之於無何有之鄉。廣莫之野。簡文云.莫.大也. 彷徨乎無為其側。釋文.

彷徨猶翱翔. 逍遙乎寢臥其下。郭慶藩云.逍遙.依說文當作消搖.又引王晳夜云.消搖者.調暢悅豫之意. 不夭斤斧。物無害者。無所

可用。言無處可用之.人間世篇.是不材之木也.無所可用.又云予求無所可用久矣.又山木篇.無所可用.文意並與此同. 安所困苦哉。又言狸狌之不得其死.斄牛之大而無用.不如

樗樹之善全.以曉惠施.蓋惠施用世.莊子逃世.惠以莊言為無用.不知莊之遊於無窮.所謂大知小知之異也.

內篇 齊物論第二

天下之物之言.皆可齊一視之.不必致辯.守道而已.蘇輿云.天下之至紛.莫如物論.是非太明.足以累心.故視天下之言.如天籟之旋怒旋已.如鷇音之自然.而一無與於我.然後忘彼是.渾成毀.平尊隸.均物我.外形骸.遺生死.求其真宰.照以本明.游心於無窮.皆莊生最微之思理.然其為書.辯多而情激.豈真忘是非者哉.不過空存其理而已.

南郭子綦。隱机而坐。司馬云.居南郭.因為號.釋文.隱.馮也.李本机作几.案事又見徐无鬼篇.郭作伯.机作几. 仰天而噓。荅焉似喪其

耦。[向云.噓.息也.釋文.荅.解體貌.本又作嗒.耦.本亦作偶.俞云.偶當讀為寓.寓.寄也.即下文所謂吾喪我也.案徐无鬼篇.噓下無此句.] 顏成子游立侍乎前。[李云.子綦弟子.姓顏.名偃.謚成.字游.案徐无鬼篇.作顏成子入見.] 曰何居乎。[徐无鬼篇.作夫子物之尤也.] 形固可使如槁木。而心固可使如死灰乎。[文子道原篇.引老子曰.形若槁木.心若死灰.徐无鬼篇.與此二句同.木作骸.知北遊篇.形若槁骸.心若死灰.庚桑楚篇.亦有二句.槁骸作槁木之枝.達生篇.亦云.吾執臂也.若槁木之枝.是此槁木.即槁木之枝.槁骸.亦槁枝也.以下異.] 今之隱机者。非昔之隱机者也。子綦曰。偃。不亦善乎而問之也。[而.同爾.] 今者吾喪我。汝知之乎。汝聞人籟。而未聞地籟。女聞地籟。而未聞天籟夫。[郭云.籟.簫也.] 子游曰。敢問其方。[成云.方.術也.] 子綦曰。夫大塊噫氣。[俞云.塊.凷或體.大地.成云.噫而出氣.] 其名為風。是唯无作。作則萬竅怒呺。而獨不聞之翏翏乎。[之.猶其.下同.釋文.翏翏.長風聲.李本作飂.] 山林之畏佳。[即嵔崔.猶崔巍.] 大木百圍之竅穴。似鼻。似口。似耳。似枅。似圈。似臼。似洼者。似污者。[字林云.枅.柱上方木.成云.圈.獸之闌圈.宣云.洼.深池.污.窊也.三象身.三象物.二象地.皆狀木之竅形.] 激者。謞者。叱者。吸者。叫者。譹者。宎者。咬者。[宣云.激.如水激聲.謞.如箭去聲.叱.出而聲粗.吸.入而聲細.叫.高而聲揚.譹.下而聲濁.宎.深而聲留.咬.鳴而聲清.皆狀竅聲.釋文.謞.音孝.司馬云.譹.哭聲.案交交黃鳥.三家詩作咬咬.] 前者唱于。而隨者唱喁。[李云.于.喁.聲之相和.成云.皆風吹樹動.前後相隨之聲.] 泠風則小和。飄風則大和。[李云.泠.小風也.爾雅.回風為飄.和.明臥反.] 厲風濟則眾竅為虛。

向云.厲.列也.濟.止也.風止則萬竅寂然.而獨不見之調調之刁刁乎。郭云.調調.刁刁.皆動搖貌.子游曰。地籟則眾竅是已。人籟則比竹是已。以竹相比而吹之.敢問天籟。子綦曰。夫吹萬不同。而使其自已也。咸其自取。怒者其誰邪。宣云.待風鳴者地籟.而風之使竅自鳴者.即天籟也.引子綦言畢.案此文以吹引言.風所吹萬有不同.而使之鳴者.仍使其自止也.且每竅各成一聲.是鳴者仍皆其自取也.然則萬竅怒呺.有使之怒者.而怒者果誰邪.悟其為誰.則眾聲之鳴.皆不能無所待.而成形者更可知矣.又何所謂得喪乎.怒者其誰.使人言下自領.下文所謂真君也.

大知閑閑。小知閒閒。釋文.知音智.下同.成云.閑閑.寬裕也.俞云.廣雅釋詁.閒.覗也.閒閒.謂好覗察人.此智識之異.大言炎炎。小言詹詹。炎炎.有氣燄.成云.詹詹.詞費也.此議論之異.其寐也魂交。其覺也形開。此寐覺之異.與接為構。成云.構.合也.日以心鬭。宣云.心計相角.縵者。窖者。密者。簡文云.縵.寬.司馬云.窖.深也.宣云.密.謹也.成云.略而言之.有此三別.此交接之異.小恐惴惴。大恐縵縵。李云.惴惴.小心貌.宣云.縵縵.迷漫失精.此恐悸之異.其發若機栝。其司是非之謂也。釋文.機.弩牙.栝.箭栝.成云.司.主也.案發言即有是非.榮辱之主也.其留如詛盟。其守勝之謂也。留不發.若詛盟然.守己以勝人.此語默之異.其殺若秋冬。以言其日消也。宣云.琢削使天真日喪.其溺之所為之。不可使復之也。溺.沈溺.宣云.為之之之猶往.言一往不可復返.其厭也如緘。以言其老洫也。宣云.厭然閉藏.緘.祕固.洫.深也.老而愈深.近死之心。莫使復陽也。宣云.陰鷙無復生意.喜怒哀樂。慮歎變慹。宣云.慮多思.歎多悲.變多反覆.慹多怖.音執．姚佚啟態。成云．姚則輕浮躁動．佚則奢華縱放．啟則情欲開張．態則嬌淫妖冶．案姚同佻．動止交接．性情容貌．皆天所賦．以上言人．樂出虛。無聲而有聲．宣云．本虛器．樂由此作．蒸成菌。無形而有形．皆氣所使．以上言物．日夜相代乎前而莫知其所萌。日與夜代．於何萌生．上句又見德充符篇．已乎已乎。旦暮得此其所由以生乎。既無可推求．不如其已乎．然俯仰旦暮間．自悟真理．此者生之根也．非彼无我。宣云．彼即上之此也．非我无所取。成云．若非自然．誰能生我．若無有我．誰稟自然乎．是亦近矣。成云．我即自然．自然即我．其理非遠．而不知其所為使。宣云．究竟使然者誰邪．案與上怒者其誰邪相應．必有真宰而特不得其眹。崔云．特．辭也．李云．眹．兆也．案云若有真為主宰者使然．而其眹迹不可得見．可形己信。而不見其形。可運動者己信能之．而不見運動我之形．有情而無形。與我有相維繫之情．而形不可見．百骸。成云．百骨節．九竅。眼耳鼻口七竅．與下二漏而九．六藏。李楨云．難經．三十九難．五藏．心肝脾肺腎也．亦有六藏者．腎有兩藏也．左腎．右命門．命門者．謂精神之所舍也．其氣與腎通．故言藏有六也．賅而存焉。成云．賅．備．吾誰與為親。成云．豈有親疏．汝皆說之乎。其有私焉。將皆親而愛悅之乎．或有私於身中之一物乎．如是皆有為臣妾乎。其臣妾不足以相治也。其遞相為君臣乎。其有真君存焉。成云．臣妾．士女之賤職．案謂役使之也．言皆悅不可．有私不可．既如是矣．或皆有之．而賤為役使之臣妾乎．然無主不足以相治也．其或遞代為君臣乎．然有真君在焉．即上真宰也．此語點醒．如求得其情與不得。無益損乎其真。一受其成形。不亡以待盡。與物相刃相靡。其行盡如馳。而莫之能止。不亦悲乎。成云：刃，逆。靡，順也。真君所在，求得不加益，不得不加損。惟人自受形以來，守之不死，坐待氣盡。徒與外物相攖，視歲月之行盡如馳，而莫之能止，不可悲乎。案：一受其成形，不亡以待盡，又見田子方篇。亡作化。終身役役而不見其成功，苶然疲役而不知其所歸，可不哀邪。所有皆幻妄，故無成功。疲於所役而不知如何歸宿。盧文弨云：苶當作茶，司馬作薾，簡文云：疲困貌。人謂之不死，奚益。其形化，其心與之然，可不謂大哀乎。宣云：縱生何用，及形化而心亦與之化，靈氣蕩然矣。人之生也，固若是芒乎。其我獨芒，而人亦有不芒者乎。成云：芒，闇昧也。夫隨其成心而師之，誰獨且無師乎。奚必知代而心自取者有之。愚者與有焉。心之所志，隨而成之，以心為師，人人皆有。奚必知相代之理，而心能自得師者有之，即愚者莫不有焉。未成乎心而有是非，是今日適越而昔至也。未成凝一之心，妄起意見，以為若者是道，若者非道，猶未行而自夸已至。此是非與下是非無涉。天下篇：今日適越而昔來。惠施與辯者之言也。此引為喻。是以無有為有。無有為有，雖有神禹且不能知，吾獨且奈何哉。無而為有，雖禹之智不能解悟，自夸自欺，吾末如之何矣。此段反復喚醒世人。

夫言非吹也。應上吹。言者有言，其所言者特未定也。果有言邪。其未嘗有言邪。其以為異於鷇音，亦有辨乎。其無辨乎。人言非風吹比，人甫有言，未定足據也。果據以為言邪。抑以為無此言邪。抑以為與初生鳥音果有別乎。無別乎.其言之輕重尚不定.道惡乎隱而有真偽。言惡乎隱而有是非。隱.蔽也.道何以蔽.而至於有真有偽.言何以蔽而至於有是有非.道惡乎往而不存。言惡乎存而不可。宣云.觸處皆道.本不須言.一言一道.亦不須辯.道隱於小成。小成.謂各執所成以為道.不知道之大也.宣云.偏見之人.乃致道隱.成引老子云.大道廢.有仁義.言隱於榮華。成云.榮華.浮辯之詞.華美之言也.只為滯於華辯.所以蔽隱至言.老子云.信言不美.美言不信.故有儒墨之是非。以是其所非而非其所是。成云.昔有鄭人名緩.學於求氏之地.三年藝成.而化為儒.儒者祖述堯舜.憲章文武.行仁義之道.辯尊卑之位.故謂之儒.緩弟名翟.緩化其弟.遂成於墨.墨者禹道也.尚賢崇禮儉以兼愛.摩頂放踵.以救蒼生.此謂之墨也.緩翟二人.親則兄弟.各執一教.更相是非.緩恨其弟.感激而死.然彼我是非.其來久矣.爭競之甚.起自二賢.故指此二賢為亂群之帥.是知道喪言隱.方督是非.案儒墨事.見列禦寇篇.欲是其所非而非其所是。則莫若以明。郭嵩燾云.彼是有對待之形.而是非兩立.則所持之是非.非是非也.彼是之見存也.案莫若以明者.言莫若即以本然之明照之.物无非彼。物无非是。有對立.皆有彼此.自彼則不見。自知則知之。觀人則昧.返觀即明.故曰彼出於是。是亦因彼。彼是方生之說也。有此而後有彼.因彼而亦有此.乃彼此初生之說也.雖然。方生方死。方死方生。然其說隨生隨滅.隨滅隨生.浮游無定.郭以此言死生之變.非是.方可方不可。方不可方可。言可.即有以為不可者.言不可.即有以為可者.可不可即是非也.因是因非。因非因是。有因而是者.即有因而非者.有因而非者.即有因而是者.既有彼此.則是非之生無窮.是以聖人不由。宣云.不由是非之途.而照之於天。成云.天.自然也.案照.明也.但明之於自然之天.無所用其是非.

亦因是也。是．此也．因此是非無窮．故不由之．蘇輿云．猶言職是故也．是亦彼也。彼亦是也。是．此也．郭云．此亦為彼所彼．彼亦自以為此．彼亦一是非。此亦一是非。成云．此既自是．彼亦自是．此既非彼．彼亦非此．故各有一是．各有一非也．果且有彼是乎哉。果且无彼是乎哉。分則有彼此．合則無彼此．彼是莫得其偶。謂之道樞。成云．偶．對．樞．要也．體夫彼此俱空．是非兩幻．凝神獨見．而無對於天下者．可得會其玄極．得道樞要．樞始得其環中。以應无窮。郭嵩燾云．是非兩化．而道存焉．故曰道樞．握道之樞．以游乎環中．中空也．是非反復．相尋無窮．若循環然．游乎空中．不為是非所役．而後可以應無窮．唐釋湛然．止觀輔行傳宏決．引莊子古注云．以圓環內空體無際．故曰環中．案則陽篇亦云．冉相氏得其環中以隨成．是亦一无窮。非亦一无窮也。郭云．天下莫不自是．而莫不相非．故一是一非．兩行無窮．故曰莫若以明。惟本明之照．可以應無窮．此言有彼此而是非生．非以明不能見道．

以指喻指之非指。不若以非指喻指之非指也。以馬喻馬之非馬。不若以非馬喻馬之非馬也。天地一指也。萬物一馬也。為下文物謂之而然．立一影子．近取諸身．則指是．遠取諸物．則馬是．今曰指非指．馬非馬．人必不信．以指與馬喻之．不能明也．以非指非馬者喻之．則指之非指．馬之非馬．可以悟矣．故天地雖大．特一指耳．萬物雖紛．特一馬耳．可乎可。不可乎不可。郭云．可乎己者．即謂之可．不可於己者．即謂之不可．道行之而成。宣云．道．路也．案行之而成．孟子所云．用之而成路也．為下句取譬．與理道無涉．物謂之而然。凡物稱之而名立．非先固有此名也．故指馬可曰非指馬．非指馬者亦可曰指馬．惡乎然。然於然。惡乎不然。不然於不然。何以謂之然．有然者．即從而皆然之．何以謂之不然．有不然者．

即從而皆不然之.隨人為是非也.

物固有所然。物固有所可。无物不然。無物不可。

論物之初.固有然有可.如指為指.馬為馬.是也.論物之後起.則不正之名多矣.若變易名稱.無不然.無不可.如指非指.馬非馬.何不可聽人謂之.惡乎然以下.又見寓言篇.此是非可否並舉.以寓言篇證之.不然於不然下.似應更有惡乎可.可於可.惡乎不可.不可於不可.四句.而今本奪之.

故為是舉莛與楹。厲與西施。恢恑憰怪。道通為一。

釋文.為.于偽反.成云.為是故略舉數事.俞云.說文.莛.莖也.漢書東方朔傳.以莛撞鐘.司馬云.楹.屋柱也.厲.病癩.莛楹.以大小言.厲西施.以美醜言.成云.恢.寬大之名.恑.奇變之稱.憰.矯詐之名.怪.妖異之稱.案自知道者觀之.皆可通而為一.不必異視.

其分也成也。

分一物以成數物.

其成也毀也。

成云.於此為成.於彼為毀.如散毛成氈.伐本為舍.等也.

凡物无成與毀。復通為一。

如此.成即毀.毀即成.故無論成毀.復可通而為一.不必異視.

唯達者知通為一。為是不用而寓諸庸。

唯達道者.能一視之.為是不用己見.而寓諸尋常之理.

庸也者用也。

宣云.無用之用.

用也者通也。

無用而有用者.以能觀其通.

通也者得也。

觀其通則自得.

適得而幾已。

適然自得.則幾於道矣.

因是已。

因.任也.任天之謂也.

已而不知其然。謂之道。

宣云.已者.既通為一.不知其然.未嘗有心也.謂之道.所謂適得而幾也.案此言非齊是非.不能得道.以下又反言以明.

勞神明為一。而不知其同也。謂之朝三。

若勞神明以求一.而不知其本同也.是囿於目前之一隅.與朝三之說何異乎.

何謂朝三。狙公賦芧曰。朝三而暮四。眾狙皆怒曰。然則朝四而暮三。眾狙皆悅。名實未虧。而喜怒為用。亦因是也。

列子黃帝篇.宋有狙公者.愛狙.養之成群.能解狙之意.狙亦得公之心.損其家口.充狙之欲.俄而匱

焉。將限其食。恐眾狙之不馴於己也。先誑之曰。與若芧。朝三而暮四。足乎。眾狙皆起而怒。俄而曰。朝四而暮三。足乎。眾狙皆伏而喜。物之以能鄙相籠。皆猶此也。聖人以智籠群愚。亦猶狙公之以智籠眾狙也。名實不虧。使其喜怒哉。張湛注。好養猿猴者因謂之狙公。芧音序。栗也。案。漆園引之。言名實兩無虧損。而喜怒為其所用。順其天性而已。亦因任之義也。

是以聖人和之以是非。而休乎天鈞。是之謂兩行。釋文。鈞本又作均。成云。均。自然均平之理。案言聖人和通是非。共休息於自然均平之地。物與我各得其所。是兩行也。案寓言篇亦云。始卒若環。莫得其倫。是謂天均。天均者。天倪也。此作鈞。用通借字。

古之人其知有所至矣。成云。至。造極之名。惡乎至。有以為未始有物者。至矣。盡矣。不可以加矣。郭云。此忘天地。遺萬物。外不察乎宇宙。內不覺其一身。故能曠然無累。與物俱往。而無所不應。其次以為有物矣。以上又見庚桑楚篇。而未始有封也。封。界域也。其次見為有物。尚無彼此。其次以為有封焉。而未始有是非也。雖見有彼此。尚無是非。是非之彰也。道之所以虧也。見是非。則道之渾然者傷矣。道之所以虧。愛之所以成。私愛以是非而成。果且有成與虧乎哉。果且無成與虧乎哉。成云。果。決定也。道無增減。物有虧成。是以物愛既成。謂道為損。而道實無虧也。故假設論端。以明其義。有成與虧。故昭氏之鼓琴也。無成與虧。故昭氏之不鼓琴也。宣云。故。古也。成云。姓昭。名文。古善琴者。鼓商則喪角。揮宮則失徵。未若置而不鼓。五音自全。亦猶存情所以乖道。忘智所以合真者也。昭文之鼓琴也。師曠之枝策也。成云。枝柱也。策。打鼓枝。亦言擊節枝。曠妙解音律。晉平公樂師。案枝策者。拄其策而不擊。惠子之據梧也。司馬云。梧。琴也。成云。檢典籍。無惠子善琴之文。據梧者。止是以梧几而據之談說。案今從成說。德充符篇。莊謂惠子云。今子外乎子之神。勞乎子之精。倚樹而吟。據槁梧而瞑。案據梧而瞑。善辯者有不辯之時。枝策者有不擊之時。上昭文鼓琴。亦兼承不鼓意。三子之知幾乎。皆其盛者也。故載之末年。崔云。書之於今也。案言昭善鼓琴。曠知音律。惠談名理。三子之智。其庶幾乎。皆其最盛美者也。故記載之傳於後世。唯其好之以異於彼。其好之也。欲以明之彼。宣云。惟自以為異於人。且欲以曉於人。成云。彼。眾人也。案唯其好之四語。專承善辯者言。非所明而明之。故以堅白之昧終。非人所必明。而強欲共明之。如堅石白馬之辯。欲眾共明。而終於昧。故曰以堅白之昧終。堅白。又見德充符天下天地秋水四篇。成云。公孫龍。趙人。當六國時。弟子孔穿之徒。堅執此論。橫行天下。服眾人之口。不服眾人之心。而其子又以文之綸終。終身無成。郭云。昭文之子。又乃終文之緒。成云。昭文之子。倚其父業。卒其年命。竟無所成。案終文之緒。猶禮中庸云。纘太王王季文王之緒也。所謂無成者。不過成其一技。而去道遠。仍是無成。若是而可謂成乎。雖我亦成也。成云。我。眾人也。若三子異於眾人。遂自以為成。而眾人異於三子。亦可謂之成也。若是而不可謂成乎。物與我無成也。若是而不可謂成乎。則天下之無成者多矣。當知以我逐物。皆是無成也。是故滑疑之耀。聖人之所圖也。為是不用而寓諸庸。此之謂以明。司馬云。滑疑。亂也。案雖亂道。而足以眩耀世人。故曰滑疑之耀。聖人必謀去之。為其有害大道也。為是不用己智。而寓諸尋常之理。此之謂以本然之明照之。以上言求道則不容有物。得物之一端以為道。不可謂成。

今且有言於此。不知其與是類乎。其與是不類乎。類與不類。相與為類。則與彼无以異矣。如人皆執彼此之見。今且有言如此。不知其與我類乎。與我不類乎。若務求勝彼而引不類者為類。則與彼之不類有異乎。宣云。是我也。雖然。請嘗言之。成云。嘗試也。

有始也者。有未始有始也者。成云。未始。猶未曾也。案事端未露。有未始夫未始有始也者。並無事端。僅具事理。

有有也者。有无也者。言之有無。有未始有无也者。言未曾出。有未始夫未始有无也者。並出言之心。亦未曾萌。

俄而有无矣。而未知有无之果孰有孰无也。忽而有有言者。有無言者。然有者或情已竭。無者或意未盡。是有者為無。無者為有。故曰未知有無之果孰有孰無也。

今我則已有謂矣。既顯有言矣。而未知吾所謂之果有謂乎。其果無謂乎。未知吾所言之果為有言乎。其果為無言乎。合於道為言。不合則有言與無言等。

天下莫大於秋毫之末。而太山為小。莫壽於殤子。而彭祖為夭。天地與我並生。而萬物與我為一。釋文。殤子。短命者也。或云。年十九以下為殤。司馬云。兔毫在秋而成。成云。秋時獸生毫毛。其末至微。故謂秋毫之末也。人生在於襁褓而亡。謂之殤子。物之生也。形氣不同。有小有大。有夭有壽。若以性分言之。無不自足。故以性足為大。天下莫大於秋毫。莫小於太山。太山為小。則天下無大。豪末為大。則天下無小。小大既爾。夭壽亦然。是以兩儀雖大。各足之性乃均。萬物雖多。自得之義唯一。案此漆園所謂齊彭殤也。但如前人所說。則誠虛誕妄作矣。其意蓋謂。太山豪末。皆區中之一物。既有相千萬於太山之大者。則太山不過與豪末等。故曰莫大於豪末。而太山為小。彭祖殤子。皆區中之一人。彭祖七八百年而亡。則彭祖不過與殤子等。故曰莫壽於殤子。而彭祖為夭。我能與天地無極。則天地與我並生。我不必與萬物相競。則萬物與我為一也。漆園道術精妙。喚醒世迷。欲其直指最初。各葆真性。俗子徒就文章求之。止益其妄耳。

既已為一矣。且得有言

乎。（何所容其言。）既已謂之一矣，且得无言乎？（謂之一，即是言。）一與言為二，二與一為三。自此以往，巧歷不能得，而況其凡乎！（成云：夫以言言一，而一非言也。一既一矣，言又言焉。有一有言，二名斯起。復將後時之二名，對前時之妙一，有一有二，不謂之三乎。從三以往，雖有善巧算歷之人，亦不能紀得其數，而況凡夫之類乎。）故自无適有以至於三，而況自有適有乎！（成云：自，從也。適，往也。至理無言，言則名起，從無言以之有言，纔言則至於三，況從有言適有言，枝流分派，其可窮乎。）无適焉，因是已。（若其無適，惟有因任而已。此舉物之大小，人之壽夭，並齊之，得因任之妙。）夫道未始有封，（成云：道無不在，有何封域。）言未始有常，（郭云：彼此言之，故是非無定。）為是而有畛也。（為言無常，而後有畛域。）請言其畛：有左，有右，（或祖左，或祖右。）有倫，有義，（郭云：物物有理，事事有宜。釋文：崔本作有論有議。俞云：崔本是。下文云，存而不論，論而不議。又曰：故分也者，有不分也；辯也者，有不辯也。彼所謂分辯，即此有分有辯。然則彼所謂論議，即此有論有議矣。案：上言有畛，倫義非畛也，當從俞說。）有分，有辯，（分者，異視。辯者，剖別。）有競，有爭，（競者，對競。爭者，群爭。）此之謂八德。（德之言得也。各據所得，而後有言。此八類也。）六合之外，聖人存而不論；（成云：六合，天地四方。妙理希夷，超六合之外，所以存而不論。）六合之內，聖人論而不議。（成云：六合之內，謂蒼生所稟之性分。聖人隨其機感，陳而應之。既曰憑虛，亦無可詳議。）春秋經世先王之志，聖人議而不辯。（成云：春秋者，時代。先王，三皇五帝。志，記也。祖述軒頊，憲章堯舜，記錄時代，以為典謨。聖人議論，利益當時，終不取是辯非，滯於陳迹。案：春秋經世，謂有年時以經緯世事，非孔子所作春秋也。）故分也者，有不分也；辯也者，有不辯也。（以不分為分，不辯為辯。）曰：何也？聖人懷之。存之於心．眾人辯之以相示也。相夸示．故曰辯也者有不見也。不見道之大而後辯起．夫大道不稱。宣云．無可名．大辯不言。使其自悟．不以言屈．大仁不仁。成云．亭毒群品．汎愛無心．譬彼青春．非為仁也．大廉不嗛。釋文．徐音謙．成云．知萬境虛幻．無一可貪．物我俱空．何所遜讓．大勇不忮。宣云．無客氣害人之心．道昭而不道。以道炫物．必非真道．言辯而不及。宣云．不勝辯．仁常而不成。郭云．有常愛必不周．廉清而不信。宣云．外示皦然．則中不可知．勇忮而不成。成云．舍慈而勇忮逆物情．眾共疾之．必無成遂．五者园而幾向方矣。釋文．园．崔音圓．司馬云．圓也．成云．幾．近也．宣云．五者本渾然圓通．今滯於迹而近向方．不可行也．故知止其所不知至矣。成云．智不逮．不強知．知止其分．學之造極也．孰知不言之辯不道之道。不道即上不稱．若有能知此之謂天府。宣云．渾然之中．無所不藏．注焉而不滿。酌焉而不竭。而不知其所由來。郭云．至理之來．自然無迹．此之謂葆光。成云．葆．蔽也．韜蔽而其光彌朗．言藉言以顯者非道．反復以明之．

故昔者堯問於舜曰。我欲伐宗膾胥敖。崔云．宗一．膾二．胥敖三國．案人間世篇．堯攻叢枝胥敖．國為虛厲．是未從舜言矣．南面而不釋然。成云．釋然．怡悅貌也．案釋同懌．語又見庚桑楚篇．其故何也。舜曰。夫三子者。成云．三國君．猶存乎蓬艾之間。存．猶在也．成云．蓬艾．賤草．若不釋然何哉。昔者十日並出。淮南子．堯時十日並出．使羿射落其九．故援以為喻．萬物皆照。而況德之進乎日者乎○成云．進．過也．欲奪蓬艾之願．而伐使從我．於至道豈宏哉．堯舜一證．齧缺問乎王倪曰○釋文．倪．徐五嵇反．李音義．高士傳云．王倪．堯時賢人

也．天地篇云．齧缺之師．子知物之所同是乎○曰吾惡乎知之○郭云．所同未必是．所異不獨非．彼我莫能相正．故無所用其知．子知子

之所不知邪○成云．子既不知物之同是．頗自知己之不知乎．曰吾惡乎知之○郭云．若自知其所不知．即為有知．有知則不能任群才之自當．然則物

无知邪○汝既无知．然則物皆無知邪．曰吾惡乎知之○成云．豈獨不知我．亦乃不知物．物我都忘．故無所措其知也．雖然○嘗試言之○庸

詎知吾所謂知之非不知邪○庸詎知吾所謂不知之非知邪○李云．庸．用也．詎．何也．案小知仍未為知．則不知

未必非．且吾嘗試問乎女○民溼寢則腰疾偏死○司馬云．偏枯．鰌然乎哉○案言物則不然．成云．泥鰌．木處則

惴慄恂懼○釋文．恂．徐音峻．恐貌．班固作眴．蝯猴然乎哉○三者孰知正處○民鰌猿．孰知所處為正．民食芻豢○芻．野蔬．豢．家畜．孟子．

芻豢之悅我口．麋鹿食薦○說文．薦．獸之所食．蝍且甘帶○釋文．蝍且字或作蛆．廣雅云．蜈公也．崔云．帶．蛇也．鴟鴉耆鼠○鴟鴉．二鳥．耆．釋文．字或作嗜．四

者孰知正味○民獸蟲鳥．孰知所食之味為正．蝯猵狙以為雌○釋文．猵．徐敷面反．郭李音偏．司馬云．猵狙一名獦牂．似猿而狗頭．憙與雌猿交．麋與鹿

交○鰌與魚游○毛嬙麗姬○人之所美也○魚見之深入○鳥見之高飛○麋鹿見之決驟○崔云．決驟．疾走不顧．四者孰知天下之正色哉○自我觀之○仁義之端○是非之塗○樊然殽亂○吾

惡能知其辯○釋文.樊音煩.說文.殽.雜錯也.成云.行仁履義.損益不同.或於我為利.於彼為害.或於彼為是.於我為非.何能知其分別.齧缺曰○子不知利害○
則至人固不知利害乎○王倪曰○至人神矣○成云.至者.妙極之體.神者.不測之用.大澤焚而不能熱○河
漢沍而不能寒○向云.沍.凍也.疾雷破山○風振海○而不能驚○若然者○乘雲氣○郭云.寄物而行.非為動也.騎
日月○郭云.有晝夜而無死生.而遊乎四海之外○三句與逍遙遊篇同.騎日月.作御飛龍.死生無變於己○郭云.與變為體.故死生若一.而
況利害之端乎○齧缺王倪二證.
瞿鵲子問於長梧子曰○吾聞諸夫子○長梧子.李云.居長梧下.因以為名.崔云.名丘.俞云.瞿鵲必七十子之後人.夫子.謂孔子.下文丘也何足以知之.
即孔子名.因瞿鵲述孔子之言而折之.崔說非也.下文丘也與汝皆夢也.予謂女夢.亦夢也.予者.長梧子自謂.既云丘與女皆夢.又云予亦夢.則安得即以丘為長梧之名乎.聖人不從事
於務○郭云.務自來而理自應.非從而事之也.不就利○不違害○成云.違.避也.不喜求○不緣道○郭云.獨至.无謂有謂○謂.言也.或問而
不答.即是答也.有謂无謂○有言而欲無言.而遊乎塵垢之外○夫子以為孟浪之言○向云.孟浪.音漫瀾.無所趨舍之謂.宣云.無畔岸
貌.李云.猶較略也.成云.猶率略也.案率略即較略.謂言其大略.而我以為妙道之行也○吾子以為奚若○長梧子曰○是黃
帝之所聽熒也○黃元作皇.釋文.本又作黃.盧文弨云.黃皇通用.今本作黃.成云.聽熒.疑惑不明之貌.而丘也何足以知之○且汝亦大

早計。釋文．大音泰．成云．方聞此言．便謂妙道．無異下云云也． 見卵而求時夜。崔云．時夜．司夜．謂雞． 見彈而求鴞炙。司馬云．鴞．小鳩．可炙．毛詩草木疏云．大如斑鳩．綠色．其肉甚美．成云．即鵬鳥．賈誼所賦．案二句．又見人間世篇． 予嘗為女妄言之。女亦以妄聽之。奚。成云．何如． 旁日月。釋文．旁．薄葬反．司馬云．依也．郭云．以死生為晝夜之喻． 挾宇宙。尸子云．天地四方曰宇．古往今來曰宙．說文．舟輿所極覆曰宙．成云．挾．懷藏也．郭云．以萬物為一體之譬． 為其脗合。脗．司馬云．合也．向音脣．云若兩脣之相合也．成云．無分別貌． 置其滑涽。成云．置．任也．滑．亂也．向本作汩涽．闇也． 以隸相尊。成云．隸．賤稱．阜僕之類．案此貴賤一視． 眾人役役。聖人愚芚。徐芚．徒奔反．司馬云．渾沌不分察．成云．忘知廢照．芚然若愚． 參萬歲而一成純。參糅萬歲．千殊萬異．渾然汩然．不以介懷．抱一而成精純也． 萬物盡然。而以是相蘊。釋文．蘊．積也．案言於萬物無所不然．但以一是相蘊積． 予惡乎知說生之非惑邪。說．音悅． 予惡乎知惡死之非弱喪而不知歸者邪。喪．失也．弱齡失其故居．安於他土． 麗之姬。艾封人之子也。成云．艾封人．艾地守封疆者． 晉國之始得之。涕泣沾襟。及其至於王所。崔云．六國諸侯僭稱王．因謂晉獻公為王也． 與王同筐牀。釋文．筐．本亦作匡．崔云．方也． 食芻豢。而後悔其泣也。又借喻． 予惡乎知夫死者不悔其始之蘄生乎。郭云．蘄．求也． 夢飲酒者。旦而哭泣。夢哭泣者。旦而田獵。方其夢也。不知其夢也。夢之中。又占其夢焉。覺而後知其夢也。覺夢之異． 且有大覺。而後知此其大夢也。

（死為大覺.則生是大夢.）而愚者自以為覺。竊竊然知之。（自謂知之.）君乎。牧乎。固哉。（其孰真為君上之貴乎.孰真為牧圉之賤乎.可謂固陋哉.）丘也與女皆夢也。予謂女夢。亦夢也。是其言也。其名為弔詭。（釋文.弔.音的.至也.詭.異也.蘇輿云.言眾人聞此言.以為弔詭.遇大聖.則知其解矣.）萬世之後而一遇大聖。知其解者。是旦暮遇之也。（解人難得.萬世一遇.猶旦暮然.）

既使我與若辯矣。若勝我。我不若勝。若果是也。我果非也邪。我勝若。若不吾勝。我果是也。而果非也邪。（若.而.皆汝也.）其或是也。其或非也邪。（有是有非.）其俱是也。其俱非也邪。我與若不能相知也。則人固受其黮闇。吾誰使正之。（使我各執偏見.不能相知.則旁人亦因之不明.是受其黮闇也.我欲正之.將誰使乎.黮闇.不明之貌.）使同乎若者正之。既與若同矣。惡能正之。使同乎我者正之。既同乎我矣。惡能正之。使異乎我與若者正之。既異乎我與若矣。惡能正之。使同乎我與若者正之。既同乎我與若矣。惡能正之。然則我與若與人俱不能相知也。而待彼也邪。（同彼我不信.同我彼不服.別立是非.彼我皆疑.隨人是非.更無定論.不能相知.更何待邪.極言辯之無益.）化聲之相待。若其不相待。（郭嵩燾云.言隨物而變.謂之化聲.若.與也.是與不是.然與不然.在人者也.待人之為是為然.而是之然之.與其無待於人.而自是自然.一皆無與於其心.如下文所云也.）和之以天倪。

因之以曼衍。所以窮年也。成云.天.自然也.倪.分也.曼衍.猶變化.因.任也.窮.盡也.和以自然之分.任其無極之化.盡天年之性命.案此二十五字在後亦無辯下.今從宣本移正.又寓言篇.亦云.卮言日出.和以天倪.因以曼衍.所以窮年.何謂和之以天倪。曰是不是。然不然。是若果是也。則是之異乎不是也。亦无辯。然若果然也。則然之異乎不然也。亦无辯。成云.是非然否.出自妄情.以理推求.舉體虛幻.所是則不是.所然則不然.何以知其然邪.是若定是.是則異非.然若定然.然則異否.而今此謂之是.彼謂之非.彼之所然.此以為否.故知是非然否.理在不殊.彼我更對.妄為分別.故無辯也矣.忘年忘義。成云.年者生之所稟.既同於生死.所以忘年.義者裁於是非.既一於是非.所以忘義.振於无竟。故寓諸无竟。成云.振.暢.竟.窮.寓.寄也.案理暢於無窮.斯意寄於無窮.不須辯言也.瞿鵲長梧三證.

罔兩問景曰。郭云.罔兩.景外之微陰也.釋文.景本或作影.俗.曩子行。今子止。曩子坐。今子起。何其無特操與。成云.獨立志操.景曰。吾有待而然者邪。吾所待。又有待而然者邪。影不能自立.須待形.形不自主.又待真宰.吾待蛇蚹蜩翼邪。言吾之待如之.釋文.蚹音附.司馬云.蛇腹下齟齬.可以行者也.成云.若使待翼而飛.待足而走.禽獸甚多.何獨蛇蚹可譬.蚹.蛇蛻皮.翼.蜩甲也.蛇蛻舊皮.蜩新出甲.不知所以.莫辯所然.獨化而生.蓋無待也.是知形影之義.與蚹甲無異也.案言吾之所待.其蛇蚹蜩翼邪.謂二物有一定之形.此尚不甚相合也.以上與寓言篇同.而繁簡互異.惡識所以然。惡識所以不然。成云.待與不待.然與不然.天機自張.莫知其宰.罔兩景四證.

昔者莊周夢為胡蝶。栩栩然胡蝶也。成云。栩栩。忻暢貌。自喻適志與。李云。喻。快也。自快適其志。與音餘。不知周也。俄然覺則蘧蘧然周也。成云。蘧蘧。驚動之貌。不知周之夢為胡蝶與。胡蝶之夢為周與。周與胡蝶則必有分矣。此之謂物化。周蝶必有分。而其入夢方覺。不知周蝶之分也。謂周為蝶可。謂蝶為周亦可。此則一而化矣。現身說法。五證齊物極境。

內篇　養生主第三

順事而不滯於物。冥情而不攖其天。此莊子養生之宗主也。

吾生也有涯。而知也无涯。生有窮盡。知無畔岸。以有涯隨無涯。殆已。向云。殆。窮困。已而為知者。殆而已矣。已。止也。事過思留。其殆更甚。言以物為事。無益於性命。為善无近名。為惡无近刑。王夫之云。聲色之類。不可名為善者。即惡也。二語淺說。緣督以為經。李頤云。緣。順。督。中。經。常也。李楨云。人身惟脊居中。督脈並脊而上。故訓中。王夫之云。身後之中脈曰督。緣督者。以清微纖妙之氣。循虛而行。自順以適得其中。深說。可以保身。可以全生。全其有生之理。可以養親。以受於親者。歸之於親。養之至也。可以盡年。天所與之年。任其自盡。勿夭折之。則有盡者無盡。從正意說入。一篇綱要。下設五喻以明之。

庖丁為文惠君解牛。釋文。丁。其名。崔司馬云。文惠君。梁惠王。成云。解。宰割。手之所觸。肩之所倚。足之所履。膝之所踦。蘇輿云.說文.踦.一足也.膝擧則足單.故曰踦. 砉然嚮然。奏刀騞然。司馬云.砉.皮骨相離聲.崔云.砉音畫.騞音近獲.聲大於砉也.成云.砉然嚮應.進奏鸞刀.騞然大解. 莫不中音。釋文.中.丁仲反.下同. 合於桑林之舞。司馬云.桑林.湯樂名.崔云.宋舞樂名.釋文.左傳舞師題以旌夏是也. 乃中經首之會。向司馬云.經首.咸池樂章也.即堯樂.宣云.會.節也. 文惠君曰.譆。李云.歎聲. 善哉.技蓋至此乎。庖丁釋刀對曰.臣之所好者道也.進乎技矣。成云.進.過也. 始臣之解牛之時.所見无非牛者。三年之後.未嘗見全牛也。成云.操刀既久.頓見理間.纔覩有牛.已知空郤.亦猶服道日久.智照漸明.所見塵境.無非虛幻. 方今之時.臣以神遇。向云.暗與理會. 而不以目視。官知止而神欲行。成云.官.主司也.案官承上專以目言.目方覩其迹.神已析其形. 依乎天理。成云.依天然之腠理. 批大郤。字林.批.擊也.成云.大郤.間郤.交際之處.郭音郤. 道大窾。郭慶藩云.窾.當為款.漢書司馬遷傳注.款.空也.謂骨節空處. 因其固然.技經肯綮之未嘗。俞云.技.蓋枝之誤.枝.枝脈.經.經脈.枝經.猶言經絡.素問王注.引靈樞經云.經脈為裏.支而橫者為絡.支枝通作.經絡相連處.必有礙於游刃.庖丁因其固然.故無礙.釋文.肯.著骨肉.司馬云.綮.猶結處也.音啟.言枝經肯綮.皆刃所未到.嘗.試也. 而況大軱乎。軱.音孤.崔云.槃結骨. 良庖歲更刀.割也。族庖月更刀.折也。崔云.族.眾也.俞云.謂折骨.非刀折.左傳曰.無折骨. 今臣之刀十九年矣.所解數千牛矣.而刀刃若新發於硎。釋文.磨石. 彼節者有閒。節.骨節. 而刀刃者无厚。以无厚入有閒。恢恢乎其於遊刃必有餘地矣。是以十九年而刀刃若新發於硎。雖然。每至於族。郭云．交錯聚結為族．吾見其難為。怵然為戒。視為止。郭云．不屬目他物．行為遲。郭云．徐其手．動刀甚微。謋然已解。謋．與磔同．解脫貌．如土委地。提刀而立。為之四顧。為之躊躇滿志。郭云．逸足容豫自得之謂．案田子方篇亦云．方將躊躇．方將四顧．善刀而藏之。釋文．善．猶拭．文惠君曰。善哉。吾聞庖丁之言。得養生焉。牛雖多．不以傷刃．物雖雜．不以累心．皆得養之道也．一喻．

公文軒見右師而驚曰。司馬云．公文．姓．軒．名．宋人．簡文云．右師．官名．是何人也。惡乎介也。介．一足．天與。其人與。司馬云．為天命與．抑人事也．曰。天也。非人也。天之生是使獨也。司馬云．獨．一足．案此與德充符篇兀者不同．介者天生．兀者人患．人之貌有與也。郭云．兩足並行．以是知其天也。非人也。形殘而神全也．知天則處順．二喻．

澤雉十步一啄。百步一飲。不蘄畜乎樊中。蘄．同期．猶言不期而遇．下同．李云．樊．藩也．所以籠鳥．神雖王。不善也。釋文．王．于況反．不善．謂不自得．鳥在澤則適．在樊則拘．人束縛於榮華．必失所養．三喻．

老聃死。司馬云．老子．案老子不知其年．此借為說．秦失弔之。釋文．失．音逸．三號而出。弟子曰。非夫子之友邪。曰。然。然則弔焉若此。可乎。曰。然。始也吾以為其人也。謂真人不死．而今非也。向吾入而弔焉有老者哭之如哭其子少者哭之如哭其母彼其所以會之必有不蘄言而言不蘄哭而哭者所謂不言而信不比而周也會交際言稱譽言老子誠能動物我之不哭自有說也是遯天倍情忘其所受釋文遯又作遁是謂老聃情乃惠子所謂情見德充符篇受者受其成形古者謂之遁天之刑語又見列禦寇篇德充符以孔子為天刑之則知遁天刑是贊語舊解並誤適來夫子時也適去夫子順也安時而處順哀樂不能入也古者謂是帝之縣解釋文縣音玄成云帝天也案大宗師篇云得者時也失者順也安時而處順哀樂不能入也此古之所謂縣解也與此文大同來去得失皆謂生死德充符郭注亦云生為我時死為我順時為我聚順為我散也天生人而情賦焉縣也冥情任運是天之縣解也言夫子已死吾又何哀四喻

指窮於為薪以指析木為薪薪有窮時火傳也不知其盡也形雖往而神常存養生之究竟薪有窮火無盡五喻

內篇　人間世第四人間世謂當世也事暴君處汙世出與人接無爭其名而晦其德此善全之道末引接輿歌云來世不可待也往世不可追也此漆園所以寄慨而以人間世名其篇也

顏回見仲尼請行曰奚之曰將之衛曰奚為焉曰回聞衛君釋文司馬云衛莊公蒯聵案左傳莊公以魯哀

十五年冬入國時，顏回已死，此是出公輒也，姚鼐云，衛君託詞以指時王糜爛其民者，其年壯。其行獨。宣云，自用，輕用其國。役民無時，而不見其過。郭云，莫敢諫，輕用民死。視用兵易，死者以國量乎澤若蕉。國中民死之多，若以比量澤地，如以火烈而焚之之慘也，郭嵩燾云，蕉與焦通，左成九年傳，蕉萃，班固賓戲作焦瘁，廣雅，蕉，黑也，民其無如矣。無所歸往，回嘗聞之夫子曰，治國去之。宣云，無所事，亂國就之。宣云，欲相救，醫門多疾。入喻，願以所聞思其則。崔李云，則法也，庶幾其國有瘳乎。李云，瘳，愈也，仲尼曰。譆。若殆往而刑耳。成云，若，汝也，往恐被戮，夫道不欲雜。雜則多。多則擾。擾則憂。憂而不救。成云，道在純粹，雜則事緒繁多，事多則心擾亂，擾則憂患起，藥病既乖，彼此俱困，己尚不立，焉能救物，古之至人，先存諸己而後存諸人。成云，存，立也，所存於己者未定。何暇至於暴人之所行。至，猶逮及也，暴人，謂衛君，且若亦知夫德之所蕩而知之所為出乎哉。德蕩乎名。知出乎爭。成云，德所以流蕩喪真者，矜名故也，智所以橫出逾分者，爭善故也，名也者相軋。也。知也者爭之器也。二者凶器。非所以盡行也。成云，軋，傷也，案言皆凶禍之器，非所以盡乎行世之道，蘇輿云，瘳國美名也，醫疾多智也，持是心以往，爭軋萌矣，故曰凶器，此淺言之，下復深言，雖無用智爭名之心，而持仁義繩墨之言以諷人主，尚不可游亂世而免於菑，況懷凶器以往乎，且德厚信矼。未達人氣。名聞不爭。未達人心。簡文云，矼，慤實貌，案雖慤厚不用智，而未孚乎人之意氣，雖不爭名，而未通乎人之心志，人必疑之，而強以仁義繩墨之言術暴人之前者。是以人惡有其美也。釋文、強、其兩反、術、同述、郭嵩燾云、祭義、而術省之、鄭注、術當作述、案人若如此、則是自有其美、人必惡之、命之曰菑人。菑人者人必反菑之。若殆為人菑夫。成云、命、名也、釋文、菑音災、且苟為悅賢而惡不肖。惡用而求有以異。下而、汝也、且衛君苟好善惡惡、則朝多正人、何用汝之求有以自異乎、若唯无詔。王公必將乘人而鬬其捷。成云、詔、言也、王公、衛君、言汝唯無言、衛君必將乘汝之隙而以捷辯相鬬、而目將熒之。而色將平之。口將營之。容將形之。心且成之。是以火救火。以水救水。名之曰益多。順始无窮。郭慶藩云、熒營之借字、說文、營惑也、从目、熒省聲、成云、形見也、言汝目將為所眩、汝色將自降、口將自救、容將益恭、心且舍己之是、以成彼之非、彼惡既多、汝又從而益之、始既如此、後且順之無盡、若殆以不信厚言。宣云、未信而深諫、案此若字訓如、必死於暴人之前矣。且昔者桀殺關龍逢。紂殺王子比干。是皆修其身。以下傴拊人之民。李云、傴拊、謂憐愛之、宣云、人、謂君、以下拂其上者也。故其君因其修以擠之。是好名者也。因其好修名之心而陷之、一證、昔者堯攻叢枝胥敖。禹攻有扈。三國名、國為虛厲。宣云、地為丘墟、人為厲鬼、身為刑戮。其用兵不止。其求實無已。求實、貪利、三國如此、故堯禹攻滅之、是皆求名實者也。再證、蘇輿云、龍比修德、而桀紂以為好名、因而擠之、桀紂惡直臣之有其美、而自恥為辟王、是亦好名也、叢枝胥敖有扈、用兵不止、以求實也、堯禹因而攻滅之、亦未始非求實也、故曰、是皆求名實者也、而獨不聞之乎。名實者。聖人之所不能勝也。而況若乎。夫子又舉所聞告之．言人主據高位之名．有威權之實．雖以聖人為之臣．亦不能不為所屈．況汝乎．雖然。若必有以也。嘗以語我來。以者．挾持之具．嘗．試也．顏回曰。端而虛。端肅而謙虛．勉而一。黽勉而純一．則可乎。曰。惡。惡可。上惡．驚歎詞．下惡可．不可也．夫以陽為充孔揚。衛君陽剛之氣．充滿於內．甚揚於外．采色不定。容外見者無常．常人之所不違。平人莫之敢違．因案人之所感。以求容與其心。成云．案．抑也．容與．猶快樂．人以箴規感動．乃因而挫抑之．以求放縱其心意．名之曰日漸之德不成。而況大德乎。雖日日漸漬之以德．不能有成．而況進於大德乎．將執而不化。宣云．自以為是．外合而內不訾。宣云．外即相合．而內無自訟之心．姚鼐云．訾．量也．聞君子之言．外若不違．而內不度量其義．其庸詎可乎。

然則我內直而外曲。成而上比。然則下．顏子又言也．內直者與天為徒。與天為徒者。知天子之與己。皆天之所子。而獨以己言蘄乎而人善之。蘄乎而人不善之邪。成云．內心誠直．共自然之理．而為徒類．宣云．天子．人君．郭云．人無貴賤．得生一也．故善與不善付之公當 一無所求於人也．若然者。人謂之童子。是之謂與天為徒。依乎天理．純一無私．若嬰兒也．外曲者。與人之為徒也。擎跽曲拳。宣云．擎．執笏．跽．長跪．曲拳．鞠躬．人臣之禮也。人皆為之。吾敢不為邪。為人之所為者。人亦无疵焉。是之謂與人為徒。成而上比者。與古為徒。成云，忠諫之事，乃成於今，君臣之義，上比於古。其言雖教，讁之實也。所陳之言，雖是古教，即有諷責之實也。古之有也，非吾有也。若然者，雖直而不病。郭云，寄直於古，無以病我。是之謂與古為徒。若是則可乎。仲尼曰，惡，惡可。大多政，釋文，大音泰。郭云，當理無二，而張三條以政之，所謂大多政也。案政正同。法而不諜，俞云，四字為句。列禦寇篇，形諜成光。釋文，諜便僻也。此諜義同，言有法度而不便僻。雖固亦无罪。雖未宏大，可免罪咎。雖然，止是耳矣，夫胡可以及化。不足化人。猶師心者也。成云，師其有心。

顏回曰，吾无以進矣，敢問其方。仲尼曰，齊，吾將語若。釋文，齊本亦作齋。有而為之，其易邪。郭云，有其心而為之，誠未易也。易之者，皡天不宜。成云，爾雅，夏曰皡天，言其氣皡汗也。案與虛白自然之理不合。蘇輿云，易之者，仍師心也，失其初心，是謂違天，於義亦通。顏回曰，回之家貧，唯不飲酒不茹葷者數月矣，如此則可以為齊乎。成云，葷，辛菜。曰，是祭祀之齊，非心齊也。回曰，敢問心齊。仲尼曰，一若志。宣云，不雜也。无聽之以耳而聽之以心。成云，耳根虛寂，凝神心符。无聽之以心而聽之以氣。成云，心有知覺，猶起攀緣，氣無情慮，虛柔任物，故去彼知覺，取此虛柔，遣之又遣，漸階玄妙。聽止於耳。宣云，止於形骸。俞云，當作耳止於聽，傳寫誤倒也。此申說無聽之以耳之義，言耳之為用，止於聽而已，故無聽之以耳也。心止於符。俞云，此申說無聽之以心之義，言心之用，止於符而已，故無聽之以心也。符之言合，與物合也，與物合，則非虛而待物之謂矣。氣也者，虛而待物者也。俞云，此申說氣。宣云，氣無端，即虛也。唯道集虛。虛者心齊也。成云、唯此真道、集在虛心、故虛者心齊妙道也。顏回曰、回之未始得使、未得使心齊之教。實自回也。自見有回。得使之也、未始有回也。既得教令、遂忘物我。可謂虛乎。夫子曰、盡矣。成云、心齊之妙盡矣。吾語若。若能入遊其樊而无感其名。汝入衛、能遊其藩內、而無以虛名相感動。入則鳴、不入則止。入吾言則言、不入則姑止。无門无毒、宣云、不開一隙、不發一藥。郭云、使物自若、無門者也。付天下之自安、無毒者也。李楨云、門毒對文、毒與門不同類、說文、毒、厚也、害人之草、往往而生、義亦不合、毒蓋壔之借字、說文壔下云、保也、亦曰高土也、讀若毒、與郭注自安義合。張行孚說文發疑云、壔者、累土為臺以傳信、即呂覽所謂為高保禱於王路、寘鼓其上、遠近相聞是也。禱是壔之譌、壔者保衛之所、故借其義為保衛、周易以此毒天下、而民從之、老子亭之毒之、與此無門無毒、三毒字皆是此義、廣雅、毒、安也、亦即此訓。楨案、壔為毒本字、正與門同類、所以門毒對文、讀都皓切、音之轉也。案宣說望文生義、不如李訓最合、門者可以沿為行路、毒者可以望為標的、无門无毒、使人无可窺尋指目之意。一宅而寓於不得已、則幾矣。成云、宅、居處也、處心至一之道、不得已而應之、非預謀也、則庶幾矣。絕跡易、无行地難。宣云、人之處世、不行易、行而不著迹難。為人使易以偽、為天使難以偽。成云、人情驅使、淺而易欺、天然驅用、為而難矯。聞以有翼飛者矣、未聞以无翼飛者也。聞以有知知者矣、未聞以无知知者也。釋文、上音智、下如字。宣云、以神運、以寂照。瞻彼闋者、虛室生白、司馬云、闋、空也、室喻心、心能空虛、則純白獨生也。成云、彼、前境也、觀察萬有、悉皆空寂、故能虛其心室、乃照真源。吉祥止止。成云、吉祥善福、止在凝靜之心、亦能致善應也。俞云、止止連文、於義無取、淮南俶真訓、虛室生白、吉祥止也、疑此文下止字亦也字之誤、列子天瑞篇盧重元注云、虛室生白、吉祥止耳、亦可證止止連文之誤。案下止字或之之誤。夫且不止，是之謂坐馳。若精神外騖，而不安息，是形坐而心馳也。夫徇耳目內通而外於心知，鬼神將來舍，而況人乎！李云：徇，使也。宣云：耳目在外，而徇之於內，心智在內，而黜之於外。成云：虛懷任物，鬼神將冥附而舍止，人倫歸依，固其宜矣。是萬物之化也，禹舜之所紐也，伏羲几蘧之所行終，而況散焉者乎！此禹舜應物之綱紐，上古帝王之所行止。而況凡散之人，有不為所化乎。成云：几蘧，三皇以前無文字之君。蘇輿云：言知此可為帝王，可以宰世，而況為支離之散人乎。於義亦通。

葉公子高將使於齊，問於仲尼曰：「王使諸梁也甚重，成云：委寄甚重。齊之待使者，蓋將甚敬而不急。宣云：貌敬而緩於應事。匹夫猶未可動，而況諸侯乎！吾甚慄之。懼也。子常語諸梁也曰：『凡事若小若大，寡不道以懽成。事無大小，鮮不由道而以懽然成遂者。事若不成，則必有人道之患；王必降罪。事若成，則必有陰陽之患。宣云：喜懼交戰，陰陽二氣將受傷而疾作。若成若不成而後无患者，唯有德者能之。』成云：任成敗於前塗，不以憂喜累心者，唯盛德之人。以上述子言。蘇輿云：謂事無成敗，而卒可無患者，惟盛德為能。案成說頗似張浚苻離之敗，未可為訓，蘇說是也。吾食也執粗而不臧，宣云：甘守粗糲，不求精善。爨无欲清之人。成云：清，涼也。然火不多，無熱可避。今吾朝受命而夕飲冰，我其內熱與！憂灼之故。吾未至乎事之情，宣云：未到行事實處。而既有陰陽之患矣；事若不成必有人道之患。是兩也。為人臣者不足以任之。子其有以語我來。仲尼曰。天下有大戒二。（成云。戒。法也。）其一命也。其一義也。子之愛親。命也。不可解於心。（受之於天。自然固結。）臣之事君。義也。無適而非君也。無所逃於天地之間。（成云。天下未有無君之國。）是之謂大戒。是以夫事其親者。不擇地而安之。（不論境地何若。惟求安適其親。）孝之至也。夫事其君者。不擇事而安之。（成云。事無夷險。安之若命。）忠之盛也。自事其心者。哀樂不易施乎前。（王念孫云。施讀為移。此猶言不移易。晏子春秋外篇。君臣易施。荀子儒效篇。哀虛之相易也。漢書衛綰傳。人之所施易。義皆同。正言之則為易施。倒言之則為施易也。宣云。事心如事君父之無所擇。雖哀樂之境不同。而不為移易於其前。）知其不可奈何而安之若命。德之至也。為人臣子者。固有所不得已。行事之情而忘其身。（情。實也。）何暇至於悅生而惡死。（宣云。尚何陰陽之患。）夫子其行可矣。丘請復以所聞。（更以前聞告之。）凡交（交。鄰。）近則必相靡以信。（宣云。相親順以信行。）遠則必忠之以言。（宣云。相孚契以言語。）言必或傳之。（宣云。必託使傳。）夫傳兩喜兩怒之言。（宣云。兩國君之喜怒。）天下之難者也。夫兩喜必多溢美之言。兩怒必多溢惡之言。（郭云。溢。過也。喜怒之言常過其當。）凡溢之類妄。（成云。類。似也。似使人妄構。）妄則其信之也莫。（成云。莫。致疑貌。）莫則傳言者殃。

故法言曰。引古格言。揚子法言名因此。傳其常情。宣云。但傳其平實者。无傳其溢言。郭云。雖聞臨時之過言而勿傳。則幾乎全。宣云。庶可自全。案引法言畢。且以巧鬭力者。始乎陽。常卒乎陰。大至則多奇巧。釋文。大音泰。本亦作泰。案鬭力屬陽。求勝則終於陰謀。欲勝之至。則奇譎百出矣。以禮飲酒者。始乎治。常卒乎亂。大至則多奇樂。禮飲象治。既醉則終於迷亂。昏醉之至。則樂無不極矣。凡事亦然。始乎諒。常卒乎鄙。宣云。諒。信。鄙。詐。俞云。諒與鄙文不相對。諒蓋諸之誤。諸讀為都。釋地宋有孟諸。史記夏本紀作明都。是其例。始乎都常卒乎鄙。都鄙正相對。因字通作諸。又誤而為諒。遂失其恉矣。淮南詮言訓。故始於都者常大於鄙。即本莊子。可據以訂正。彼文大字乃卒字之誤。說見王氏雜志。其作始也簡。其將畢也必巨。夫言者。風波也。如風之來。如波之起。行者。實喪也。郭嵩燾云。實者。有而存之。喪者。縱而舍之。實喪猶得失也。風波易以動。實喪易以危。得失無定。故曰易以危。故忿設無由。巧言偏辭。忿怒之設。端無他由也。常由巧言過實。偏辭失中之故。獸死不擇音。氣息茀然。於是並生心厲。獸困而就死。鳴不擇音。而忿氣有餘。於其時。且生於心而為惡厲。欲噬人也。以獸之心厲。譬下人有不肖之心。剋核大至。則必有不肖之心應之。而不知其然也。剋求精核太過。則人以不肖之心起而相應。不知其然而然。苟為不知其然也。孰知其所終。宣云。必罹禍。故法言曰。无遷令。成云。君命實傳。無得遷改。无勸成。成云。弗勞勸獎強令成就。再引法言畢。過度。益也。若過於本度。則是增益語言。遷令勸成殆事。事必危殆。美成在久。惡成不及改。成而善。不在一時。成而惡。必有不及改者。

可不慎與。且夫乘物以遊心。託不得已以養中。至矣。宣云．隨物以遊寄吾心．託於不得已而應．而毫無造端．以養吾心不動之中．此道之極則也．何作為報也。郭云．任齊所報．何必為齊作意於其間．莫若為致命此其難者。但致君命．而不以己與．即此為難．若人道之患．非患也．

顏闔將傅衛靈公太子。釋文．顏闔．魯賢人．太子．蒯聵．而問於蘧伯玉曰。有人於此。其德天殺。天性嗜殺．與之為无方。則危吾國。宣云．縱其敗度．必覆邦家．與之為有方。則危吾身。制以法度．先將害己．其知適足以知人之過。而不知其所以過。釋文．其知．音智．但知責人．不見己過．若然者。吾奈之何。蘧伯玉曰。善哉問乎。戒之。慎之。正汝身也哉。先求身之無過．形莫若就。心莫若和。宣云．外示親附之形．內寓和順之意．雖然。之二者有患。宣云．猶未盡善．就不欲入。和不欲出。附不欲深．必防其縱．順不欲顯．必範其趨．形就而入。且為顛為滅為崩為蹶。顛．墜．滅．絕．崩．壞．蹶．仆也．心和而出。且為聲為名。為妖為孽。郭云．自顯和之．且有含垢之聲．濟彼之名．彼且惡其勝己．妄生妖孽．彼且為嬰兒。亦與之為嬰兒。喻無知識．彼且為无町畦。亦與之為无町畦。無界限．喻小有踰越．彼且為无崖。亦與之為无崖。不立崖岸．達之入於無疵。順其意而通之．以入於無疵病．汝不知夫螳蜋乎。怒其臂以當車轍不知其不勝任也是其才之美者也戒之慎之積伐而美者以犯之幾矣而汝也伐誇功也美不可恃積汝之美伐汝之美以犯太子近似螳蜋矣一喻汝不知夫養虎者乎不敢以生物與之為其殺之之怒也不敢以全物與之為其決之之怒也成云以死物投虎亦先為分決不使用力時其飢飽達其怒心虎之與人異類而媚養己者順也故其殺者逆也虎逆之則殺人養之則媚人喻教人不可怒之再喻夫愛馬者以筐盛矢以蜄盛溺成云蜄大蛤也愛馬之至者適有蚉虻僕緣王念孫云僕附也言蚉虻附緣於馬體也詩景命有僕毛傳僕附也而拊之不時成云拊拍也不時掩馬不意則缺銜毀首碎胸成云銜勒也馬驚至此意有所至而愛有所亡可不慎邪亡猶失也欲為馬除蚉虻意有偏至反以愛馬之故而致亡失故當慎也三喻

匠石之齊至乎曲轅見櫟社樹石匠名之往也司馬云曲轅曲道成云如轘轅之道也社土神櫟樹社木其大蔽數千牛絜之百圍文選注引司馬云絜帀也李云徑尺為圍蓋十丈其高臨山十仞而後有枝其可以為舟者旁十數俞云旁方古通方且也言可為舟者且十數觀者如市匠伯不顧遂行不輟遂竟也文選注引司馬云匠石字伯弟子厭觀之厭飽也走及匠石曰自吾執斧斤以隨夫子未嘗見材如此其美也先生不肯視行不

輟。何邪。曰。已矣。勿言之矣。散木也。以為舟則沈。體重。以為棺槨則速腐。多敗。以為器則速毀。疏脆。以為門戶則液樠。李楨云。廣韻。樠。松心。又木名也。松心有脂。液樠正取此義。以為柱則蠹。蠹蝕。是不材之木也。无所可用。已見逍遙遊諸篇。故能若是之壽。匠石歸。櫟社見夢曰。女將惡乎比予哉。若將比予於文木邪。郭云。凡可用之木為文木。可成章也。夫柤棃橘柚果蓏之屬。成云。蓏。瓜瓠之類。實熟則剝。剝則辱。大枝折。小枝泄。俞云。泄當讀為抴。荀子非相篇。接人則用抴。楊注。抴。牽引也。小枝抴。謂見牽引也。此以其能苦其生者也。故不終其天年而中道夭。自掊擊於世俗者也。掊擊由其自取。成云。掊。打。物莫不若是。且予求无所可用久矣。幾死。幾伐而死。乃今得之。郭云。數有睥睨己者。唯今匠石明之。為予大用。成云。方得全身為我大用。使予也而有用。且得有此大也邪。且也若與予也皆物也。奈何哉其相物也。而幾死之散人又惡知散木。而汝幾近也。匠石覺而診其夢。王念孫云。診。讀為畛。爾雅。畛。告也。告其夢於弟子。弟子曰。趣取无用。則為社何邪。既急取無用以全身。何必為社木以自榮。曰。密。猶言祕之。姚鼐云。密。默字通。田子方篇。仲尼曰。默。女無言。達生篇。公密而不應。若無言。彼亦直寄焉。以為不知己者詬厲也。彼亦特寄於社。以聽不知己者詬病之。而不辭也。司馬云。厲。病也。不為社者。且幾有翦乎。如不為社

（木，且幾有翦伐之者，謂或析為薪木。）且也。彼其所保。與眾異。（保於山野，究與俗眾異，非城狐社鼠之比。）以義譽之。不亦遠乎。（宣云，義，常理。案彼非託社神以自榮，而以常理稱之，於情事遠也。）

南伯子綦遊乎商之丘。（李云，即南郭也，伯，長也。司馬云，商之丘，今梁國睢陽縣。）見大木焉。有異。結駟千乘。隱將芘其所藾。（向云，藾，蔭也。崔云，隱，傷於熱也。成云，駟馬曰乘，言連結千乘，熱時可庇於其蔭。）子綦曰。此何木也哉。此必有異材夫。（言必可為材也。）仰而視其細枝。則拳曲而不可以為棟梁。俯而見其大根。則軸解而不可為棺槨。（成云，軸，如車軸之轉，謂轉心木也。案解者，文理解散不密緻。）咶其葉。則口爛而為傷。嗅之。則使人狂酲。三日而不已。（李云，狂如酲也，病酒曰酲。）子綦曰。此果不材之木也。以至於此其大也。（成云，不材為全生之大材，無用乃濟物之妙用，故能不夭斧斤，而庇蔭千乘也。）嗟夫神人。以此不材。（由木悟人。宣云，神人亦以不見其材，故無用於世，而天獨全也。）

宋有荊氏者。宜楸柏桑。（司馬云，荊氏，地名，宜此三木。）其拱把而上者。求狙猴之杙者斬之。（司馬云，兩手曰拱，一手曰把。宣云，杙，繫檝也。）三圍四圍。求高名之麗者斬之。（崔云，環八尺為一圍。郭慶藩云，名，大也。（詳天下名山三百下）成云，麗，屋棟也。）七圍八圍。貴人富商之家。求樿傍者斬之。（釋文，樿，本亦作擅。成云，棺之全一邊而不兩合者，謂之樿傍，其木極大，當斬取大板。）故未終其天年。而中道已夭於斧斤。此材之患也。故解之以牛之白顙者。與豚之亢鼻者。與人有痔病者。不可以適河。郭云。解。巫祝解除也。成云。顙。額也。亢。高也。三者不可往靈河而設祭。古者將人沈河以祭。西門豹為鄴令。方斷之。即其類是也。此皆巫祝以知之矣。以已同。郭云。巫祝於此亦知不材者全也。所以為不祥也。此乃神人之所以為大祥也。宣云。可全生則祥莫大焉。

支離疏者。司馬云。支離。形體不全貌。疏。其名。頤隱於臍。肩高於頂。司馬云。言脊曲頭縮也。淮南曰。脊管高於頂也。會撮指天。司馬云。會撮。髻也。古者髻在項中。脊曲頭低。故髻指天。崔云。會撮。項椎也。李楨云。崔說是。大宗師篇句贅指天。李云。句贅。項椎也。其形如贅。亦與崔說證合。素問刺熱篇項上三椎。陷者中也。王注。此舉數脊椎大法也。沈彤釋骨云。項大椎以下。二十一椎。通曰脊。骨曰脊椎。難經四十五難云。骨會大杼。張注。大杼穴名。在項後第一椎兩旁。諸骨自此繫架。往下支生。故骨會於大杼。會撮正從骨會取義。又在大椎之間。故曰項椎也。初學記十九引撮作樶。玉篇。樶木樶節也。與脊節正相似。从木作樶。於義為長。五管在上。李云。管。腧也。五藏之腧。並在人背。李楨云。頤肩屬外說。會撮五管屬內說。兩髀為脇。司馬云。脊曲髀豎。故與脅肋相並。挫鍼治繲。足以餬口。司馬云。挫鍼。縫衣也。繲。浣衣也。鼓筴播精。足以食十人。司馬云。鼓。簸也。小箕曰筴。簡米曰精。成云。播。揚土。上徵武士。則支離攘臂而遊於其間。鄧云。恃其無用。故不自竄匿。上有大役。則支離以有常疾不受功。宣云。不任功作。上與病者粟。則受三鍾與十束薪。司馬云。六斛四斗曰鍾。夫支離其形者。猶足以養其身。終其天年。又況支離其德者乎。成云。忘形者猶足免害。況忘德者乎。

孔子適楚。楚狂接輿游其門曰。鳳兮鳳兮。何如德之衰也。成云。何如猶如何。來世不可待。往世不可追也。郭云。當盡臨時之宜耳。天下有道。聖人成焉。宣云。成其功。蘇輿云。莊引數語。見所遇非時。苟生當有道。固樂用世。不僅自全其生矣。天下无道。聖人生焉。宣云。全其生。方今之時。僅免刑焉。福輕乎羽。莫之知載。易取不取。禍重乎地。莫之知避。當避不避。已乎已乎。臨人以德。宣云。亟當止者。示人以德之事。殆乎殆乎。畫地而趨。宣云。最可危者。拘守自苦之人。迷陽迷陽。謂棘刺也。生於山野。踐之傷足。至今吾楚輿夫遇之。猶呼迷陽踢也。迷音讀如麻。无傷吾行。吾行卻曲。宣云。卻步委曲。不敢直道。无傷吾足。

山木自寇也。膏火自煎也。司馬云。木為斧柄。還自伐。膏起火。還自消。桂可食。故伐之。漆可用。故割之。成云。桂心辛香。故遭斫伐。漆供器用。所以割之。俱為才能。夭於斤斧。人皆知有用之用。而莫知无用之用也。喻意點清結局。與上接輿歌不連。歌有韻。此無韻。

卷二

內篇　德充符第五（德充於內．自有形外之符驗也．）

魯有兀者王駘。（李云．刖足曰兀．）從之游者與仲尼相若。（郭云．弟子多少敵孔子．）常季問於仲尼曰。王駘。兀者也。從之游者與夫子中分魯。（釋文．常季．或云孔子弟子．或云魯賢人．）立不教。坐不議。虛而往。實而歸。（弟子皆有所得．）固有不言之教。无形而心成者邪。（宣云．默化也．）是何人也。仲尼曰。夫子聖人也。丘也直後而未往耳。（直．特也．未及往從．）丘將以為師。而況不如丘者乎。奚假魯國。（何但假借魯之一邦．）丘將引天下而與從之。常季曰。彼兀者也。而王先生。（言居然王先生也．）其與庸亦遠矣。（固當與庸人相遠．）若然者。其用心也獨若之何。仲尼曰。死生亦大矣。而不得與之變。（其人與變俱．故死生不變．）雖天地覆墜。亦將不與之遺。（成云．遺．失也．言不隨之而遺失．）審乎无假而不與物遷。（郭慶藩云．假是瑕之誤．淮南精神訓．正作審乎無瑕．謂審乎己之無可瑕疵．斯任物自遷．而無役於物也．左傳傳瑕．鄭世家作甫假．禮檀弓公肩假．漢書人表作公肩瑕．瑕假形近．易致互誤．）命物之化而守其宗也。（宣云．主宰物化．執其樞紐．）常季曰。何謂也。仲尼曰。自其異者視之。肝膽楚越也。（本一身而世俗異視之。自其同者視之。萬物皆一也。皆天地間一物。夫若然者。且不知耳目之所宜。耳目之宜於聲色。彼若冥然無所知。而游心於德之和。郭云。放心於道德之間。而曠然無不適也。物視其所一。而不見其所喪。宣云。視萬物為一致。無有得喪。視喪其足猶遺土也。常季曰。彼為己。言駘但能修己耳。以其知得其心。以其真知。得還吾心理。以其心得其常心。又以吾心理。悟得古今常然之心理。物何為最之哉。最。聚也。衆人何為群聚而從之哉。仲尼曰。人莫鑑於流水而鑑於止水。唯止能止衆止。成云。鑑。照也。宣云。水不求鑑。而人自來鑑。唯自止。故能止衆之求止者。受命於地。唯松柏獨也在。句。冬夏青青。受命於天。唯舜獨也正。郭云。下首唯有松柏。上首唯有聖人。故凡不正者皆來求正。若物皆青全。則無貴於松柏。人各自正。則無羨於大聖而趨之。成云。人頭在上。去上則死。木頭在下。去下則死。是以呼人為上首。呼木為下首。故上首食傍首。傍首食下首。下首草木。傍首蟲獸。幸能正生。以正衆生。宣云。舜能正己之性。而物性自皆受正。夫保始之徵。保守本始之性命。於何徵驗。不懼之實。勇士一人。雄入於九軍。崔云。天子六軍。諸侯三軍。通為九軍。將求名而能自要者。而猶若此。將求功名而能自必者。猶可如此。而況官天地。府萬物。成云。綱維二儀。苞藏宇宙。直寓六骸。宣云。直。猶特。以六骸為吾寄寓。成云。六骸。身首四肢也。象耳目。宣云。以耳目為吾迹象。一知之所知。上知。謂智。下知謂境。純一無二。而心未嘗死者乎。宣云。得其常心。不以死生變。彼且擇日而登假。假。徐音遐。宣云。曲禮。天王登假。此借言遺世獨立。擇日。猶言指日.案言若黃帝之遊於太清.人則從是也。宣云.人自不能舍之.彼且何肯以物為事乎。因常季疑駘有動衆之意故答之.

申徒嘉。兀者也。而與鄭子產同師於伯昏无人。雜篇作瞀人.子產謂申徒嘉曰。我先出則子止。子先出則我止。郭云.羞與刖者並行.其明日。又與合堂同席而坐。子產謂申徒嘉曰。我先出則子止。子先出則我止。今我將出。子可以止乎。其未邪。郭云.質而問之.欲使必不並己.且子見執政而不違。子齊執政乎。執政.子產自稱.違.避也.齊.同也.斥其不遜讓.申徒嘉曰。先生之門固有執政焉如此哉。言伯昏先生之門.以道德相高.固有以執政自多如此者哉.子而說子之執政。而後人者也。子乃悅愛子之執政.而致居人後者也.聞之曰。鑑明則塵垢不止。止則不明也。久與賢人處則无過。止.猶集也.明鏡無塵.親賢無過.今子之所取大者。先生也。而猶出言若是。不亦過乎。宣云.取大.求廣見識.案取大.猶言引重.子產曰。子既若是矣。既已殘形.猶與堯爭善。宣云.堯乃善之至者.故以為言.計子之德。不足以自反邪。宣云.計子之素行.必有過而後致兀.尚不足自反邪.申徒嘉曰。自狀其過。以不當亡者衆。不狀其過。以不當存者寡。狀.猶顯白也.自顯言其罪過.以為不至亡足者多矣.不顯言其罪過而自反.以為不當存足者少也.知不可奈何。而安之若命。惟有德者能之。宣云.以兀為自然之命．而不介意．非有德者不能．游於羿之彀中。中央者中地也。然而不中者命也。上二中．如字．下二中．竹仲反．以羿彀喻刑網．言同居刑網之中．孰能自信無過．其不為刑罰所加．亦命之偶值耳．人以其全足笑吾不全足者多矣。我怫然而怒。而適先生之所。則廢然而反。郭云．廢向者之怒而復常．不知先生之洗我以善邪。以善道淨我心累．吾與夫子游十九年矣。而未嘗知吾兀者也。未聞先生以殘形見擯．今子與我游於形骸之內。以道德相友．而子索我於形骸之外。以形迹相繼．不亦過乎。子產蹵然改容更貌曰。子无乃稱。蹵然起謝．乃者．猶言如此．子無乃稱．謂子毋如此言也．大宗師篇．不知其所以乃．亦謂不知其所以如此也．

魯有兀者叔山无趾。李云．叔山氏．宣云．無足趾．遂為號．踵見仲尼。崔云．無趾．故踵行．仲尼曰。子不謹。前既犯患若是矣。雖今來。何及矣。无趾曰。吾唯不知務而輕用吾身。吾是以亡足。今吾來也。猶有尊足者存。宣云．有尊於足者．不在形骸．吾是以務全之也。夫天无不覆。地无不載。吾以夫子為天地。安知夫子之猶若是也。孔子曰。丘則陋矣。夫子胡不入乎。請講以所聞。无趾出。宣云．徑去．孔子曰。弟子勉之。夫无趾兀者也。猶務學以復補前行之惡。

而況全德之人乎。前惡虧德，求學以補之，況無惡行而全德者乎。无趾語老聃曰，孔丘之於至人其未邪。彼何賓賓以學子為。俞云，賓賓，猶頻頻也。賓聲頻聲之字，古相通。廣雅釋訓，頻頻，比也。郭云，怪其方復學於老聃。彼且蘄以諔詭幻怪之名聞。不知至人之以是為己桎梏邪。李云，諔詭，奇異也。案呂覽傷樂篇，作俶詭。木在足曰桎，在手曰梏。蘄，期同。言彼期以異人之名，聞於天下，不知至人之於名，視猶己之桎梏邪。老聃曰，胡不直使彼以死生為一條。以可不可為一貫者。解其桎梏。其可乎。言生死是非，可通為一。何不使以死生是非為一條貫者，解其迷惑，庶幾可乎。无趾曰，天刑之安可解。言其根器如此，天然刑戮，不可解也。

魯哀公問於仲尼曰，衛有惡人焉。曰哀駘它。釋文，惡，醜。李云，哀駘，醜貌。它，其名。丈夫與之處者思而不能去也。婦人見之。請於父母曰，與為人妻寧為夫子妾者。十數而未止也。未嘗有聞其唱者也。常和而已矣。未嘗先人，感而後應。无君人之位以濟乎人之死。宣云，濟，猶拯也。无聚祿以望人之腹。李楨云，說文，望，月滿也。腹滿為飽，猶月滿為望，故以擬之。又以惡駭天下。非以美動人。和而不唱。未嘗招引人。知不出乎四域。知名不出四境之遠。且而雌雄合乎前。宣云，婦人丈夫皆來親之。是必有異乎人者也。寡人召而觀之。果以惡駭天下。與寡人處。不至以月數。而寡人有意乎其為人也。

郭云.未經月.已覺其有遠處.不至乎期年而寡人信之。國无宰。寡人傳國焉。成云.國无良宰.傳以國政.釋文.傳文專反.悶然而後應。悶然不合於其意而後應焉.氾而若辭。氾然不係於其心而若辭焉.寡人醜乎。李云.醜慙也.卒授之國。无幾何也。去寡人而行。成云.俄頃之間.逃遁而去.寡人卹焉若有亡也。宣云.卹.憂貌.若無與樂是國也。是何人者也。仲尼曰。丘也嘗使於楚矣。適見㹠子食於其死母者。釋文.㹠本又作豚.郭注.食乳也.少焉眴若。皆棄之而走。釋文.眴.本亦作瞬.司馬云.驚貌.俞云.眴若.猶眴然.徐无鬼篇.眾狙恂然棄而走.眴恂並旬之叚借.說文.旬.驚辭也.始就其母食.少焉覺其死.皆驚走也.不見己焉爾。不得類焉爾。郭云.生者以才德為類.死而才德去矣.故生者以失類而走也.案言㹠子以母之不顧見己而驚疑.又不得其生之氣類而捨去也.所愛其母者。非愛其形也。愛使其形者也。成云.使其形者精神也.戰而死者。其人之葬也不以翣資。郭云.翣者.武所資也.戰而死者無武也.翣將安施.成云.翣者.武飾之具.武王為之.或云.周公作也.其形似方扇.使車兩邊.軍將行師.陷陣而死.及其葬日.不用翣資.是知翣者武之所資.無武則翣無所資.以喻無神則形無所愛也.李云.資.送也.刖者之屨。无為愛之。釋文.為.于偽反.郭云.愛屨者.為足故耳.皆无其本矣。翣本於武.屨本於足.為天子之諸御。不爪翦。不穿耳。御女不加修飾.使其質全.娶妻者止於外。不得復使。匹夫取妻.休止於外.官不役之.使其形逸.形全猶足以為爾。上二事.皆全其形.而況全德之人乎。宣云.德全則有本.人豈能不愛乎.今哀駘它未言而信。无功而親。使人授己國。唯恐其不受也。是必才全而德不形者也。哀公曰。何謂才全。仲尼曰。死生存亡。窮達貧富。賢與不肖毀譽。饑渴寒暑。是事之變。命之行也。成云、並事物之變化、天命之流行、日夜相代乎前。語又見齊物論篇、而知不能規乎其始者也。宣云、雖有智者、不能詰所自始、故不足以滑和。不可入於靈府。成云、滑、亂也、郭云、靈府、精神之宅、宣云、惟其如是、故任其自然、不足以滑吾之天和、不可以擾吾之靈府、使之和豫通而不失於兌。使日夜无郤。而與物為春。李云、兌、悅也、郤、閒也、宣云、使和豫之氣流通、不失吾怡悅之性、日夜無一息閒隙、隨物所在、同遊於春和之中、是接而生時於心者也。宣云、是四時不在天地、而吾心之春、無有間斷、乃接續而生時於心也、是之謂才全。何謂德不形。曰。平者。水停之盛也。郭云、天下之平、莫盛於停水、其可以為法也。郭云、無情至平、故天下取正焉、內保之而外不蕩也。蕩、動也、內保其明、外不動於物、德者。成和之修也。宣云、修太和之道、既成、乃名為德也、德不形者。物不能離也。含德之厚、人樂親之、哀公異日以告閔子曰。始也吾以南面而君天下。執民之紀而憂其死。成云、執持綱紀、憂於兆庶、飲食教誨、恐其夭死、吾自以為至通矣。今吾聞至人之言。宣云、孔子之言、哀駘它者、恐吾無其實。輕用吾身而亡其國。吾與孔丘。非君臣也。德友而已矣。

闉跂支離无脤成云.闉.曲也.謂攣曲企踵而行.脤.脣也.謂支體坼裂傴僂殘病復無脣也.釋文.脤.徐市軫反.又音脣.說衛靈公。靈公說之。而視全人。其脰肩肩。上說.言說.下說.音悅.其下同.釋文.脰.頸也.李云.肩肩.羸小貌.李楨云.攷工梓人.數目顅脰.注云.顅.長脰貌.與肩肩義合.知肩是省借.本字當作顅.案衛君悅之.顧視全人之脰.反覺其羸小也.甕盎大癭說齊桓公。桓公說之。而視全人。其脰肩肩。說文.癭.瘤也.李云.甕盎.大癭貌.故德有所長。而形有所忘。總上.人不忘其所忘。而忘其所不忘。此謂誠忘。形宜忘.德不宜忘.反是.乃真忘也.故聖人有所游。遊心於虛.而知為孽。智慧運動.而生支孽.約為膠。禮信約束.而相膠固.德為接。廣樹德意.以相交接.工為商。工巧化居.以通商賈.聖人不謀惡用知。心無圖謀.故不用智.不斲惡用膠。質不彫琢.何須約束.无喪惡用德。德之言得也.本無喪失.何用以德相招引.不貨惡用商。不貴貨物.無須通商.四者天鬻也。天鬻者天食也。釋文.鬻.養也.知約德工.四者.天所以養人也.天養者.天所以食之也.既受食於天。又惡用人。既受食於天矣.則當全其自然.不用以人為雜之.有人之形。无人之情。屏絕情感.有人之形。故群於人。成云.和光混迹.无人之情。故是非不得於身。絕是非之端.眇乎小哉。所以屬於人也。謷乎大哉。獨成其天。崔云.類同於人.所以為小.情合於天.所以為大.成云.謷.高大貌也.惠子謂莊子曰。人故无情乎。莊子曰。然。惠子曰。人而无情。何以謂之人。莊子曰。道與之貌。天與之形。成云.虛通之道，為之相貌，自然之理，遺其形質，惡得不謂之人。惠子曰。既謂之人。惡得无情。莊子曰。是非吾所謂情也。宣云，言惠子先誤認情字，案郭以是非承上言非，吾所謂无情者。言人之不以好惡內傷其身。常因自然而不益生也。宣云，本生之理，不以人為加益之，惠子曰。不益生。何以有其身。成云，若不資益生道，何以有其身乎，莊子曰。道與之貌。天與之形。无以好惡內傷其身。有其身者如此，今子外乎子之神。勞乎子之精。倚樹而吟。據槁梧而瞑。成云，槁梧，夾膝几也，言惠子疏外神識，勞苦精靈，故行則倚樹而吟詠，坐則隱几而談說，形勞心倦，疲怠而瞑，天選子之形。選，解如孟子選擇而使子之選，子以堅白鳴。言子以此自鳴，與公孫龍堅白之論何異，齊物論所謂以堅白之昧終也，解見前，

內篇 大宗師第六

本篇云，人猶效之，效之言師也，又云，吾師乎，吾師乎，以道為師也，宗者主也，

知天之所為。知人之所為者至矣。知天之所為者。天而生也。凡物皆自然而生，則當順其自然，知人之所為者。以其知之所知。以養其知之所不知。終其天年而不中道夭者。是知之盛也。兩其知，音智，不強知，則智得所養，郭云，知人之所為者有分，故任而不強也，知人之所知者有極，故用而不蕩也，故所知不以無涯自困，雖然有患。成云，知雖盛美，猶有

患累。不若忘知而任獨也。夫知有所待而後當。其所待者特未定也。成云。知必對境。非境不當。境既生滅不定。知亦待奪無常。唯當境知兩忘。然後無患。庸詎知吾所謂天之非人乎。所謂人之非天乎。成云。知能運用。無非自然。是知天之與人。理歸無二。故謂天即人。謂人即天。所謂吾者。莊生自稱。此則泯合天人。混同物我也。且有真人而後有真知。郭云。有真人。而後天下之知。皆得其真而不可亂。何謂真人。古之真人。不逆寡。虛懷任物。雖寡少不逆忤。不雄成。不以成功自雄。不謨士。成云。虛夷而士眾自歸。非謀謨招致。若然者。過而弗悔。當而不自得也。成云。天時已過。曾無悔吝之心。分命偶當。不以自得為美。若然者。登高不慄。入水不濡。入火不熱。是知之能登假於道也若此。危難生死。不以介懷。其能登至於道。非世之所為知也。古之真人。其寢不夢。成云。絕思想。故寢寐寂泊。其覺無憂。郭云。隨所寓而安。其食不甘。成云。不耽滋味。其息深深。李云。內息之貌。真人之息以踵。成云。踵。足根。宣云。呼吸通於湧泉。眾人之息以喉。宣云。止於厭會之際。屈服者。其嗌言若哇。屈服。謂議論為人所屈。嗌。喉咽也。嗌聲之未出。言聲之已出。吞吐之際。如欲哇然。以狀無養之人。其耆欲深者。其天機淺。情欲深重。機神淺鈍。古之真人。不知說生。不知惡死。郭云。與化為體。其出不訢。其入不距。釋文。距本又作拒。李云。欣出則營生。拒入則惡死。翛然而往。翛然而來而已矣。成云。翛然。無係貌。不忘其所始。不求其所終。宣云。知生之源。任死之歸。受而喜之。宣云。受生之後常自得。忘而復之。宣云。忘其死。而復歸於天。是之謂不以心捐道。不以人助天。是之謂真人。郭云.物之感人無窮.人之逐欲無節.則天理滅矣.真人知用心則背道.助天則傷生.故不為也.俞云.據郭注.捐.疑偝之誤.若然者。其心志。宣云.志.當作忘.無思.其容寂。宣云.無為.其顙頯。宣云.顙.額也.頯.大朴貌.宣云.恢上聲.淒然似秋。煖然似春。郭云.殺物非為威.生物非為仁.喜怒通四時。宣云.喜怒皆無心.如四時之運.與物有宜。而莫知其極。隨事合宜.而莫窺其際.故聖人之用兵也。亡國而不失人心。崔云.亡敵國.而得其人心.利澤施於萬物。不為愛人。由仁義行.非行仁義.故樂通物。非聖人也。不求通物.而物情自通.為聖人.有親。非仁也。至仁則無私親.天時。非賢也。宣云.擇時而動.有計較成敗之心.利害不通。非君子也。利害不觀其通.故有趨避.行名失己。非士也。成云.必所行求名.而失己性.非有道之士.亡身不真。非役人也。宣云.徒棄其身.而無當真性.為世所役.非能役人.若狐不偕。成云.姓狐.字不偕.堯時賢人.不受堯讓.投河而死.務光。成云.夏時人.餌藥養性.好鼓琴.湯讓天下不受.負石自沈於廬水.伯夷。叔齊。箕子胥餘。司馬云.胥餘.箕子名.尸子曰.箕子胥餘.漆身為厲.被髮佯狂.紀他。成云.湯時逸人.聞湯讓務光.恐及乎己.遂將弟子蹈於窾水而死.申徒狄聞之.因以踣河.申徒狄。釋文.殷時人.負石自沈於河.是役人之役。適人之適。而不自適其適者也。郭云.斯皆舍己效人.徇彼傷我者.宣云.為人用.快人意.與真性何益.古之真人。其狀義而不朋。郭云.與物同宜.而非朋黨.俞云.郭注非也.此言其狀.非言其德.義.讀為峨.天道篇.而狀義然.即峨然也.朋.讀為崩.易朋來无咎.漢書五行志引.作崩來无咎.是也.義而不朋.言其狀峨然高大.而不崩壞也.若不足而不承。宣云.卑以自牧.而非居人下．與乎其觚而不堅也。王云．觚．特立不群也．崔云．觚．棱也．李楨云．觚．是孤借字．釋地．觚竹．釋文本又作孤．此孤觚通作之證．孤特者方而有棱．故字亦借觚為之．與乎其觚．與張乎其虛對文．與當是趣之借字．說文．趣．安行也．案．不堅．謂不固執．張乎其虛而不華也。成云．張．廣大貌．案．廓然清虛而不浮華．邴邴乎其似喜乎。向云．邴邴．喜貌．郭云．至人無喜．暢然和適．故似喜也．崔乎其不得已乎。向云．崔．動貌．成云．迫而後動．非關先唱．故不得已而應之也．滀乎進我色也。簡文云．滀．聚也．宣云．水聚則有光澤．言和澤之色．令人可親．與乎止我德也。與相接．意．宣云．寬閒之德．使我歸止．厲乎其似世乎。崔本厲作廣．當從之．俞云．世乃泰之借字．廣與泰義相應．郭慶藩云．厲．廣．古通借．泰字作大．世大古亦通借．謷乎其未可制也。成云．謷然高遠．超於世表．不可禁制．連乎其似好閉也。李云．連．綿長貌．郭云．綿邈深遠．莫見其門．成云．默如關閉．不聞見也．釋文．好．呼報反．悗乎忘其言也。釋文．悗．忘本反．成云．悗．無心貌．以上言真人德行．下明其利物為政之方．以刑為體。郭云．刑者．治之體．非我為．以禮為翼。郭云．禮者．世所以自行．非我制．以知為時。郭云．知者．時之動．非我唱．以德為循。郭云．德者．自彼所循．非我作．以刑為體者。綽乎其殺也。郭云．任治之自殺．故雖殺而寬．以禮為翼者。所以行於世也。郭云．順世所行．故無不行．以知為時者。不得已於事也。知以應時．不得已於世事．隨宜付之．以德為循者。言其與有足者至於丘也。宣云．德之所在．人人可至．我特循之耳．如丘之所在．有足者皆可至．我特與同登耳．非自立異．案．無意於行．自然而至．故曰與有足者至也．而人真以為勤行者也。宣云．人視真人．為勤行不怠．豈知其毫末以我與乎．故其好之也一。其弗好之也一。成云．既忘懷於美惡．亦遺蕩於愛憎．故好與弗好．出自凡情。而聖智虛融。未嘗不一。其一也。一其不一也。一成云。其一聖智也。其不一凡情也。凡聖不二。故不一皆一之。其一與天為徒。其不一與人為徒。成云。同天人。齊萬致。與天而為類也。彼彼而我我。與人而為徒也。天與人不相勝也。是之謂真人。成云。雖天無彼我。人有是非。確然論之。咸歸空寂。若使天勝人劣。豈謂齊乎。此又混一天人。冥同勝負。體此趣者。可謂真人。死生命也。其有夜旦之常天也。人之有所不得與。皆物之情也。死生與夜旦等。皆由天命。不可更以人與此物之情。實無足係戀也。彼特以天為父。而身猶愛之。而況其卓乎。身知愛天。而況卓然出於天者乎。人特以有君為愈乎己。宣云。勢分勝乎己。而身猶死之。宣云。效忠。而況其真乎。身知愛君。而況確然切於君者乎。泉涸。魚相與處於陸。相呴以溼。相濡以沫。不如相忘於江湖。喻貪生懼死。不如相忘於自然。泉涸四語。又見天運篇。與其譽堯而非桀。不如兩忘而化其道。宣云。此道字輕。謂是非之道。言譽堯非桀。不如兩忘其道。好生惡死。不如兩忘其累。案二語又見外物篇。下三字作閉其所譽。夫大塊載我以形。勞我以生。佚我以老。息我以死。故善吾生者。乃所以善吾死也。宣云。純任自然。所以善吾生也。如是。則死亦不苦矣。案六語又見後。列子天瑞篇。人胥知生之樂。未知生之苦。知老之憊。未知老之逸。知死之惡。未知死之息也。夫藏舟於壑。藏山於澤。島也。謂之固矣。然而夜半有力者負之而走。昧者不知也。舟可負。山可移。宣云。造化默運。而藏者猶謂在其故處。藏大小有宜。猶有所遯。若夫藏天下於天下而不得所遯。是恆物之大情也。藏無大小．各有所宜．然無不變之理．宣云．遯生於藏之過．若悟天下之理．非我所得私．而因而付之天下．則此理隨在與我共之．又烏所遯哉．此物理之實也．案恆物之大情．猶言常物之通理．特犯人之形而猶喜之。若人之形者。萬化而未始有極也。其為樂可勝計邪。犯與笵同．見笵人形．猶喜之．若人之生無窮．孰不自喜其身者．故聖人將游於物之所不得遯而皆存。宣云．聖人全體造化．形有生死．而此理已與天地同流．故曰皆存．善妖善老。善始善終。人猶效之。又況萬物之所係。而一化之所待乎。釋文．妖本又作夭．成云．壽夭老少．都不介懷．雖未能忘生死．但復無所嫌惡．猶足為物師傅．人放效之．況混同萬物．冥一變化．為物宗匠．不亦宜乎．夫道。有情有信。无為无形。宣云．情者．靜之動也．信者．動之符也．成云．恬然寂寞．無為也．視之不見．無形也．可傳而不可受。郭云．古今傳而宅之．莫能受而有之．可得而不可見。成云．方寸獨悟．可得也．離於形色．不可見也．自本自根。宣云．道為事物根本．更無有為道之根本者．自本自根耳．未有天地。自古以固存。成云．老子云．有物混成．先天地生．神鬼神帝。下文堪坏馮夷等．鬼也．豨韋伏羲等．帝也．其神皆道神之．生天生地。成云．老子云．天得一以清．地得一以寧．在太極之先而不為高。在六極之下而不為深。陰陽未判．是為太極．天地四方．謂之六極．成云．道在太極之先．不為高遠．在六合之下．不為深邃．先天地生而不為久。長於上古而不為老。釋文．長．丁丈反．案此語又見後．

豨韋氏得之。以挈天地。豨韋．即豕韋．蓋古帝王也．成云．挈．又作契．言能混同萬物．符合二儀．伏戲氏得之。以襲氣母。成云．襲．合也．氣母。元氣之母。為得至道。故能畫八卦。演六爻。調陰陽。合元氣。維斗得之。終古不忒。成云。北斗為眾星綱維。故曰維斗。得至道。故維持天地。歷終始無差忒。日月得之。終古不息。堪坏得之。以襲崑崙。釋文。崔坏作邳。司馬云。堪坏。神名。人面獸形。淮南作欽負。成云。崑崙山神名。襲。入也。馮夷得之。以游大川。司馬云。清泠傳曰。馮夷。華陰潼鄉隄首（成疏有里字）人也。服八石。得水仙。是為河伯。一云。以八月庚子浴於河溺死。肩吾得之。以處大山。司馬云。山神。不死。至孔子時。成云。得道處東岳。為太山之神。黃帝得之。以登雲天。崔云。黃帝得道而上天也。顓頊得之。以處玄宮。李云。顓頊。高陽氏。玄宮。北方宮也。月令曰。其帝顓頊。其神玄冥。成云。得道為北方之帝。玄者北方之色。故處於玄宮。禺強得之。立乎北極。釋文。海外經云。北方禺強。黑身手足。乘兩龍。郭璞以為水神。人面鳥身。簡文云。北海神也。一名禺京。是黃帝之孫也。西王母得之。坐乎少廣。莫知其始。莫知其終。釋文。山海經。西王母狀如人。狗尾。蓬頭。戴勝。善嘯。居海水之涯。漢武內傳云。西王母與上元夫人降帝。美容貌。神仙人也。崔云。少廣。山名。或云。西方空界之名。彭祖得之。上及有虞。下及五伯。崔云。彭祖壽七百歲。或以為仙。不死。成云。上自有虞。下及殷周。凡八百年。傅說得之。以相武丁。奄有天下。乘東維。騎箕尾。而比於列星。司馬云。東維。箕斗之間。天漢津之東維也。星經。傅說一星在尾上。崔云。傅說死。其精神乘東維。託龍尾。乃列宿。釋文。崔本此下。更有其生無父母。死登遐。三年而形遯。此言神之無能名者也。案下引七事以明之。

南伯子葵問乎女偊曰。子之年長矣。而色若孺子。何也。李云。葵當為綦。聲之誤也。釋文。偊。徐音禹。一云是婦人也。

曰。吾聞道矣。南伯子葵曰。道可得學邪。曰。惡。惡可。子非其人也。夫卜梁倚有聖人之才。而无聖人之道。我有聖人之道。而无聖人之才。李云、卜梁、姓、倚、名、宣云、倚聰明、似子貢、偊忘聰明、似顏子也、吾欲以教之。庶幾其果為聖人乎。不然。以聖人之道告聖人之才。亦易矣。吾猶守而告之。守而不去、與為諄復、參日而後能外天下。成云、心既虛寂、萬境皆空、已外天下矣。吾又守之七日。而後能外物。郭云、物者、朝夕所需、切己難忘、成云、天下疏遠易忘、資身之物、親近難忘、守經七日、然後遺之、已外物矣。吾又守之九日。而後能外生。成云、隳體離形、坐忘我喪、已外生矣。而後能朝徹。成云、死生一觀、物我兼忘、豁然如朝陽初啟、故謂之朝徹、宣云、朝徹如平旦之清明、朝徹而後能見獨。見一而已、見獨而後能无古今。成云、任造物之日新、隨變化而俱往、故無古今之異、无古今而後能入於不死不生。宣云、生死一也、至此、則道在我矣、殺生者不死。生生者不生。蘇輿云、殺生二語、申釋上文、絕貪生之妄覬、故曰殺生、安性命之自然、故曰生生、死生順受、是不死不生也、為物。无不將也。无不迎也。成云、將、送也、道之為物、拯濟無方、迎無窮之生、送無量之死、无不毀也。无不成也。成云、不送而送、無不毀滅、不迎而迎、無不生成、其名為攖寧。攖寧也者。攖而後成者也。郭嵩燾云、孟子趙注、攖、迫也、物我生死之見迫於中、將迎成毀之機迫於外、而一無所動其心、乃謂之攖寧、置身紛紜蕃變交爭互觸之地、而心固寧焉、則幾於成矣、故曰、攖而後成、南伯子葵曰。子獨惡乎聞之曰。聞諸副墨之子。成云。副。貳也。宣云。文字是翰墨為之。然文字非道。不過傳道之助。故謂之副墨。又對初作之文字言。則後之文字。皆其孳生者。故曰副墨之子。副墨之子聞諸洛誦之孫。成云。羅洛誦之。案謂連絡誦之。猶言反復讀之也。洛絡同音借字。對古先讀書者言。故曰洛誦之孫。古書先口授而後著之竹帛。故云然。洛誦之孫聞之瞻明。見解洞徹。瞻明聞之聶許。聶許。小語。猶囁嚅。聶許聞之需役。成云。需。須。役。行也。須勤行勿怠者。需役聞之於謳。釋文。於音烏。王云。謳。歌謠也。宣云。詠歎歌吟。寄趣之深。於謳聞之玄冥。宣云。玄冥。寂寞之地。玄冥聞之參寥。宣云。參悟空虛。參寥聞之疑始。宣云。至於無端倪。乃聞道也。疑始者。似有始而未嘗有始。

子祀子輿子犁子來四人相與語曰。崔云。淮南子祀作子永。行年五十四。而病傴僂。顧千里云。淮南精神篇作子求。非求永字。經傳多互誤。抱朴子博喻篇。子永歎天倫之偉。案據此。下祀輿字當互易。孰能以无為首。以生為脊。以死為尻。孰知生死存亡之一體者。吾與之友矣。成云。人起自虛無。故以無為首。從無生有。生則居次。故以生為脊。死最居後。故以死為尻。死生離異。同乎一體。能達斯趣。所遇皆適。豈有存亡欣惡於其間。誰能知是。我與為友也。四人相視而笑。莫逆於心。遂相與為友。俄而子輿有病。子祀往問之。曰。偉哉。夫造物者將以予為此拘拘也。成云。子輿自歎。司馬云。拘拘。體拘攣也。曲僂發背。成云。傴僂曲腰。背骨發露。上有五管。五藏之管向上。頤隱於齊。同臍。肩高於頂。句贅指天。李云。句贅。頂椎。其形似贅。言其上向。陰陽之氣有沴。郭云。沴。陵亂也．同戾．其心閒而無事。宣云．不以病攖心．跰𨇤而鑑於井。成云．跰𨇤．曳疾貌．曳疾力行．照臨於井．曰。嗟乎。夫造物者。又將以予為此拘拘也。重歎之．子祀曰。汝惡之乎。曰。亡。无同．予何惡。浸假而化予之左臂以為雞。予因以求時夜。司夜也．雞疑是卵字之誤．時夜即雞也．既化為雞．何又云因以求雞．惟雞出於卵．鴞出於彈．故因卵以求時夜．因彈以求鴞炙耳．齊物論云．見卵而求時夜．見彈而求鴞炙．與此文大同．亦其明證矣．浸假而化予之右臂以為彈。予因以求鴞炙。浸假而化予之尻以為輪。以神為馬。予因以乘之。豈更駕哉。郭云．無往不因．無因不可．且夫得者時也。失者順也。安時而處順。哀樂不能入也。此古之所謂縣解也。成云．得者生也．失者死也．案養生主篇．適來夫子時也．適去夫子順也．安時而處順．哀樂不能入也．古者謂是帝之縣解．與此文證合．而不能自解者。物有結之。郭云．一不能自解．則眾物共結之矣．且夫物不勝天久矣。吾又何惡焉。俄而子來有病。喘喘然將死。其妻子環而泣之。成云．喘喘．氣息急也．子犁往問之。曰。叱。避。叱令其妻子避．无怛化。釋文．怛．驚也．勿驚將化人．倚其戶與之語曰。偉哉造物。又將奚以汝為。為何物．將奚以汝適。適．往也．以汝為鼠肝乎。以汝為蟲臂乎。王云．取微蔑至賤．子來曰。父母於子。東西南北。唯命之從。陰陽於人。不翅於父母。成云．陰陽造化．何啻二親乎．彼近吾死。而我不聽。我則悍矣。彼何罪焉。（彼陰陽。悍不順。宣云。近迫也。）夫大塊載我以形。勞我以生。佚我以老。息我以死。故善吾生者。乃所以善吾死也。（六語又見大宗師篇。）今之大冶鑄金。金踊躍曰。我必且為鏌鋣。大冶必以為不祥之金。（大冶。鑄金匠。）今一犯人之形而曰人耳人耳。夫造化者。必以為不祥之人。（犯同笵。偶成為人。遂欣愛鄭重。以為異於眾物。則造化亦必以為不祥。）今一以天地為大鑪。以造化為大冶。惡乎往而不可哉。（鼠肝蟲臂。何關念慮。）成然寐。蘧然覺。（成然為人。寐也。蘧然長逝。覺也。）

子桑戶。孟子反。子琴張。三人相與友。曰。孰能相與於无相與。相為於无相為。（成云。如百體各有司存。更相御用。無心於相與。無意於相為。而相濟之功成矣。故於無與而相與周旋。無為而相為交友者。其意亦然。）孰能登天游霧。（宣云。超於物外。）撓挑无極。（李云。撓挑。猶宛轉也。宛轉玄曠之中。）相忘以生。無所終窮。（宣云。不悅生。不惡死。）三人相視而笑。莫逆於心。遂相與友。莫然有閒。（崔云。莫然定也。閒頃也。）而子桑戶死。未葬。孔子聞之。使子貢往侍事焉。（成云。供給喪事。）或編曲。（李云。曲。蠶薄。）或鼓琴。相和而歌曰。嗟來桑戶乎。嗟來桑戶乎。而已反其真。（而。汝。）而我猶為人猗。（成云。猗。相和聲。）子貢趨而進曰。敢問臨尸而歌。禮乎。二人相視而笑曰。是惡知禮意。是謂子貢．子貢反以告孔子。曰彼何人者邪。修行无有。無自修之行．而外其形骸。臨尸而歌。顏色不變。无以命之。崔云．命．名也．彼何人者邪。孔子。曰彼游方之外者也。而丘游方之內者也。成云．方．區域也．外內不相及。而丘使女往弔之。丘則陋矣。彼方且與造物者為人。王引之云．為人．猶言為偶．中庸．仁者人也．鄭注．讀如相人偶之人．以人意相存偶之言．公食大夫禮注．每曲揖及當碑揖．相人偶．是人與偶同義．淮南原道篇．與造化者為人．義同．齊俗篇．上與神明為友．下與造化為人．尤其明證．而遊乎天地之一氣。彼以生為附贅縣疣。成云．氣聚而生．譬疣贅附縣．非所樂．以死為決疣潰癰。釋文．疣．胡亂反．宣云．疽屬．成云．氣散而死．若疣癰決潰非所惜．夫若然者。又惡知死生先後之所在。宣云．一氣循環．假於異物。託於同體。宣云．即圓覺經地風水火四大合而成體之說．蓋視生偶然耳．忘其肝膽。遺其耳目。宣云．外身也．視死偶然耳．反覆終始。不知端倪。往來生死．莫知其極．芒然彷徨乎塵垢之外逍遙乎无為之業。成云．芒然．無知貌．放任於塵累之表．逸豫於清曠之鄉．彼又惡能憒憒然。為世俗之禮以觀眾人之耳目哉。成云．憒憒．煩亂．釋文．觀．示也．

子貢曰。然則夫子何方之依。成云．方內方外．未知夫子依從何道．孔子。曰丘天之戮民也。成云．聖迹禮儀．乃桎梏形性．夫子既依方內．是自然之理．刑戮之人也．故德充符篇云．天刑之．安可解乎．雖然。吾與汝共之。宣云．己之所得．不欲隱．子貢曰。敢問其方。孔子曰。魚相造乎水。人相造乎道。造詣也。造乎水者魚之樂。造乎道者人之樂。相造乎水者。穿池而養給。相造乎道者。无事而生定。釋文池本亦作地。案兩本並通。魚得水則養給。人得道則性定。生性字通。故曰。魚相忘乎江湖。人相忘乎道術。宣云。愈大則愈適。豈但養給生定而已。子貢曰。敢問畸人。司馬云。畸不耦也。郭云。問向所謂方外而不偶於俗者安在。曰。畸人者。畸於人而侔於天。司馬云。侔等也。成云。率其本性與自然之理同。故曰。天之小人。人之君子。宣云。拘拘禮法。不知性命之情而人稱為有禮。人之君子。天之小人也。案各本皆同。疑複語無義。當作天之君子。人之小人也。成云。子反琴張。不偶於俗。乃曰畸人。實天之君子。案不偶於俗。即謂不偕於禮。則人皆不然之。故曰天之君子。人之小人也。文義甚明。蘇輿云。以人之小人斷定畸人。則琴張孟孫輩皆非所取。莊生豈真不知禮者哉。

顏回問仲尼曰。孟孫才。才。名。其母死。哭泣無涕。中心不戚。居喪不哀。无是三者。以善處喪蓋魯國。固有无其實而得其名者乎。回壹怪之。郭陸成本喪字絕句。李楨云。文義未完。蓋魯國三字當屬上句。與應帝王篇功蓋天下義同。釋言。弇蓋也。釋名。蓋加也。並有高出其上之意。言才以善處喪名蓋魯國也。仲尼曰。夫孟孫氏盡之矣。進於知矣。成云。進過也。宣云。其盡道過於知喪禮者。唯簡之而不得。宣云。簡者。略於事。世俗相因。不得獨簡。故未免哭泣居喪之事。夫已有所簡矣。宣云。然已無涕不戚不哀。是已有所簡矣。蘇輿云。二語泛言。不屬孟孫氏說。姚云。常人束於生死之情。以為哀痛。簡之而不得。不知於性命之真已有所簡矣。似較宣說為優。孟孫氏不知所以生。不知所以死。宣云．生死付之自然．此其進於知也．不知就先。不知就後。成云．先．生．後．死．既一於死生．故無去無就．若化為物。以待其所不知之化已乎。宣云．順其所以化．以待其將來所不可知之化．如此而已．案死為鬼物．化也．鼠肝蟲臂．所不知之化也．且方將化。惡知不化哉。方將不化。惡知已化哉。宣云．四語正不知之化．總非我所能與．吾特與汝。其夢未始覺者邪。宣云．未能若孟孫之進於知也．且彼有駭形。而無損心。彼．孟孫氏．雖有駭變之形．而不以損累其心．有旦宅。而無情死。成云．旦．日新也．宅者．神之舍也．以形之改變．為宅舍之日新耳．姚云．情．實也．言本非實有死者．孟孫氏特覺。人哭亦哭。是自其所以乃。乃．猶言如此．人哭亦哭．己無容心．蘇輿云．孟孫氏特覺．句絕．言我汝皆夢．而孟孫獨覺．人哭亦哭．是其隨人發哀．且也相與吾之耳矣。庸詎知吾所謂吾之乎。人每見吾暫有身．則相與吾之．豈知吾所謂吾之果為吾乎．果非吾乎．且汝夢為鳥而厲乎天。厲戾同聲通用．至也．夢為魚而沒於淵。不識今之言者。其覺者乎。夢者乎。未知魚鳥是覺邪夢邪．抑今人之言魚鳥者．是覺邪夢邪．造適不及笑。獻笑不及排。宣云．人但知笑為適意．不知當其忽造適意之境．心先喻之．不及笑也．及忽發為笑．又是天機自動．亦不及推排而為之．是適與笑不自主也．安排而去化。乃入於寥天一。宣云．由此觀之．凡事皆非己所及．排．冥冥中有排之者．今但當安於所排．而忘去死化之悲．乃入於空虛之天之至一者耳．

意而子見許由。許由曰。堯何以資汝。成云．意而．古之賢人．郭云．資者．給濟之謂．意而子曰。堯謂我。汝必躬服仁義而明言是非。成云，必須己身服行，亦復明言示物，許由曰。而奚為來軹。而，汝也，軹同只，夫堯既已黥汝以仁義而劓汝以是非矣。宣云，如加之以刑然，汝將何以遊夫遙蕩恣睢轉徙之塗乎。成云，恣睢，縱任也，轉徙，變化也，案言汝既為堯所誤，何以遊乎逍遙放蕩縱任變化之境乎，意而子曰。雖然。吾願遊於其藩。宣云，言雖不能遵途，願涉其藩籬，許由曰。不然。夫盲者无以與乎眉目顏色之好。瞽者无以與乎青黃黼黻之觀。意而子曰。夫无莊之失其美。成云，无莊，古之美人，為聞道故不復莊飾，而自忘其美色，據梁之失其力。成云，據梁，古之多力人，為聞道守雌，故失其力，黃帝之亡其知。成云，黃帝有聖知，亦為聞道，故能亡遺其知，皆在鑪捶之間耳。釋文，捶本又作錘，成云，鑪，竈也，錘，鍛也，三人以聞道契真，如器物假鑪冶打鍛以成用耳，庸詎知夫造物者之不息我黥而補我劓。使我乘成以隨先生邪。宣云，乘，猶載也，黥劓則體不備，息之補之，復完成矣，天今使我遇先生，安知不使我載一成體以相隨邪，許由曰。噫。未可知也。我為汝言其大略。吾師乎。吾師乎。䪢萬物而不為義。澤及萬世而不為仁。司馬云，䪢，碎也，盧文弨云，說文作䪢，亦作韲，隸省作䪢，成云，素秋霜降，碎落萬物，非有心斷割而為義，青春和氣，生育萬物，非有情恩愛而為仁，長於上古而不為老。成云，萬象之前，先有此道，而日新不窮，案語又見前，覆載天地刻彫眾形而不為巧。成云，天覆地載，以道為原，眾形彫刻，咸資造化，同稟自然，故巧名斯滅，此所遊已。宣云，應上遊，顏回曰。回益矣。仲尼曰。何謂也。曰。回忘仁義矣。曰。可矣。猶未也。他日復見。曰。回益矣。曰。何謂也。曰。回忘禮樂矣。曰。可矣。猶未也。他日復見。曰。回益矣。曰。何謂也。曰。回坐忘矣。（司馬云．坐而自忘其身．）仲尼蹵然曰。何謂坐忘。顏回曰。墮肢體。黜聰明。（成云．墮．毀．黜．退除．）離形去知。（宣云．總上二句．）同於大通。（成云．冥同大道．）此謂坐忘。仲尼曰。同則无好也。（宣云．無私心．）化則无常也。（宣云．無滯理．）而果其賢乎。丘也請從而後也。（爾誠賢乎．吾亦願學．極贊以進回．）

子輿與子桑友。而霖雨十日。（雨三日以往為霖．）子輿曰。子桑殆病矣。裹飯而往食之。至子桑之門。則若歌若哭。鼓琴曰。父邪。母邪。天乎。人乎。有不任其聲。而趨舉其詩焉。（崔云．不任其聲．憊也．成云．趨．卒疾也．）子輿入。曰。子之歌詩。何故若是。（成云．歌詩似有怨望．故驚怪問其所由．）曰。吾思乎使我至此極者而弗得也。父母豈欲吾貧哉。天无私覆。地无私載。天地豈私貧我哉。求其為之者而不得也。然而至此極者。命也夫。（知命所為．順之而已．）

內篇 **應帝王第七** 郭云.無心而任乎自化者.應為帝王也.

齧缺問於王倪。四問而四不知。見齊物論. 齧缺因躍而大喜。行以告蒲衣子。釋文.尸子云.蒲衣八歲.舜讓以天下.崔云.即被衣.王倪之師也.淮南子曰.齧缺問道於被衣. 蒲衣子曰。而乃今知之乎。而.汝. 有虞氏不及泰氏。成云.泰氏.即太昊伏羲也. 有虞氏其猶藏仁以要人。亦得人矣。而非始出於非人。崔云.懷仁心以結人也.宣云.非人者.物也.有心要人.猶繫於物.是未能超出於物之外. 泰氏其臥徐徐。其覺于于。司馬云.徐徐.安穩貌.于于.無所知貌. 一以己為馬。一以己為牛。成云.或馬或牛.隨人呼召. 其知情信。成云.率其真知.情無虛矯. 其德甚真。郭云.任其自得.故無偽. 而未始入於非人。宣云.渾同自然.毫無物累.未始陷入於物之中.

肩吾見狂接輿。狂接輿曰。日中始何以語女。李云.日中始.人姓名.賢者也.崔本無日字.云.中始.賢人也.俞云.日.猶言日者也.義見左文七年.襄二十六年.昭七年.十九年傳. 肩吾曰。告我君人者以己出經式義度。司馬云.出.行也.王念孫云.經式義度.皆謂法也.義讀為儀.古字通. 人孰敢不聽而化諸。狂接輿曰。是欺德也。成云.以己制物.物喪其真.是欺誑之德.非實道. 其於治天下也。猶涉海鑿河。涉海而鑿為河. 而使蚉負山也。夫聖人之知也治外乎。用法.是治外也. 正而後行。正其性.而後行化.確乎能其事者而已矣。李云.確.堅也.宣云.不強人以性之所難為.且鳥高飛。以避矰弋之害。鼷鼠深穴乎神丘之下。以避熏鑿之患。成云.矰.網.鼷鼠.小鼠.神丘.社壇.宣云.物尚有知如此.而曾二蟲之无知。曾是人之無知.不如二蟲乎.

天根遊於殷陽。崔云.地名.至蓼水之上。李云.蓼水.水名.適遭无名人而問焉。曰。請問為天下。无名人曰。去。汝鄙人也。何問之不豫也。俞云.釋詁.豫.厭也.楚辭惜誦.行婞直而不豫兮.王注.豫.厭也.此怪天根之多問.猶云何不憚煩也.予方將與造物者為人。人.偶也.詳大宗師篇.厭則又乘夫莽眇之鳥。成云.莽眇.深遠.案謂清虛之氣.若鳥然.以出六極之外。成云.六極.猶六合.而遊无何有之鄉。說見逍遙遊篇.以處壙埌之野。崔云.壙埌.猶曠蕩也.汝又何帠以治天下感予之心為。帠.徐音藝.未詳何字.崔本作為.當從之.又復問。无名人曰。汝遊心於淡。合氣於漠。順物自然而无容私焉。宣云.不用我智.而天下治矣。

陽子居見老聃曰。成云.姓陽.字子居.案即楊朱.見寓言篇注.有人於此。嚮疾強梁。嚮往敏疾.強幹果決.物徹疏明。事物洞徹.疏通明達.學道不勌。如是者。可比明王乎。老聃曰。是於聖人也。胥易技係。勞形怵心者也。言此其學聖人.如胥之易.如技之係.徒役其形心者也.郭慶藩云.胥.徒.民給徭役者.易.治也.胥易.謂胥徒供役治事.技係.若王制.凡執技以事上者.不貳事.不移官.是為技所係也.且曰。虎豹之文來田。以文致獵.猨狙之便。捷也.執斄之狗來藉。司馬云.藉.繫也.案猨狗以能致繫.二語亦見天地篇.如是者可比明王乎。陽子居蹵然曰。敢問明王之治。老聃曰。明王之治。功蓋天下而似不自己。成云.聖人功成不居.似非己為之.化貸萬物而民弗恃。宣云.貸.施也.成云.百姓謂不賴君之能.有莫舉名。宣云.似有而無能名.使物自喜。成云.物各自得.立乎不測。宣云.所存者神.而遊於无有者也。宣云.行所無事.

鄭有神巫曰季咸。列子黃帝篇云.有神巫自齊來.處於鄭.命曰季咸.知人之生死存亡。禍福壽夭。期以歲月旬日若神。或歲.或月.或旬日.無不神驗.鄭人見之。皆棄而走。宣云.惟恐言其不吉.列子見之而心醉。向云.迷惑於其道也.歸以告壺子。列子作壺丘子.司馬云.名林.鄭人.列子師.曰。始吾以夫子之道為至矣。則又有至焉者矣。郭云.謂季咸之至.又過於夫子.壺子曰。吾與汝既其文。未既其實。而固得道與。成云.與.授.既.盡也.吾比授汝.始盡文言.於其妙理.全未造實.汝固執文字.謂言得道邪.案列子.既其文.作無其文.張湛注引向秀云.實由文顯.道以事彰.有道而無事.猶有雌無雄耳.今吾與汝.雖深淺不同.無文相發.故未盡我道之實也.此言聖人之唱.必有感而後和.眾雌而无雄。而又奚卵焉。郭云.喻列子未懷道.而以道與世亢必信。而.汝也.信.讀曰伸.言汝之道尚淺.而乃與世亢.以求必伸.列子亢作抗.夫故使人得而相女。故使人得而窺測之.嘗試與來。以予示之。明日。列子與之見壺子。

出而謂列子曰。嘻。子之先生死矣。弗活矣。不以旬數矣。吾見怪焉。見溼灰焉。宣云.言無氣燄.列子入。泣涕沾襟。以告壺子。壺子曰。鄉吾示之以地文。列子注.引向云.塊然若土也.萌乎不震不正。俞云.列子作罪乎不誫不止.當從之.罪讀為嶵.說文作辠.云.山貌.震即誫之異文.不誫不止者.不動不止也.故以嶵乎形容之.言與山同也.今罪誤作萌.止誤作正.失其義矣.據釋文.崔本作不誫不止.與列子同.可據以訂正.案列子注引向云.不動亦不自止.與枯木同其不華.死灰均其寂魄.此至人無感之時也.是殆見吾杜德機也。成云.杜.塞也.列子機作幾.下同.注引向云.德幾不發.故曰杜.嘗又與來。嘗.亦試也.明日。又與之見壺子。出而謂列子曰。幸矣。子之先生遇我也。有瘳矣。全然有生矣。列子全作灰.吾見其杜權矣。宣云.杜閉中覺有權變.列子入。以告壺子。壺子曰。鄉吾示之以天壤。列子注引向云.天壤之中.覆載之功見矣.比地之文.不猶外乎.案郭注.地之作之.地外作卵.是誤字.昔人謂郭竊向注.殆不然.此類得毋近是乎.名實不入。列子注引向云.任自然而覆載.則名實皆為棄物.案郭注.則下.作天機玄應.而名利之飾.皆為棄物矣.而機發於踵。宣云.一段生機.自踵而發.是殆見吾善者機也。宣云.善即生意.嘗又與來。明日。又與之見壺子。出而謂列子曰。子之先生不齊。釋文.側皆反.本又作齋.下同.吾无得而相焉。試齊。且復相之。列子入。以告壺子。壺子曰。吾鄉示之以太沖莫勝。列子勝作朕.當從之.注引向云.居太沖之極.浩然泊心.玄同萬方.莫見其迹.案郭注.莫見其迹.作故勝負莫得厝其間也.是殆見吾衡氣機也。宣云.衡.平也.列子注引向云.無往不平.混然一之.案郭注同. 鯢桓之審為淵。止水之審為淵。流水之審為淵。淵有九名。此處三焉。列子.鯢桓之審.作鯢旋之潘.張注以為當作蟠.云鯢.大魚.桓.盤桓也.蟠.洄流也.言大魚盤桓.其水蟠洄而成深泉.淵有九名者.謂鯢桓.止水.流水.濫水.（爾雅.水涌出也） 沃水.（水泉從上溜下） 氿水.（水泉從旁出） 瘫水.（河水決出還復入也） 汧水.（水流行也） 肥水.（水所出異為肥） 是為九淵.皆列子之文.成云.水體無心.動止隨物.或鯨鯢盤桓.或凝湛止住.或波流湍激.雖多種不同.而玄默無心一也. 嘗又與來。明日。又與之見壺子。立未定。自失而走。壺子曰。追之。列子追之不及。反。以報壺子曰。已滅矣。已失矣。吾弗及也。壺子曰。鄉吾示之以未始出吾宗。深根冥極.不出見吾之宗主. 吾與之虛而委蛇。成云.委蛇.隨順貌.郭云.無心而隨物化.案列子.委蛇作猗移.義同. 不知其誰何。向云.汎然無所係.案郭注同. 因以為弟靡。釋文.弟音頹.弟靡.不窮之貌.盧文弨云.正字通.弟作弟.後來字書亦因之.而於古無有也.類篇.弟字下.有徒回反一音.云弟靡不窮貌.正本此.列子作茅靡. 因以為波流。崔本作波隨.云.常隨從之.王念孫云.崔本是也.蛇何靡隨為韻.蛇.古音徒禾反.靡.古音摩.隨.古亦音徒何反. 故逃也。成云.因任前機.曾無執滯.千變萬化.非相者所知.故季咸逃逸也.案列子注引向云.至人其動也天.其靜也地.其行也水流.其湛也淵嘿.淵嘿之與水流.天行之與地止.其於不為而自然一也.今季咸見其尸居而坐忘.即謂之將死.見其神動而天隨.即謂之有生.苟無心而應感.則與變升降.以世為量.然後足為物主.而順時無極耳.豈相者之所覺哉. 然後列子自以為未始學而歸。成云.始覺壺丘道深.自知未學. 三年不出。為其妻爨。向云.遺恥辱. 食豕如食人。釋文.食音祀.郭云.忘貴賤也. 於事无與親。不近世事。彫琢復朴。成云。彫琢華飾之務。悉皆屏除。復於朴素。塊然獨以其形立。塊然無偶。紛而封哉。釋文。紛而。崔云亂貌。哉。崔本作戎。云封戎散亂也。李楨云。崔本是也。列子作紛然而封戎。六句人親朴立戎終各自為韻。一以是終。宣云。道無復加也。引季咸壺子事。明帝王當虛己無為。立於不測。不可使天下得相其端。以開機智。其取意微渺無倫。以上引五事為證。

无為名尸。成云。尸。主也。無為名譽之主。无為謀府。無為謀慮之府。无為事任。郭云。付物使各自任。无為知主。釋文。知音智。成云。不運智以主物。體盡无窮。體悟真源。冥會無窮。而遊无朕。崔云。朕。兆也。成云。朕。迹也。晦迹韜光。故無朕。盡其所受於天而无見得。全所受於天而無自以為得之見。亦虛而已。郭云。不虛。則不能任群實。至人之用心若鏡。郭云。鑒物而無情。不將不迎。應而不藏。成云。將送也。物感斯應。應不以心。既無將迎。豈有情於隱匿哉。故能勝物而不傷。成云。用心不勞。故無損害。此段正文。

南海之帝為儵。北海之帝為忽。中央之帝為渾沌。簡文云。儵忽取神速為名。渾沌以合和為貌。儵忽譬有為。合和譬無為。崔云。渾沌。無孔竅也。儵與忽時相與遇於渾沌之地。渾沌待之甚善。儵與忽謀報渾沌之德。曰。人皆有七竅。以視聽食息。此獨无有。嘗試鑿之。日鑿一竅。七日而渾沌死。郭云。為者敗之。此段喻意。

外篇 駢拇第八

蘇輿云.駢拇下四篇.多釋老子之義.周雖悅老風.自命固絕高.觀天下篇可見.四篇於申老外別無精義.蓋學莊者緣老為之.且文氣直衍.無所發明.亦不類內篇汪洋俶詭.王氏夫之.姚氏鼐.皆疑外篇不出莊子.最為有見.即如此篇.首云淫僻於仁義之行.末復以淫僻仁義平列.踳駁顯然.且云余媿乎道德.莊子焉肯為此謙語乎.

駢拇枝指出乎性哉。而侈於德。李云.駢.併也.成云.足大拇指與第二指相連.枝指.手有六指也.崔云.侈.過也.案生而有之.故曰出乎性.德之言得也.所得比人為過.附贅縣疣出乎形哉。而侈於性。附贅縣疣.見大宗師篇.形既成而後附.故曰出乎形.然過於自然之性.多方乎仁義而用之者。列於五藏哉。而非道德之正也。成云.方.道術也.案多術以施用仁義者.以五性為人所同有而列於五藏.以配五行.然非道德之本然.是故駢於足者。連无用之肉也。枝於手者。樹无用之指也。樹.立.多方駢枝於五藏之情者。情.實.淫僻於仁義之行。淫.過也.過詭於正.故曰淫僻.而多方於聰明之用也。是故駢於明者。亂五色。淫文章。青黃黼黻之煌煌。非乎。而離朱是已。言自離朱諸人始也.成云.斧形謂之黼.兩己相背謂之黻.五色.青黃赤白黑也.青與赤為文.赤與白為章.煌煌.眩目貌.司馬云.離朱.黃帝時人.百步見秋毫之末.一云見千里鍼鋒.孟子作離婁.多於聰者。亂五聲。淫六律。金石絲竹黃鐘大呂之聲。非乎。而師曠是已。釋文.師曠.晉大夫.善音律.能致鬼神.史記云.冀州南和人.生而無目.郭云.生而有耳目者.所困常在於希離慕曠則離曠雖聰明乃亂耳目之至也枝於仁者擢德塞性以收名聲使天下簧鼓以奉不及之法非乎而曾史是已枝於仁者謂標舉仁義如枝生一指曾史性優於仁義而性不長者爭慕之天下喧讓如簧如鼓以奉不能及之法式也曾史曾參史魚王念孫云塞與擢義不相類塞當為搴形近而誤擢搴皆謂拔取之也廣雅搴取也拔也方言作攓云取也南楚曰攓說文作㩃云拔取也淮南俶真篇俗世之學擢德攓性內愁五藏外勞耳目乃始招蟯振繾物之毫芒搖消掉捎仁義禮樂暴行越智於天下以招號名聲於世又曰今萬物之來擢拔吾性攓取吾情皆其證駢於辯者纍瓦結繩竄句游心於堅白同異之閒而敝跬譽无用之言非乎而楊墨是已崔云聚無用之語如瓦之纍繩之結也一云瓦當作丸案竄易文句游蕩心思於堅白同異之間也郭嵩燾云敝謂勞敝也跬譽猶云咫言半步為跬司馬法一舉足曰跬跬三尺也跬譽者邀一時之近譽勞敝於有近譽無實用之言故謂之駢於辯楊朱墨翟稟性多辯故特舉之故此皆多駢旁枝之道非天下之至正也彼正正者不失其性命之情俞云上正字乃至字之誤故合者不為駢而枝者不為跂釋文跂其知反宣本作歧案跂歧同長者不為有餘短者不為不足是故鳧脛雖短續之則憂鶴脛雖長斷之則悲成云鳧小鴨故性長非所斷性短非所續无所去憂也宣云率其本然自無憂何待去意仁義其非人情乎彼仁人何其多憂也蘇輿云仁人宣本作仁義是郭注云恐仁義非人情而憂之者真可謂多憂也似所見本亦作仁義此言仁義束縛使人失其常性而多憂患在宥篇愁其五藏以為仁義即此旨此緣下仁人而誤且夫駢於拇者決

之則泣。枝於手者。齕之則啼。二者或有餘於數。或不足於數。其於憂一也。駢者，數不足，枝者，數有餘。今世之仁人。蒿目而憂世之患。司馬云，蒿目亂也，俞云，蒿是睢之叚字，玉篇，睢，目明，又望也，是睢為望視之貌，仁人之憂天下，必為睢然遠望，故云然，睢與蒿古音相近，故得通用，詩白鳥翯翯，孟子作鶴鶴，文選景福殿賦作皠皠，蒿之通睢，猶翯之通鶴與皠矣。不仁之人。決性命之情而饕富貴。決，潰也，如水之決隄而出，情，實，饕，貪也。故意仁義其非人情乎。自三代以下者。天下蘇輿云，自三代以下者，莊子有此文法，胠篋在宥篇屢見。何其囂囂也。成云，囂囂，猶讙聒。且夫待鉤繩規矩而正者。是削其性。成云，鉤，曲，繩，直，規，圓，矩，方，皆損害本性。待繩約膠漆而固者。是侵其德也。成云，約，束縛也，侵傷其德。屈折禮樂。呴俞仁義。以慰天下之心者。此失其常然也。禮樂周旋，是屈折也，呴俞，猶喣嫗，假仁義也。天下有常然。常然者。曲者不以鉤。直者不以繩。圓者不以規。方者不以矩。附離不以膠漆。約束不以纆索。釋文，廣雅，纆，索也。故天下誘然皆生。而不知其所以生。宣云，誘然，若有導以生者。同焉皆得。而不知其所以得。故古今不二。不可虧也。古今無二理，不可以人為損之。則仁義又奚連連如膠漆纆索。而遊乎道德之間為哉。使天下惑也。連連，相續貌，此尊道德而斥仁義。夫小惑易方。迷於所向。大惑易性。失其真性。何以知其然邪。

自虞氏招仁義以撓天下也。（俞云，招，舉也。釋文，撓，亂也。）天下莫不奔命於仁義。（奔馳以從之。）是非以仁義易其性與。（郭云，雖虞氏無易之情，而天下之性固已易矣。）故嘗試論之。自三代以下者。天下莫不以物易其性矣。小人則以身殉利。士則以身殉名。（以名利易性。）大夫則以身殉家。聖人則以身殉天下。（以家天下易性。）故此數子者。（蘇輿云，數子，猶言此數等人。）事業不同。名聲異號。其於傷性以身為殉。一也。臧與穀二人相與牧羊而俱亡其羊。（釋文，張揖云，壻婢之子謂之臧。崔本穀作轂，云，孺子曰轂。）問臧奚事。則挾筴讀書。問穀奚事。則博塞以遊。二人者事業不同。其於亡羊均也。（釋文，筴字又作策，李云，竹簡也。塞，博之類也。案策，當讀如左傳繞朝贈策之策，驅羊鞭也。）伯夷死名於首陽之下。盜跖死利於東陵之上。（成云，跖，柳下惠從弟，卒徒九千，常為巨盜。東陵，山名，又云即太山，在齊州界，去東平十五里。跖死其上。）二人者所死不同。其於殘生傷性均也。奚必伯夷之是而盜跖之非乎。天下盡殉也。彼其所殉仁義也。則俗謂之君子。其所殉貨財也。則俗謂之小人。其殉一也。則有君子焉。有小人焉。（則有之，則與而同義。）若其殘生損性。則盜跖亦伯夷已。（跖與夷同。）又惡取君子小人於其間哉。（宣云，稱名何取相異。）且夫屬其性乎仁義者。雖通如曾史。非吾所謂臧也。釋文。屬。謂係屬。成云。臧。善也。屬其性於五味。雖通如俞兒。非吾所謂臧也。釋文。司馬云。俞兒。古之善識味人也。崔云。尸子曰。膳俞兒和之以薑桂。為人主上食。淮南云。俞兒狄牙。嘗淄澠之水而別之。一云。俞兒黃帝時人。狄牙則易牙。齊桓公時識味人也。一云。俞兒亦齊人。屬其性乎五聲。雖通如師曠。非吾所謂聰也。屬其性乎五色。雖通如離朱。非吾所謂明也。吾所謂臧者。非仁義之謂也。臧於其德而已矣。善在自得。吾所謂臧者。非所謂仁義之謂也。宣云。此句疑言味而訛。任其性命之情而已矣。吾所謂聰者。非謂其聞彼也。自聞而已矣。吾所謂明者。非謂其見彼也。自見而已矣。成云。心神馳奔。耳目竭喪。此乃愚闇。豈曰聰明。若聽耳之所聞。視目之所見。保分任真。不蕩於外者。即物皆聰明也。夫不自見而見彼。不自得而得彼者。是得人之得而不自得其得者也。適人之適而不自適其適者也。郭云。此舍己效人者也。雖效之若人。而己已亡矣。夫適人之適而不自適其適。雖盜跖與伯夷。是同為淫僻也。郭云。苟以失性為淫僻。雖所失之塗異。其於失之一也。案大宗師篇。狐不偕。務光。伯夷。叔齊。箕子胥餘。紀他。申屠狄。是役人之役。適人之適。而不自適其適者也。莊子以全生為大。故於伯夷一流人。深致不滿。但務光申徒狄諸人。情事未詳。當時或有可以不死之道。至夷齊箕子。所係至重。不可一概而論。此所見與聖人異也。余愧乎道德。宣云。謙詞。是以上不敢為仁義之操。而下不敢為淫僻之行也。宣云。莊子將仁義淫僻例視。何有上下之目。此上下二字。就俗見言之。案三代以來視道德甚尊而論仁義不分析。韓非子混義於仁。此文亦以仁義併入仁人內言之。自孔孟書外。罕能推見仁義之分者。漆園固別有微恉。世儒亦無復深求。昌黎原道一篇開宗明義。獨舉仁義道德四字。開示學人所以能拔出唐賢而上契古聖也。

外篇　馬蹄第九

蘇輿云。老子云。無為自化。清靜自正。通篇皆申此旨。而終始以馬作喻。亦莊子內篇所未有也。

馬蹄可以踐霜雪。毛可以禦風寒。齕草飲水。翹足而陸。釋文。崔本足作尾。司馬云。陸。跳也。字書作踛。踛。馬健也。郭慶藩云。崔足作尾。文選江賦注引。亦作尾。陸作踛。云踛音六。廣韻。踛。力竹切。翹踛也。此馬之真性也。雖有義臺路寢。無所用之。雖極居處之壯麗。非馬性所適也。釋文。義。徐音儀。路。正也。大也。崔云。路寢。正室。俞云。義儀古通。儀臺猶言容臺。淮南覽冥篇容臺振而掩覆。高注。容臺。行禮容之臺。及至伯樂曰。我善治馬。燒之。剔之。刻之。雒之。釋文。伯樂。姓孫。名陽。善馭馬。司馬云。燒鐵以爍之。剔。謂翦其毛。郭嵩燾云。雒同烙。謂印烙。連之以羈馽。編之以皁棧。釋文。廣雅。羈。勒也。馽。丁邑反。崔云。絆前後足也。文選馬汧督誄注引司馬云。皁。櫪也。棧。若櫺牀施之溼地也。馬之死者十二三矣。飢之渴之。馳之驟之。整之。齊之。前有橛飾之患。而後有鞭筴之威。而馬之死者已過半矣。司馬云。橛。銜也。飾。謂加飾於馬鑣也。成云。帶皮曰鞭。無皮曰筴。陶者曰。我善治埴。圓者中規。方者中矩。釋文。陶。窰也。崔云。埴。土也。匠人曰。我善治木。曲者中鉤。直者應繩。夫埴木之性。豈欲中規矩鉤繩哉。然且世世稱之曰。伯樂善治馬。而陶匠善治埴木。此亦治天下者之過也。其過與治天下者等．吾意善治天下者不然。彼民有常性。織而衣。耕而食。是謂同德。成云．物各自足．故同德．一而不黨。命曰天放。成云．黨．偏．命．名．天．自然也．宣云．渾一無偏．任天自在．蘇輿云．與天為一．泯善惡之黨．於義亦通．故至德之世。其行填填。其視顛顛。崔云．填填．重遲．顛顛．專一也．當是時也。山无蹊隧。澤无舟梁。成云．蹊．徑．隧．道．郭云．不求非望．故止於一家而足．萬物群生。連屬其鄉。宣云．各就所居為連屬．禽獸成群。草木遂長。郭云．足性而止．無吞夷之欲．故物全．是故禽獸可係羈而遊。鳥鵲之巢可攀援而闚。郭云．與物無害．故物馴．夫至德之世。同與禽獸居。族與萬物並。族．聚也．惡乎知君子小人哉。同乎无知。其德不離。同乎无欲。是謂素樸。素樸而民性得矣。郭云．知則離道以善．欲則離性以飾．及至聖人。蹩躠為仁。踶跂為義。而天下始疑矣。李云．蹩躠．踶跂．皆用心為仁義之貌．澶漫為樂。摘僻為禮。而天下始分矣。李云．澶漫．猶縱逸也．郭嵩燾云．摘僻．當作摘擗．楚辭王注．擗．析也．摘者．摘取之．擗者．分析之．謂煩碎也．故純樸不殘。孰為犧尊。白玉不毀。孰為珪璋。成云．純樸不殘．全木未彫也．犧尊．酒器．刻為牛首．以祭宗廟也．上銳下方曰珪．半珪曰璋．道德不廢。安取仁義。老子云，大道廢，有仁義。性情不離，安用禮樂。成云，禮以檢迹，樂以和心。情苟不散，安用和心。性苟不離，何勞檢迹。五色不亂，孰為文采。五聲不亂，孰應六律。郭云，此皆變樸為華，棄本崇末，於其天素有殘廢矣。夫殘樸以為器，工匠之罪也。毀道德以為仁義，聖人之過也。成云，以仁義之迹，毀無為之道。夫馬，陸居則食草飲水，喜則交頸相靡。靡與摩同。怒則分背相踶。宣云，馬之踶必向後，故曰分背。馬知已此矣。馬所知止此矣。李音智，非。夫加之以衡扼。釋文，衡，轅前橫木，縛軛者。扼，又馬頸者也。齊之以月題。司馬云，馬額上當顱，如月形者也。而馬知介倪闉扼鷙曼。李云，介倪，猶睥睨也。闉，曲也。鷙，抵也。曼，突也。司馬云，言曲頸於扼以抵突也。詭銜竊轡。成云，詭銜，吐出其勒。竊轡，盜脫籠頭。故馬之知而態至盜者。充其所知而態至於盜。伯樂之罪也。夫赫胥氏之時，民居不知所為，行不知所之，含哺而熙，鼓腹而遊，民能以此矣。司馬云，赫胥，上古帝王也。案，熙與嬉同，以已通作。及至聖人，屈折禮樂以匡天下之形，縣企仁義以慰天下之心。匡，正也。縣企，縣舉而企及之，使人共慕也。而民乃始踶跂好知。踶跂，自矜。好智，行詐。爭歸於利，不可止也。此亦聖人之過也。

外篇

胠篋第十

將為胠篋探囊發匱之盜而為守備。（司馬云。從旁開為胠。蘇輿云。說文。匱。匣也。俗加木作櫃。）則必攝緘縢。固扃鐍。此世俗之所謂知也。（釋文。廣雅云。緘縢。皆繩也。李云。扃。關。鐍。鈕也。知音智。）然而巨盜至。則負匱揭篋擔囊而趨。唯恐緘縢扃鐍之不固也。（釋文。三蒼云。揭。舉也。）然則鄉之所謂知者。不乃為大盜積者也。（也。與邪同。）故嘗試論之。世俗之所謂知者。有不為大盜積者乎。所謂聖者。有不為大盜守者乎。何以知其然邪。昔者齊國鄰邑相望。雞狗之音相聞。罔罟之所布。耒耨之所刺。（李云。耒。犂。耨。鋤也。）方二千餘里。闔四竟之內。（成云。闔。合也。）所以立宗廟社稷。治邑屋州閭鄉曲者。曷嘗不法聖人哉。（成云。司馬法。六尺為步。步百為畝。畝百為夫。夫三為屋。屋三為井。井四為邑。又云。五家為比。五比為閭。五閭為族。五族為黨。五黨為州。五州為鄉。鄭元云。二十五家為閭。二千五百家為州。萬二千五百家為鄉。）然而田成子一旦殺齊君而盜其國。所盜者豈獨其國邪。並與其聖知之法而盜之。故田成子有乎盜賊之名。而身處堯舜之安。小國不敢非。大國不敢誅。十二世有齊國。（釋文。自陳恆弒簡公之時。數至莊子著書之日。其後人為齊君者。已歷十二世。姚云。自田常至王建十世.上合桓子無宇.釐子乞.為十二世.田氏自桓子始大.故合言十二世.則是不乃竊齊國並與其聖知之法以守其盜賊之身乎嘗試論之世俗之所謂至知者有不為大盜積者乎所謂至聖者有不為大盜守者乎何以知其然邪昔者龍逢斬比干剖萇弘胣崔云.讀若拖.或作施字.胣裂也.淮南子曰.萇弘鈹裂而死.子胥靡釋文.密池反.崔云.爛之於江中.故四子之賢而身不免乎戮郭云.言暴亂之君.亦得據君人之威.以戮賢人而莫之敢亢者.皆聖法之由也.向無聖法.則桀紂焉得守斯位而放其毒.使天下側目哉.蘇輿云.聖法寄於刑賞.而桀紂用法以戮賢.故盜跖之徒問於跖曰盜亦有道乎跖曰何適而无有道邪成云.何往非道.夫妄意室中之藏成云.起妄心.斟量商度.有無必中.聖也入先勇也出後義也知可否知也分均仁也五者不備而能成大盜者天下未之有也由是觀之善人不得聖人之道不立跖不得聖人之道不行天下之善人少而不善人多則聖人之利天下也少而害天下也多故曰脣竭則齒寒俞云.此竭字.當讀為竭其尾之竭.說文豕下云.竭其尾.故謂之豕.脣竭.謂反舉其脣以向上.魯酒薄而邯鄲圍釋文.許慎注淮南云.楚會諸侯.魯趙俱獻酒於楚王.魯酒薄而趙酒厚.楚之主酒吏求酒於趙.趙不與.吏怒.乃以趙厚酒.易魯薄酒.奏之.楚王以趙酒薄.故圍邯鄲也.聖人生而大盜起掊擊聖人縱舍盜賊而天下始

治矣。夫川竭而谷虛。丘夷而淵實。聖人已死。則大盜不起。天下平而无故矣。聖人不死。大盜不止。雖重聖人而治天下。則是重利盜跖也。為之斗斛以量之。則並與斗斛而竊之。為之權衡以稱之。則並與權衡而竊之。為之符璽以信之。則並與符璽而竊之。為之仁義以矯之。則並與仁義而竊之。何以知其然邪。彼竊鉤者誅。(成云。鉤。腰帶鉤也。)竊國者為諸侯。諸侯之門而仁義存焉。(王引之云。存焉。當作焉存。焉。於是也。言仁義於是乎存也。古書如此句法甚多。（不備錄）此四句。誅侯為韻。門存為韻。其韻皆在句末。史記游俠傳作竊鉤者誅。竊國者侯。諸侯之門。仁義存。是其明證也。)則是非竊仁義聖知邪。故逐於大盜。揭諸侯。(成云。逐。隨也。宣云。揭。舉也。)竊仁義並斗斛權衡符璽之利者。雖有軒冕之賞弗能勸。(止之。)斧鉞之威弗能禁。此重利盜跖而使不可禁者。是乃聖人之過也。故曰。魚不可脫於淵。國之利器不可以示人。彼聖人者。天下之利器也。非所以明天下也。(明。示也。)故絕聖棄知。大盜乃止。擿玉毀珠。(釋文。擿。義與擲同。)小盜不起。焚符破璽。而民朴鄙。掊斗折衡。而民不爭。殫殘天下之聖法。而民始可與論議。(釋文。殫。盡也。)擢亂六律，鑠絕竽瑟，成云：擢，拔也。釋文：鑠絕，燒斷之也。塞瞽曠之耳，而天下始人含其聰矣；滅文章，散五采，膠離朱之目，而天下始人含其明矣；毀絕鉤繩而棄規矩，攦工倕之指，李云：攦，折也。而天下始人有其巧矣。成云：人師分內，咸有其巧，譬猶蜘網蜣丸，豈關工匠。故曰大巧若拙。削曾史之行，鉗楊墨之口，攘棄仁義，而天下之德始玄同矣。成云：物不喪真，人皆自得，率性全理，故與玄道混同。彼人含其明，則天下不鑠矣；崔云：不消壞也。人含其聰，則天下不累矣；成云：累，憂患也。人含其知，則天下不惑矣；人含其德，則天下不僻矣。彼曾史楊墨師曠工倕離朱，皆外立其德自炫所得。而以爚亂天下者也，釋文：三蒼云：爚，火光消也。法之所无用也。宣云：以正法言之，皆當去。子獨不知至德之世乎？昔者容成氏、大庭氏、伯皇氏、中央氏、栗陸氏、驪畜氏、軒轅氏、赫胥氏、尊盧氏、祝融氏、伏羲氏、神農氏，司馬云：此十二氏，皆古帝王。當是時也，民結繩而用之，甘其食，美其服，樂其俗，安其居，鄰國相望，雞狗之音相聞，民至老死而不相往來。若此之時，則至治已。今遂至使民延頸舉踵，曰某所有賢者，贏糧而趣之，崔云：贏，裹也。則內棄其親而外去其主之事。（內棄其親．若吳起．外去其主．若虞卿．）足跡接乎諸侯之境。車軌結乎千里之外。（軌．車轍迹．結．交也．）則是上好知之過也。上誠好知而无道。（好知以擾物．無道以靖之．）則天下大亂矣。何以知其然邪。夫弓弩畢弋機變之知多。則鳥亂於上矣。（李云．兔網曰畢．繳射曰弋．弩牙曰機．郭嵩燾云．說文．率捕鳥畢也．詩畢之羅之．鳥罟亦謂之畢．李說非．）鉤餌罔罟罾笱之知多。則魚亂於水矣。（王念孫云．鉤．當作釣．釣即鉤也．釋文．釣．鉤也．今正文作鉤．後人妄改．說詳讀書雜志．）削格羅落罝罘之知多。則獸亂於澤矣。（李云．削格．所以施羅網也．郭嵩燾云．說文．繫傳云．長枝為格．削格．謂刮削之．削格羅落．皆所以遮要禽獸．漢書鼂錯傳．為中周虎落．顏注．謂遮落之．釋文．罝．本又作罦．爾雅．兔罟謂之罝．罬謂之罦．罦．覆車也．郭璞云．今翻車．）知詐漸毒頡滑堅白解垢同異之變多。則俗惑於辯矣。（郭慶藩云．荀子非十二子篇．知而險．議兵篇．是漸之也．正論篇．上凶險則下漸詐矣．知詐漸毒．四字義同．皆謂欺詐也．釋文．頡滑．不正之語．解垢．詭曲之辭．案頡．黠借字．）故天下每每大亂。（李云．每每．猶昏昏也．）罪在於好知。故天下皆知求其所不知而莫知求其所已知者。皆知非其所不善。而莫知非其所已善者。是以大亂。故上悖日月之明。下爍山川之精。中墮四時之施。（成云．爍．銷也．墮．壞也．）惴耎之蟲。（釋文．惴耎．謂無足蟲．）肖翹之物。（李云．翾飛之物．）莫不失其性。甚矣夫好知之亂天下也。自三代以下者是已。舍夫種種之民。而悅夫役役之佞。李云.種種.謹慤貌.役役.鬼黠貌. 釋夫恬淡无為。而悅夫啍啍之意。啍啍已亂天下矣。郭云.啍啍.以己誨人也.

外篇 在宥第十一

聞在宥天下。不聞治天下也。文選.謝靈運從宋公戲馬臺詩注.引司馬云.在.察也.宥.寬也.蘇輿云.在不當訓察.察之則固治之矣.在.存也.存諸心而不露.是善非惡之迹.以使民相安於渾沌.正胠篋篇含字之旨. 在之也者。恐天下之淫其性也。淫.過也. 宥之也者。恐天下之遷其德也。遷而他效. 天下不淫其性。不遷其德。有治天下者哉。宣云.又何須更治之. 昔堯之治天下也。使天下欣欣焉。人樂其性。是不恬也。成云.恬.靜也. 桀之治天下也。使天下瘁瘁焉。人。苦其性。是不愉也。成云.愉.樂也. 夫不恬不愉。非德也。非德也而可長久者。天下无之。人大喜邪毗於陽。大怒邪毗於陰。俞云.喜屬陽.怒屬陰.毗陽毗陰.言傷陰陽之和也.淮南原道訓.人大怒破陰.大喜墜陽.與此義同. 陰陽並毗。四時不至。寒暑之和不成。其反傷人之形乎。成云.人多疾病.豈非反傷形乎. 使人喜怒失位。

居處無常。思慮不自得。中道不成章。於是乎天下始喬詰卓鷙。崔云．喬詰．意不平．卓鷙．行不平也．而後有盜跖曾史之行。故舉天下以賞其善者不足。舉天下以罰其惡者不給。郭云．慕賞乃善．故賞不能供．畏罰乃止．故罰不能勝．故天下之大不足以賞罰。自三代以下者匈匈焉終以賞罰為事。彼何暇安其性命之情哉。成云．匈匈．讙譁也．而且說明邪。是淫於色也。說聰邪。是淫於聲也。說．音悅．下同．說仁邪。是亂於德也。說義邪。是悖於理也。說禮邪。是相於技也。說樂邪。是相於淫也。釋文．相．助也．成云．說禮乃助華浮技能．說樂更助宮商淫聲．王夫之云．與之偕而自失曰相．說聖邪。是相於藝也。說知邪。是相於疵也。成云．說聖迹．助世間之藝術．愛智計．益是非之疵病也．天下將安其性命之情。之八者。存可也。亡可也。天下將不安其性命之情。之八者。乃始臠卷獊囊而亂天下也。司馬云．臠卷．不申舒之狀．崔本獊作戕．云．戕囊．猶搶攘．而天下乃始尊之惜之。甚矣天下之惑也。豈直過也而去之邪。宣云．豈但過時．便任其去乎．乃齊戒以言之。跪坐以進之。鼓歌以儛之。宣云．乃奕世欣奉．不能已如此．吾若是何哉。故君子不得已而臨莅天下。莫若无為。无為也。而後安其性命之情。故貴以身於為天下。則可以託天下。愛以身於為天下。則可以寄天下。宣云.貴愛其身.於為天下.內重而見外之輕.此所以於天下無為.乃可以為天下之君也.蘇輿云.身下兩於字.當衍.四語見老子.故君子苟能无解其五藏。釋文.解.散也.案駢拇篇.多方乎仁義而用之者.列於五藏.无擢其聰明。擢.猶拔也.謂顯拔之.言以聰明自詡也.尸居而龍見。淵默而雷聲。不動而如神.不言而名章.二語又見天運篇.神動而天隨。精神方動.天機自赴.從容無為。而萬物炊累焉。司馬云.炊累.猶動升也.向郭云.如埃塵之自動.案陽春和煦.如萬物層累而炊熟之.吾又何暇治天下哉。

崔瞿問於老聃曰。不治天下。安藏人心。藏.是臧之誤.古字止作臧.安臧人心.言人心無由善.老聃曰。汝慎無攖人心。成云.攖撓人心.人心排下而進上。宣云.排抑則降下.稍進則亢上.上下囚殺。宣云.上下之間.係之若囚.傷之若殺.蘇輿云.其亢上也如殺.其排下也如囚.殺則驕.囚則僨.淖約柔乎剛強。成云.淖約.柔弱也.郭云.能淖約.則剛強者柔矣.廉劌彫琢。其熱焦火。其寒凝冰。廉.稜.劌.利.彫琢.刻削也.言尖利刻削之人.其心燥急.則熱如焦火.戰惕則寒如凝冰.其疾俛仰之間。而再撫四海之外。撫.臨也.喻其疾速.其居也淵而靜。宣云.言其深伏.其動也縣而天。宣云.言其飛浮.僨驕而不可係者。僨驕不可禁係.其唯人心乎。昔者黃帝始以仁義攖人之心。堯舜於是乎股无胈。脛无毛。以養天下之形。李云.胈.白肉.愁其五藏以為仁義。矜其血氣以規法度。郭慶藩云，釋言，矜，苦也。矜其血氣，猶孟子言苦其心志。然猶有不勝也。堯於是放讙兜於崇山。投三苗於三峗。流共工於幽都。此不勝天下也夫。釋文，峗本亦作危。案古注，夫字下屬，今以屬上。施及三王而天下大駭矣。宣云，不安其性。下有桀跖。上有曾史。成云，桀跖行小人之行為下，曾史行君子之行為上。而儒墨畢起。同時並起。於是乎喜怒相疑。愚知相欺。善否相非。誕信相譏。而天下衰矣。大德不同。德本玄同，而此有不同之迹。而性命爛漫矣。成云，爛漫，散亂。天下好知。而百姓求竭矣。上窮其智，百姓不能供其求。於是乎釿鋸制焉。釋文，釿音斤。本亦作斤。繩墨殺焉。椎鑿決焉。工匠以繩墨正木，人君以禮法正人。工匠以斤鋸椎鑿殘木，人君以刑法殘人。天下脊脊大亂。釋文，脊脊，相殘藉也。案與藉藉同。罪在攖人心。故賢者伏處大山嵁巖之下。俞云，嵁當為湛。文選封禪文李注，湛，深也。山以大言，巖以深言。而萬乘之君憂慄乎廟堂之上。今世殊死者相枕也。桁楊者相推也。刑戮者相望也。釋文，廣雅，殊，斷也。崔云，械夾頸及脛者，皆曰桁楊。案相枕，謂已死者相推相望，言其多。而儒墨乃始離跂攘臂乎桎梏之間。意。同噫。甚矣哉。其无愧而不知恥也甚矣。吾未知聖知之不為桁楊椄槢也。仁義之不為桎梏鑿枘也。司馬云，椄槢，械楔。成云，鑿，孔也。以物內孔中曰枘。桁楊以椄槢為管，桎梏以鑿柄為用。焉知曾史之不為桀跖嚆矢也。向云．嚆矢．矢之鳴者．字林云．嚆．大呼．郭云．言曾史為桀跖之利用也．故曰。絕聖棄知。而天下大治。

黃帝立為天子。十九年。令行天下。聞廣成子在於空同之上。故往見之。釋文．廣成子．或云即老子．爾雅云．北戴斗極為空同．曰。我聞吾子達於至道。敢問至道之精。吾欲取天地之精。以佐五穀。以養民人。成云．欲取陰陽精氣．助成五穀．吾又欲官陰陽。以遂群生。成云．欲象陰陽．設官分職．遂．順也．廣成子曰。而所欲問者。物之質也。成云．而．汝也．下同．所問粗淺．不過形質．而所欲官者。物之殘也。宣云．猶言朴散之餘．自而治天下。雲氣不待族而雨。司馬云．族．聚也．未聚而雨．言澤少．草木不待黃而落。司馬云．殺氣多．日月之光。益以荒矣。宣云．天地之氣凋喪如此．而佞人之心翦翦者。又奚足以語至道。成云．汝是諂佞之人．心甚狹劣．李云．翦翦．淺短貌．案翦與譾同．黃帝退。捐天下。築特室。席白茅。示潔淨．閒居三月。復往邀之。邀．求請也．

廣成子南首而臥。黃帝順下風。膝行而進。再拜稽首而問曰。聞吾子達於至道。敢問治身奈何而可以長久。廣成子蹶然而起。蹶然．疾起貌．曰。善哉問乎。來。吾語女至道。至道之精。窈窈冥冥至道之極昏昏默默无視无聽抱神以靜形將自正必靜必清无勞女形无搖女精乃可以長生（宣云此言安外以養內也）目无所見耳无所聞心无所知女神將守形形乃長生慎女內（絕思慮）閉女外（止動作）多知為敗（宣云內外交引病在於知故總言之）我為女遂於大明之上矣至彼至陽之原也為女入於窈冥之門矣至彼至陰之原也（遂徑達也至人智照如日月故名大明有感而動故曰遂於大明之上無感之時深根凝湛故曰入於窈冥之門）天地有官（宣云兩儀分職）陰陽有藏（宣云互為其根）慎守女身物將自壯（宣云物即道也守身則道得其養將自成也）我守其一以處其和（宣云二氣之和也）故我修身千二百歲矣吾形未嘗衰（宣云形神相守長久之道）黃帝再拜稽首曰廣成子之謂天矣（宣云與天合德）廣成子曰來吾語女彼其物无窮而人皆以為有終（道如循環然而人以為沒則已焉）彼其物无測而人皆以為有極（道本無盡而人以為有盡）得吾道者上為皇而下為王失吾道者上見光而下為土（雖見光明已為土壤）今夫百昌（百物昌盛謂之百昌）皆生於土而反於土（宣云人不知道與物何異）故余將去女入无窮之門以遊无極之野（成云反歸冥寂之本入無窮之門應變天地之間遊無極之野）吾與日月參光吾與天地為常（成云參同也）

當我緡乎。遠我昏乎。釋文。緡。泯合也。郭嵩燾云。緡昏字通。緡。亦昏也。當我。鄉我而來。遠我。背我而去。任人之向背。一以無心應之。人其盡死。而我獨存乎。宣云。與道不息。

雲將東遊。初學記一。引司馬云。雲將。雲之主帥。過扶搖之枝。李云。扶搖。神木也。生東海。而適遭鴻蒙。司馬云。自然元氣也。鴻蒙方將拊脾雀躍而遊。成云。拊。拍也。雀躍。跳躍也。雲將見之。倘然止。贄然立。李云。倘。自失貌。贄。不動貌。曰。叟何人邪。叟何為此。司馬云。叟。長者稱。鴻蒙拊脾雀躍不輟。對雲將曰。遊。雲將曰。朕願有問也。鴻蒙仰而視雲將曰。吁。雲將曰。天氣不合。地氣鬱結。六氣不調。成云。陰陽風雨晦明。四時不節。今我願合六氣之精。以育群生。成云。欲合六氣精華。以養萬物。為之奈何。鴻蒙拊脾雀躍掉頭曰。吾弗知。吾弗知。雲將不得問。又三年。東遊。過有宋之野。而適遭鴻蒙。雲將大喜。行趨而進曰。天忘朕邪。天忘朕邪。尊之曰天。如黃帝之稱廣成子。再拜稽首。願聞於鴻蒙。鴻蒙曰。浮游不知所求。猖狂不知所往。自得所求。自適所往。遊者鞅掌。有鞅在掌。言出遊也。以觀无妄。宣云。真機之自動者。吾但從而寓目焉。朕又何知。雲將曰。朕也自以為猖狂。而百姓隨予所往。朕也不得已於民。宣云。謝之。

不去。今則民之放也。郭云。為民所放效。願聞一言。鴻蒙曰。亂天之經。逆物之情。玄天弗成。成云。亂天常道。逆物真性。自然之化不成。解獸之群。而鳥皆夜鳴。獸散其群。鳥鳴於夜。災及草木。禍及止蟲。釋文。止本亦作昆。蘇輿云。止豸同。意。治人之過也。釋文。意本又作噫。下同。郭云。有治之迹。亂之所由生也。雲將曰。然則吾奈何。鴻蒙曰。意。毒哉。宣云。言害已深。僊僊乎歸矣。成云。僊僊。輕舉貌。勸令歸。雲將曰。吾遇天難。願聞一言。鴻蒙曰。意。心養。唯心當養。汝徒處无為。而物自化。成云。徒。但也。墮爾形體。吐爾聰明。成云。身心兩忘。倫與物忘。人倫庶物。皆泯其迹。大同乎涬溟。司馬云。涬溟。自然氣也。宣云。與浩氣同體。解心釋神。莫然无魂。宣云。解其黏。釋其縛。成云。魂好知為。莫然無知。同死灰枯木。萬物云云。成云。云云。眾多也。蘇輿云。案云云。老子作芸芸。自然貌。各復其根。宣云。皆得其无妄之真本。各復其根而不知。渾渾沌沌。終身不離。宣云。不開其知識。若彼知之。乃是離之。成云。用知乃離自然之性。无問其名。无闚其情。宣云。物本無名。我不必問。本無情。不必闚。物故自生。成云。任於獨化。物得生理也。雲將曰。天降朕以德。示朕以默。躬身求之。乃今也得。再拜稽首。起辭而行。

世俗之人。皆喜人之同乎己。而惡人之異於己也。同於己而欲之。異於己而不欲者以出乎眾為心也宣云.言己超出於眾.皆當從己也.夫以出於眾為心者曷嘗出乎眾哉非果能超出於眾也.因眾以寧所聞不如眾技眾矣並無獨見.但因聞眾論.遂執一而安之.則反不如能集眾技者之信為眾矣.而欲為人之國者此攬乎三王之利而不見其患者也宣云.然且欲以己見治人之國者.此徒以聖知仁義為利.而不見其害也.此以人之國僥倖也幾何僥倖而不喪人之國乎其存人之國也無萬分之一其喪人之國也一不成而萬有餘喪矣一事不成.萬事隨之.悲夫有土者之不知也夫有土者有大物也有大物者不可以物物郭云.不能用物.而為物用.即是物耳.豈能物物哉.不能物物.則不足以有大物矣.蘇輿云.言有土者自以為若有物存.則為物所物矣.惟物而不物.故能以一身物萬物.下文獨有.即無物之旨.而不物故能物物宣云.不見有物.則超乎物外.故能主宰乎物也.明乎物物者之非物也豈獨治天下百姓而已哉出入六合遊乎九州獨往獨來是謂獨有獨有之人是謂至貴成云.人欲出眾.而己獨遊.眾無此能.是名獨有.獨有之人.百姓荷戴.以斯為主.可謂至尊至貴也.

大人之教若形之於影聲之於響有問而應之盡其所懷為天下配成云.配.匹也.先感為主.應者為匹.處乎无響郭云.寂以待物.行乎无方郭云.隨物轉化.挈汝適復之撓撓以遊无端俞云.釋詁.適.往也.適復.猶往復.撓撓.

亂也。惟大人能提挈世俗，往復撓亂之人，與之共遊於無端。出入無旁。宣云。去聲。與日无始。成云。與日俱新，故無終始。頌論形軀，合乎大同。論其形貌，合乎人群，不自立異。大同而无己。无己，惡乎得有有。郭云。天下之難無者己也。己既無矣，則群有不足復有之。覩有者，昔之君子。宣云。三代所謂明聖。覩無者，天地之友。

賤而不可不任者，物也。卑而不可不因者，民也。民物雖卑賤，惟當因而任之，反其性則亂。匿而不可不為者，事也。郭云。事藏於彼，而各自為。故不可自為，但當因任耳。麤而不可不陳者，法也。成云。法，言教也。理妙法麤，故順陳說。遠而不可不居者，義也。成云。義雖去道疏遠，苟其合理，應須取斷。親而不可不廣者，仁也。成云。親偏愛狹，周廣乃大仁也。節而不可不積者，禮也。成云。積，厚也。節，文也。中而不可不高者，德也。修德之人，與世中和，自然高遠。一而不可不易者，道也。成云。妙本一氣，通生萬物，甚自簡易，其唯道乎。神而不可不為者，天也。故聖人觀於天而不助。成云。聖人觀自然妙理，大順群物，而不助其性分。成於德而不累，出於道而不謀。郭云。不謀而一，所以為易。會於仁而不恃。所為自與仁會，不恃賴之。薄於義而不積，應於禮而不諱。俞云。諱，讀為違。廣雅釋詁：諱，避也。國語韋注：違，避也。二字聲近義通。不諱，即不違。接於事而不辭，齊於法而不亂。成云。因於物性，以法齊之，故不亂。恃於民而不輕。郭云。恃其自為，不輕用也。因於物而不去。郭云。因而任之，不去其本。物者莫足為也而不可不為。成云，素無之不可強為，性中有者不可不為。不明於天者不純於德。成云，闇自然之理，則澆薄之德不純。不通於道者无自而可。成云，觸事面牆，無從而可。不明於道者悲夫。何謂道。有天道。有人道。无為而尊者天道也。有為而累者人道也。主者天道也。臣者人道也。相去遠矣。不可不察也。宣云，此段意膚文雜，與本篇義不甚切，不似莊子之筆，或後人續貂耳。案宣疑是也，然郭象有注，則晉世傳本已然。

外篇　天地第十二

天地雖大。其化均也。郭云，均於不為而自化也。萬物雖多。其治一也。郭云，一以自得為治。人卒雖眾。其主君也。君原於德而成於天。本於有德，而成於自然。故曰。玄古之君天下。无為也。天德而已矣。成云，玄遠也，玄古聖君，無為而治天下，自然之德而已矣。蘇輿云，玄字句絕，與下文玄德之玄同義。以道觀言而天下之君正。郭云，無為者自然為君，正。郭嵩燾云，言者，名也。正其君之名，而天下聽命焉。故曰，名之必可言也，衷諸道而已矣。以道觀分而君臣之義明。郭云，各當其分，無為位上，有為位下也。以道觀能而天下之官治。郭云，官各當其所能，則治。以道汎觀而萬物之應備。宣云，泛應不窮。故通於天地者德也。郭云，萬物莫不皆得。則天地通。行於萬物者道也。成云：至理無塞，恣物往來，同行。故曰道。宣云：道蓋義字之訛。上治人者事也。成云：事事有宜，而天下治。能有所藝者技也。郭云：技者，萬物之末用也。技兼於事，事兼於義，義兼於德，德兼於道，道兼於天。郭云：天道順，則本末俱暢。故曰：古之畜天下者，畜，養。无欲而天下足，无為而萬物化，淵靜而百姓定。成云：老子曰：我好靜而民自正。記曰：釋文：書名。老子所作。通於一而萬事畢，成云：一，道也。事從理生，理必包事，本能攝末，故知一，萬事畢。語在西升經。无心得而鬼神服。以無心得者，無不服也。

夫子曰：司馬云：莊子也。一云：老子也。宣云：孔子也。下言夫子問於老聃可知。夫道，覆載萬物者也，洋洋乎大哉！君子不可以不刳心焉。成云：刳，去也，洗也。法道之無為，洗去有心之累。无為為之之謂天，上為，去聲。成云：率性而動，天機自張。无為言之之謂德，成云：應答無方，物來斯應。愛人利物之謂仁，成云：心無偏執，措其性命。不同同之之謂大，郭云：萬物萬形，各止其分，不引彼以同我，乃成大耳。行不崖異之謂寬，宣云：和光同塵。有萬不同之謂富。故執德之謂紀，成云：能持以前之德行者，可謂群物之綱紀。蘇輿云：故字疑衍。德成之謂力，成云：德行既成，方可立功濟物。循於道之謂備，成云：循，順也。順於虛通，德行方足。不以物挫志之謂完。成云：一毀譽，混榮辱，不以物屈其德，完全。君子明於此十者，則韜乎其事心之大也，成云：韜，包容也。俞云：事心猶立心也。禮郊特牲鄭注：事，猶立也。呂覽論人篇：事心乎自然之塗。亦以事心連文。沛乎其為萬物逝也。成云：逝，往也。為群生所歸往。若然者，藏金於山，藏珠於淵。不利貨財，不近貴富。宣云：不以物累身。不樂壽，不哀夭，不榮通，不醜窮。壽夭俱忘，窮通不足言矣。不拘一世之利以為己私分。郭云：皆委之萬物。不以王天下為己處顯。郭云：忽然不覺榮之在身。顯則明。萬物一府。成云：忘於物我。死生同狀。成云：冥於變化。

夫子曰：夫道，淵乎其居也，漻乎其清也。釋文：廣雅云：漻，清貌。金石不得无以鳴。金石不得其和不鳴，亦道之見端也。故金石有聲，不考不鳴。感而後應。萬物孰能定之！推此而言，萬物應感無方，孰能定之。夫王德之人，素逝而恥通於事。抱朴以往，羞通於庶務。蘇輿云：素逝，即山木篇晏然體逝之意。通於事與通於神對文，恥字疑誤。立之本原而知通於神，故其德廣。本原既立，智可通神，故德能廣被。其心之出，有物採之。非感不應。故形非道不生，生非德不明。成云：道能通生萬物，故非道不生。德能鑒照本原，故非德不明。老經云：道生之，德畜之也。存形窮生，立德明道，非王德者邪！蕩蕩乎！忽然出，勃然動，而萬物從之乎！此謂王德之人。郭云：忽勃，皆無心而應之貌。視乎冥冥，聽乎無聲。宣云：道不在形勢故。冥冥之中，獨見曉焉；无聲之中，獨聞和焉。宣云：道又非寂滅故。故深之又深而能物焉，宣云：至不測矣。而物由此出。神之又神而能精焉。至無方矣。而精不可掩。故其與萬物接也至无而供其求。非有而求無不給。時騁而要其宿。行遠而其歸可會。大小長短修遠。宣云。修遠。當作遠近。大而小。長而短。遠而近。

黃帝遊乎赤水之北。登乎崑崙之丘而南望。還歸遺其玄珠。文選。廣絕交論注。引司馬云。赤水假名。玄珠。喻道也。宣云。赤者。南方明色。其北則玄境也。南乃明察之方。已遊玄境。不能久守。而復望明處。則玄亡也。使知索之而不得。釋文。知。音智。使離朱索之而不得。使喫詬索之而不得也。郭嵩燾云。廣韻。喫同嚱。嚱聲也。詬。怒也。怒亦聲也。集韻云。喫詬。力諍者。是也。知以神索之。離朱索之形影。喫詬索之聲聞。是以愈索愈遠。象罔者。若有形。若無形。故眸而得之。乃使象罔。象罔得之。黃帝曰。異哉。象罔乃可以得之乎。宣云。似有象而實無。蓋無心之謂。

堯之師曰許由。許由之師曰齧缺。齧缺之師曰王倪。王倪之師曰被衣。堯問於許由曰。齧缺可以配天乎。吾藉王倪以要之。堯欲讓天下於齧缺。因王倪要致之。許由曰。殆哉圾乎天下。圾。同岌。危也。齧缺之為人也。聰明叡知。給數以敏。其性過人。釋文。數。音朔。成云。叡。聖。給。捷。敏。速也。而又乃以人受天。宣云。非純乎天者。彼審乎禁過。而不知過之所由生。郭云。過生於聰知。又役知以禁之。其知彌甚矣。與之配天乎。彼且乘人而無天。若今為天子.彼且專任人而無復自然之性.方且本身而異形。顯分人己.方且尊知而火馳。宣云.尚智巧而急用之.方且為緒使。宣云.為細事所役.方且為物絯。釋文.廣雅云.束也.公才反.宣云.為物所拘.方且四顧而物應。宣云.酬接不暇.方且應眾宜。事事求合.方且與物化而未始有恆。宣云.屢為物變而不能定.夫何足以配天乎。雖然。有族有祖。宣云.凡聚族必有宗祖.可以為眾父。而不可以為眾父父。宣云.眾父父者.乃族之祖也.萬化之大宗也.齧缺亦可為眾人之父.但不能為眾父之父耳.治亂之率也。率.主也.用智理物.治之主.亦亂之主.北面之禍也。南面之賊也。宣云.不可為人臣.亦不可為人君.案借此言以警堯.非齧缺真如此也.

堯觀乎華。司馬云.地名.華封人曰。嘻。聖人。請祝聖人。使聖人壽。堯曰。辭。使聖人富。堯曰。辭。使聖人多男子。堯曰。辭。封人曰。壽富多男子。人之所欲也。女獨不欲。何邪。堯曰。多男子則多懼。富則多事。壽則多辱。是三者非所以養德也。故辭。封人曰。始也我以女為聖人邪。今然君子也。宣云.今如此.但可為君子.天生萬民。必授之職。多男子而授之職。則何懼之有。富而使人分之。則何事之有。夫聖人鶉居而鷇食。宣云.鶉無常居.言不求安。鷇待母食，言不求飽。鳥行而无彰。成云：與物俱冥，如鳥之飛行，無蹤跡可見。天下有道，則與物皆昌；天下无道，則修德就閒；千歲厭世，去而上僊；乘彼白雲，至於帝鄉；三患莫至，成云：三患，前富壽多男子也。身常无殃；則何辱之有！封人去之。堯隨之，曰：請問。封人曰：退已！

堯治天下，伯成子高立為諸侯。釋文：通變經云：老子從此天地開闢以來，吾身一千二百變，後世得道，伯成子高是也。堯授舜，舜授禹，伯成子高辭為諸侯而耕。禹往見之，則耕在野。禹趨就下風，立而問焉，曰：昔堯治天下，吾子立為諸侯。堯授舜，舜授予，而吾子辭為諸侯而耕，敢問其故何也？子高曰：昔堯治天下，不賞而民勸，不罰而民畏。今子賞罰而民且不仁，德自此衰，刑自此立，後世之亂自此始矣。夫子闔行邪？无落吾事！俋俋乎耕而不顧。釋文：闔，本亦作盍。落，猶廢也。字林云：俋俋，勇壯貌。

泰初有无无，並不得謂之無。有无名；可謂之無，而不能名。一之所起，有一而未形。宣云：太極尚未著。物得以生，謂之德；宣云：物得此未形之一以生，則性中各有一太極，故謂之德。未形者有分，且然无閒，謂之命；宣云：雖分陰陽，猶且陽變陰合，流行無間，乃天之所以為命也。留動而生物。宣云.動即造化之流行.少留於此.即生一物.物成生理謂之形。宣云.物受之而成生理.謂之形.形體保神。各有儀則謂之性。成云.體質.宣云.形載神而保合之.視聽言動.各有當然之則.乃所謂性也.上所謂得以生謂之德者此也.言性在形之後者.性須形載之.故曰形體保神.性修反德。宣云.性修.則復其所得於未形之一.德至同於初。宣云.德之至.則同於泰初.此極詣也.同乃虛虛乃大。宣云.形容同於初之妙境.合喙鳴。宣云.渾合眾口.蓋忘言也.喙鳴合與天地為合。宣云.既忘言.則與天地一體矣.其合緡緡。釋文.緡.武巾反.若愚若昏。郭云.坐忘而自合耳.是謂玄德同乎大順。郭云.德玄而所順者大矣.

夫子問於老聃曰。有人治道若相放可不可然不然。郭云.若相放效.強以不可為可.不然為然.辯者有言曰。離堅白若縣寓。成云.堅白.公孫龍守白論也.孔穿之徒.堅執此論.當時獨步.天下無敵.今辯者云.我能離析堅白之論.不以為辯.如縣日月於區寓也.若是則可謂聖人乎。老聃曰。是胥易技係勞形怵心者也。解見應帝王篇.執畱之狗成思猿狙之便自山林來。釋文.執畱.本又作𤢺.一本作狸.司馬云.𤢺.竹鼠也.一云.執畱之狗.謂有能故被畱係.成愁思也.案說文.䶉.竹鼠也.埤雅.一名竹䶉.郭璞山海經注.其音如畱牛.亦引此文執畱之狗為證.據此.知畱是畱牛.非竹䶉.特竹䶉之音.似畱牛耳.畱牛即斄牛.畱斄雙聲字.蓋斄牛身大.逍遙遊篇所謂若垂天之雲者.此狗獨能執之.故謂之執畱之狗.言狗以有能被係.而成愁思.猿狙以便捷.亦自山林而來.見拘縶也.應帝王篇.引老子語云.猨狙之便.執斄之狗來藉.與此文微異.而恉大同.尤畱斄同字之明證矣.丘。予告若而所不能聞與而所不能言。謂道也．若．而皆汝．凡有首有趾无心无耳者眾。宣云．具體為人．而無知無聞者皆是．有形者。與无形无狀而皆存者盡无。有形．人也．無形無狀．道也．能人與道俱存者無之．其動止也。其死生也。其廢起也。此又非其所以也。動靜．死生．興廢．皆非道之所在．有治在人。蘇輿云．言道無可名．徒有治化之迹在人耳．忘乎物。忘乎天。其名為忘己。忘物矣．並其自然之天．而亦忘之．是之謂忘己．忘己之人。是之謂入於天。宣云．與天為一．

將閭葂見季徹曰。釋文．將．一本作蔣．葂．亦作莬．音免．姓將閭．名葂．或云．姓蔣．名閭葂也．季徹．人姓名．蓋季氏之族．魯君謂葂也曰。請受教。辭不獲。既已告矣未知中否請嘗薦之。嘗．試．薦．進也．吾進告徹．吾謂魯君曰。必服恭儉。若被服之．拔出公忠之屬。屬．類．而無阿私。行政無私曲．民孰敢不輯。輯．和．季徹局局然笑曰。若夫子之言。於帝王之德。猶螳蜋之怒臂以當車軼。則必不勝任矣。釋文．局局．大笑貌．軼音轍．且若是。則其自為處危。非自安之道．其觀臺多物。觀臺．君所居地．物．事也．言君所自此多事．將往投迹者眾。舉足投迹者眾．君且不勝其煩．非帝王修德安人之道．將閭葂覤覤然驚曰。葂也汒若於夫子之所言矣。釋文．覤覤．驚懼貌．許逆反．案汒若．猶茫然．雖然願先生之言其風也。俞云．風．讀為凡．猶云言其大凡也．風本從凡聲．故得通用．季徹曰。大聖之治天下也。搖蕩民心。

使之成教易俗。宣云，搖蕩，猶言鼓舞。舉滅其賊心而皆進其獨志。成云，舉，皆也。宣云，除其害道之心，進其得一之志。若性之自為。而民不知其所由然。若然者，豈兄堯舜之教民，溟涬然弟之哉。郭云，溟涬，甚貴之謂。宣云，言不肯讓堯舜居先而己後之。欲同乎德而心居矣。宣云，欲同天下於一德，而心安處於不用矣。

子貢南遊於楚，反於晉，過漢陰，見一丈人方將為圃畦。李云，菜蔬曰圃，埒中曰畦。鑿隧而入井，成云，隧，地道。抱甕而出灌，搰搰然用力甚多而見功寡。郭云，搰搰，用力貌。子貢曰：有械於此，一日浸百畦，用力甚寡而見功多，夫子不欲乎？為圃者卬而視之曰：奈何？成云，問其方法。曰：鑿木為機，後重前輕，挈水若抽，李云，抽，引也。數如泆湯，釋文，數，所角反。泆，本或作溢。李云，疾速如湯沸溢。其名為槔。釋文，本又作橋。司馬李云，桔槔也。為圃者忿然作色而笑曰：吾聞之吾師，有機械者必有機事，有機事者必有機心。機心存於胸中，則純白不備。純白不備，則神生不定。神生不定者，道之所不載也。生，性同。言不可載道。吾非不知，羞而不為也。子貢瞞然慙，釋文，瞞，李天典反。慙貌。司馬本作憮。俯而不對。有閒，為圃者曰：子奚為者邪？曰：孔丘之徒也。為圃者曰：子非夫博學以擬聖。於于以蓋眾。郭嵩燾云，應帝王篇，其覺于于，說文，于，於也，象氣之舒。是於于字同，於于猶于于也。獨弦哀歌以賣名聲於天下者乎。汝方將忘汝神氣，墮汝形骸，而庶幾乎。猶云其庶乎。而，汝也。而身之不能治，而何暇治天下乎。子往矣，无乏吾事。釋文，乏，廢也。子貢卑陬失色，項項然不自得，行三十里而後愈。李云，卑陬，愧懼貌。項項，自失貌。其弟子曰，向之人何為者邪。夫子何故見之變容失色，終日不自反邪。成云，反，復也。崇朝神氣不復。曰，始以為天下一人耳，昔以為天下止一人耳，意尊孔子。不知復有夫人也。不知復有此輩人也。吾聞之夫子，事求可，功求成，用力少，見功多者，聖人之道。今徒不然。徒，輩也。言此輩人。執道者德全，德全者形全，形全者神全，神全者聖人之道也。託生與民並行，宣云，寄生於世，與民大同。而不知其所之，汒乎淳備哉。汒乎，言不能測其所至。功利機巧必忘夫人之心。宣云，夫人之心，必無此四累。若夫人者，非其志不之，非其心不為。之，往也。心志有所專執。雖以天下譽之，得其所謂，稱為全德。謷然不顧。謷然，猶傲然。以天下非之，失其所謂，成云，聲名喪失。儻然不受。成云，儻然，無心貌。天下之非譽，无益損焉，是謂全德之人哉。郭云，此宋榮子之徒，未足以為全德。子貢之迷沒於此人，即若列子之心醉於季咸也。

我之謂風波之民。成云，水性雖澄，逢風波起，我心不定，類彼波瀾。反於魯，以告孔子。孔子曰，彼假修渾沌氏之術者也。郭云，以其背今向古，羞為世事，故知其非真渾沌也。宣云，假修，言假人事以修之。案二說並通。識其一，不知其二。郭云，徒識修古抱灌之朴，不知因時任物之易。治其內而不治其外。成云，守道抱素，治內也。不能隨時應變，不治外也。夫明白入素，无為復朴。成云，心智明白，會於質素之本，無為虛淡，復於淳朴之原。體性抱神，以遊世俗之間者，汝將固驚邪。郭云，此真渾沌也，故與世同波而不自失，則雖遊於世俗而泯然無迹，豈必使汝驚哉。俞云，固，讀為胡。胡固皆從古聲，故得通用。汝將胡驚邪，言汝與真渾沌遇，則何驚也。郭注正得其意。且渾沌氏之術，予與汝何足以識之哉。郭云，渾沌玄同，孰識之哉。

諄芒將東之大壑。海也。適遇苑風於東海之濱。苑風曰，子將奚之。曰，將之大壑。曰，奚為焉。曰，夫大壑之為物也，注焉而不滿，酌焉而不竭。吾將遊焉。成云，大海宏深，以譬至理，雖寄往滄溟，實遊心大道也。苑風曰，夫子无意於橫目之民乎。成云，五行之內，惟民橫目。願聞聖治。諄芒曰，聖治乎。官施而不失其宜。司馬云，施政布教，各得其宜。拔舉而不失其能。畢見其情事而行其所為。宣云，盡見情理，順而行之。行言自為而天下化。躬行其言，皆以自為，而人化之。手撓顧指，四方之民莫不俱至。言以手麾。

以顧指。而民畢從。司馬云。撓動也。郭慶藩云。顧指。謂顧其人而指使之。左思吳都賦。搴旗若顧指。劉逵注。謂顧指如意。此之謂聖治。願聞德人。曰。德人者居无思。行无慮。不藏是非美惡。宣云。心中過而不留。四海之內共利之之謂悅。共給之之謂安。民與上共悅安。為謂字同。怊乎若嬰兒之失其母也。儻乎若行而失其道也。釋文。字林云。怊。悵也。案儻。心無主也。民仰賴之如此。財用有餘而不知其所自來。飲食取足而不知其所從。成云。寡欲止分。故財用有餘。不貪滋味。故飲食取足。此謂德人之容。郭云。德者神人迹也。故曰容。

願聞神人。曰。上神乘光。與形滅亡。上品神人。乘光照物。不見其形迹。此謂照曠。成云。智周萬物。明逾三景。無幽不燭。豈非曠遠。姚云。晉人諱昭。皆書作照。右軍法帖皆然。不知者乃因照字作解。非也。致命盡情。宣云。致天命。盡實理。天地樂而萬事銷亡。宣云。與天地同樂。而物累皆捐。萬物復情。齊其情實。此之謂混冥。混同於玄冥。

門无鬼司馬本作無畏。云。門姓。無畏字。與赤張滿稽宣云。赤張。姓。滿稽。名。觀於武王之師。謂孟津之役。赤張滿稽曰。不及有虞氏乎。故離此患也。不及有虞之揖讓。故遭離征伐之患。門无鬼曰。天下均治而有虞氏治之邪。其亂而後治之與。言天下皆治。而有虞氏又從而治之邪。其必有亂而後治之與。赤張滿稽曰。天下均治之為願。而何計以有虞氏為。郭云。均治則願各足矣。復何為計有虞氏之德而推以為君。有虞氏之藥瘍也。李云。瘍。頭創也。王引之云。藥。古讀曜。與療聲近義通。方言。療。治也。郭云。天下皆患創亂。故求虞氏藥之。禿而施髢。病而求醫。宣云。不禿何用髢。不病何用醫。孝子操藥以修慈父。修。治也。其色燋然。聖人羞之。宣云。言不如養親。使不病也。至治之世。不尚賢。不使能。上如標枝。如樹枝無心而在上。民如野鹿。郭云。放而自得。端正而不知以為義。自然合宜。相愛而不知以為仁。實而不知以為忠。當而不知以為信。成云。任真當理。蠢動而相使不以為賜。互相役使。故不謝。是故行而无迹。事而无傳。成云。率性而動。故無迹可記。迹既昧矣。事亦滅焉。姚本无傳為一節。從之。

孝子不諛其親。忠臣不諂其君。臣子之盛也。親之所言而然。所行而善。則世俗謂之不肖子。君之所言而然。所行而善。則世俗謂之不肖臣。而未知此其必然邪。宣云。明於責臣子之諂諛。卻不知人情皆必然。世俗之所謂然而然之。所謂善而善之。則不謂之道諛之人也。則與而同義。郭慶藩云。道。即諂也。漁父篇。希意道言謂之諂。荀子不苟篇。非諂諛也。賈子先醒篇。君好諂諛而惡至言。韓詩外傳。並作道諛。道諂一聲之轉。宣云。世俗明道諛而不謂之道諛。然則俗固嚴於親而尊於君邪。宣云。道諛君親則責之。道諛世俗則安之。豈世俗更嚴更尊邪。謂己道人。則勃然作色。謂己諛人。則怫然作色。而終身道人也。終身諛人也。宣云。惡其名。而甘蹈其實。合譬飾辭聚眾也。

宣云.廣合譬喻.使人易曉.修飾辭令.使人動聽.所謂招人附己也.是始終本末不相坐。宣云.蹈其實不坐其罪.故曰不相坐.垂衣裳。設采色。動容貌。以媚一世。而不自謂道諛。指人君.與夫人之為徒。通是非。而不自謂眾人。宣云.與眾人為徒.同是非之習.而又自謂獨異於眾.愚之至也。知其愚者。非大愚也。知其惑者。非大惑也。大惑者。終身不解。大愚者。終身不靈。司馬云.靈.曉也.三人行而一人惑。所適者猶可致也。成云.適.往也.致.至也.惑者少也。二人惑則勞而不至。惑者勝也。而今也以天下惑。予雖有祈嚮。祈.求也.不可得也。不亦悲乎。大聲不入於里耳。司馬云.大聲.謂咸池六音之樂.折楊皇荂。成云.蓋古之俗中小曲.釋文.荂本又作華.音花.則嗑然而笑。李云.嗑.笑聲.是故高言不止於眾人之心。宣云.不相入也.成云.超出俗表.謂之高言.至言不出。俗言勝也。成云.出.顯也.以二缶鍾惑。而所適不得矣。釋文.缶應作垂.鍾應作踵.言垂腳空中.必不得有之適也.司馬本作二垂鍾.云.鍾.注意也.郭嵩燾云.說文.缶.瓦器也.所以盛酒漿.鍾.酒器也.小爾雅.釜二有半謂之藪.藪二有半謂之缶.缶二謂之鍾.缶鍾皆量器.缶受四斛.鍾受八斛.以二缶鍾惑.不辨缶鍾所受多寡也.持以為量.茫乎無所適從矣.上文一人惑.二人惑.據人言.此以二缶鍾惑.據事言.案.郭注云.各自信據.故不知所之.所見蓋與今本同.自陸氏易缶鍾為垂踵.成疏因之.說究未安.俞氏易二缶鍾為一企踵.改字更多.不如郭注望文生義之為勝也.而今也以天下惑。予雖有祈嚮。其庸可得邪。知其不可得也而強之。又一惑也。故莫若釋之而不推。宣云。不必推究。不推誰其比憂。成云。比。與也。案自寬之詞。厲之人夜半生其子。遽取火而視之。汲汲然惟恐其似己也。宣云。厲。癩也。醜人惟恐子之相似。今知天下之惑。而我乃欲強所不可得。而又成一惑。獨不懼其相似邪。故莫若釋之而遠於憂。蓋惟恐同蹈於惑也。

百年之木。破為犧尊。淮南俶真篇高注。犧尊。猶疏鏤之尊。青黃而文之。其斷在溝中。斷棄之木。比犧尊於溝中之斷。則美惡有間矣。其於失性一也。跖與曾史。行義有間矣。然其失性均也。且夫失性有五。一曰五色亂目。使目不明。二曰五聲亂耳。使耳不聰。三曰五臭薰鼻。困惾中顙。成云。五臭。謂羶薰香鯹腐。惾。塞也。言鼻耽五臭。故壅塞不通。而中傷顙額。外書呼香為臭。故易云。其臭如蘭。道經謂五香。故西升經云。香味是冤也。釋文。惾。子公反。郭音俊。四曰五味濁口。使口厲爽。郭慶藩云。大雅思齊箋。厲。病也。廣雅。爽。傷也。言病傷滋味。五曰趣舍滑心。使性飛揚。成云。趣。取。滑。亂也。此五者。皆生之害也。而楊墨乃始離跂。自以為得。非吾所謂得也。離跂。離人獨立。夫得者困。成云。既偽其性。則遭困苦。可以為得乎。則鳩鴞之在於籠也。亦可以為得矣。且夫趣舍聲色以柴其內。如柴之塞。皮弁鷸冠搢笏紳修以約其外。成云。皮弁。以皮為冠。鷸鳥翠羽飾冠。搢。插也。笏。猶珪。紳。大帶。修。長也。內支盈於柴柵。成云。柵。籠也。支柱充塞於內。故以柴柵擬之。外重纆繳。釋文。重。直龍反。成云。纆繳。繩也。睆睆然在纆繳之中。（成云。睆睆。視貌。）而自以為得。則是罪人支臂歷指。（司馬云。支臂。反縛也。宣云。歷指。關指。）而虎豹在於囊檻。

亦可以為得矣。

卷四

外篇 天道第十三

天道運而无所積。故萬物成。釋文。積。謂積滯不通。帝道運而无所積。故天下歸。宣云。神與化俱。聖道運而无所積。故海內服。宣云。至誠無息。明於天。通於聖。六通四辟於帝王之德者。其自為也。昧然無不靜者矣。釋文。六通。陰陽風雨晦明。四辟。四方開也。成云。六通。謂四方上下。四辟。謂四時。任物自動。故曰自為。晦迹韜光。其猶昧闇。動不傷寂。故無不靜也。聖人之靜也。非曰靜也善。故靜也。非以靜為善而學之。萬物无足以鐃心者。故靜也。鐃。撓借字。水靜則明燭鬚眉。平中準。大匠取法焉。其平與準相中。故匠人取法焉。謂之水平。中。竹仲反。水靜猶明。而況精神。其明更可知。聖人之心靜乎。天地之鑑也。萬物之鏡也。果能靜。雖天地之精。萬物之理。皆莫能遁。夫虛靜恬淡寂漠无為者。天地之平。而道德之至。故帝王聖人休焉。宣云。息心於此。休則虛。虛則實。實則倫矣。休其心。則與虛合德。與虛合德。則萬理俱涵。萬理俱涵。則無不井然有倫。虛則靜。靜則動。動則得矣。必虛方能靜。靜則可以動。動則得其宜矣。靜則无為。无為也。則任事者責矣。靜觀無為。不擾群下。則任事者各自責矣。无為則俞俞。俞俞者。憂患不能處。年壽長矣。釋文，廣雅云，俞俞，喜也。宣云，外患不能居於其心，故神豫而長。夫虛靜恬淡寂寞无為者，萬物之本也。明此以南鄉，堯之為君也；明此以北面，舜之為臣也。以此處上，帝王天子之德也；以此處下，玄聖素王之道也。成云，有其道而無其爵者，所謂玄聖素王，自貴者也，即老君尼父是也。姚云，素王十二經是後人語。以此退居而閒游江海，山林之士服；成云，巢許之流。以此進為而撫世，則功大名顯而天下一也。郭云，無為之體大矣，天下何所不無為哉。故主上不為冢宰之任，則伊呂靜而司尹矣；冢宰不為百官之所執，則百官靜而御事矣；百官不為萬民之所務，則萬民靜而安其業矣；萬民不易彼我之所能，則天下之彼我靜而自得矣。故自天子以下，至於庶人，孰能有為而成哉。是以彌無為而彌尊也。成曰，進為謂顯迹出仕也，伊望之倫。靜而聖，動而王，无為也而尊，樸素而天下莫能與之爭美。雖大樸而自然至美。夫明白於天地之德者，此之謂大本大宗，與天和者也；郭云，天地以無為為德，故明其宗本，則與天無逆。所以均調天下，與人和者也。郭云，順天所以應人，故天和至而人和盡也。成云，均，平，調，順也。與人和者，謂之人樂；與天和者，謂之天樂。成云，俯同塵俗，仰合自然。莊子曰：吾師乎！吾師乎！整萬物而不為戾，澤及萬世而不為仁，長於上古而不為壽，覆載天地刻雕眾形而不為朽。郭云，壽者，期之遠耳，無期故無所稱壽。案六語，又見大宗師篇。彼文戾作義，義者秋殺，有似暴戾也。壽作老，義同。此之謂天樂。故曰：知天樂者。其生也天行。其死也物化。成云.其生也同天道之四時.其死也混萬物之變化.靜而與陰同德。動而與陽同波。四語又見刻意篇.故知天樂者。无天怨。无人非。无物累。無鬼責。四語亦見刻意篇.怨彼文作災.故曰。其動也天。其靜也地。動靜雖殊.無心則一.一心定而王天下。其鬼不祟。李云.祟.禍也.其魂不疲。語亦見刻意篇.一心定而萬物服。言以虛靜推於天地。通於萬物。此之謂天樂。天樂者。聖人之心。以畜天下也。畜.養也.

夫帝王之德。以天地為宗。以道德為主。以无為為常。无為也。則用天下而有餘。有為也。則為天下用而不足。故古之人貴夫无為也。上无為也。下亦无為也。是下與上同德。下與上同德則不臣。成云.上下無為.則臣僭君德.下有為也。上亦有為也。是上與下同道。上與下同道則不主。上必无為而用天下。下必有為為天下用。此不易之道也。此論有精理.非空談.故古之王天下者。知雖落天地。不自慮也。知.音智.落.音絡.成云.三皇五帝.淳古之君.知照籠落二儀.而垂拱無為.委之臣下.故不自慮也.辯雖彫萬物。不自說也。成云.宏辯如流.彫飾萬物.終不自言.能雖窮海內。不自為也。成云.才能雖冠海內.夫何為哉.故老子云.是謂用人之力.天不產而萬物化。地不長而萬物育。帝王无為而天下功。王念孫云.爾雅.功.成也.中庸.無為而成.故曰莫神於天。莫富於地。莫大於帝王。故曰帝王之德配天地。此乘天地。馳萬物。而用人群之道也。

本在於上。末在於下。要在於主。詳在於臣。三軍五兵之運。德之末也。成云.五兵.一弓.二殳.三矛.四戈.五戟.運動也.賞罰利害。五刑之辟。教之末也。成云.辟.法也.禮法度數。形名比詳。釋文.比較詳審.治之末也。鐘鼓之音。羽毛之容。樂之末也。哭泣衰絰。隆殺之服。成云.隆殺者.言五等喪服.各有差降.此是教迹外儀.哀之末也。此五末者。須精神之運。心術之動。然後從之者也。末學者古人有之。而非所以先也。成云.古人.中古人也.先.本也.君先而臣從。父先而子從。兄先而弟從。長先而少從。男先而女從。夫先而婦從。夫尊卑先後。天地之行也。故聖人取象焉。天尊地卑。神明之位也。春夏先。秋冬後。四時之序也。萬物化作。萌區有狀。成云.萌.兆.區.分.各有形狀.盛衰之殺。變化之流也。盛衰之等殺.乃變化之流行也.夫天地至神。而有尊卑先後之序。而況人道乎宗廟尚親朝廷尚尊鄉黨尚齒行事尚賢大道之序也（成云.理之必然.）語道而非其序者非其道也語道而非其道者安取道（成云.既失其序.不堪治物.）是故古之明大道者先明天而道德次之（成云.自然是道德之本.故道德次之.）道德已明而仁義次之（宣云.仁義是道德之緒.）仁義已明而分守次之（上下有分.庶職有守.）分守已明而形名次之（宣云.物象名稱.）形名已明而因任次之（因材授任.）因任已明而原省次之（原恕省察.）原省已明而是非次之（原省已明.是非乃定.）是非已明而賞罰次之（郭云.至治之道.本在於天.而末極於斯.）賞罰已明而愚知處宜（各有所處之宜.）貴賤履位（各安其位.）仁賢不肖襲情（襲.因.情.實也.各因其實.）必分其能（分.別也.）必由其名（宣云.循名責實.）以此事上以此畜下以此治物以此修身知謀不用必歸其天（宣云.復於虛靜無為.）此之謂太平治之至也故書曰（古書也.）有形有名形名者古人有之而非所以先也古之語大道者五變而形名可舉九變而賞罰可言也（自明天以下.至形名.五變.其說至賞罰.九變其說.）驟而語形名不知其本也驟而語賞罰不知其始也倒道而言迕道而說者（釋文.迕.音悟.司馬云.橫也.案言語不循次序.）人之所治也（但可為受治之小人.）安能治人驟而

語形名賞罰。此有知治之具。非知治之道。可用於天下。不足以用天下。此之謂辯士一曲之人也。成云。此苟飾華辭之士。一節曲見偏執之人。禮法度數。形名比詳。古人有之。此下之所以事上。非上之所以畜下也。上所重在養人。

昔者舜問於堯曰。天王之用心何如。堯曰。吾不敖无告。不以頑民之無可教告而慢之。不廢窮民。成云。拯恤貧民。此心不替。苦死者。嘉孺子而哀婦人。苦。悲憫。嘉。喜愛。孺子。稚子。哀。憐也。此吾所以用心也。舜曰。美則美矣。而未大也。堯曰。然則何如。舜曰。天德而出寧。郭云。與天合德。則雖出而靜。日月照而四時行。若晝夜之有經。雲行而雨施矣。郭云。此皆不為而自然。成云。經。常也。堯曰。膠膠擾擾乎。膠膠。固而不解。擾擾。紛而不寧。因舜言發悟。自覺多事。子天之合也。我人之合也。成云。言子德遠合上天。我心近符人事。夫天地者。古之所大也。而黃帝堯舜之所共美也。故古之王天下者。奚為哉。天地而已矣。

孔子西藏書於周室。司馬云。藏其所著書也。姚云。此亦漢人語。藏書者。謂聖人知有秦火而預藏之。所謂藏之名山。子路謀曰。由聞周之徵藏史。司馬云。徵藏。藏名。一云。徵。典也。史。藏府之史。有老聃者。免而歸居。釋文。見周之末。不可復匡。所以辭去。夫子欲藏書。則試往因焉。（因之以藏書也。）孔子曰。善。往見老聃。而老聃不許。（不許其藏。）於是繙十二經以說。（釋文。說者云。詩書易禮樂春秋六經。加六緯。合為十二經也。一說云。易上下經。並十翼。為十二。又一云。春秋十二公經也。）老聃中其說。（釋文。中。丁仲反。成云。許其有理也。宣云。語未盡也。案下云太謾。是未許。成說未晰。中其說者。當是觀其說甫及半。故下云然。）曰。大謾。（成云。嫌其繁謾太多。宣云。謾。欺也。音滿平聲。案繁則近謾。恐多無實之詞。）願聞其要。孔子曰。要在仁義。老聃曰。請問仁義人之性邪。孔子曰。然。君子不仁則不成。不義則不生。（成生）仁義。真人之性也。又將奚為矣。（舍是奚為。）老聃曰。請問何謂仁義。孔子曰。中心物愷。（宣云。與物同樂。）兼愛无私。此仁義之情也。（情。實。）老聃曰。意。（噫同。）幾乎後言。（近乎後世迂儒之言。）夫兼愛不亦迂乎。无私焉。乃私也。（蘇輿云。未忘无私之成心。是亦私也。與下篇莊子答商太宰蕩語相發。）夫子若欲使天下无失其牧乎。（司馬云。牧。養也。）則天地固有常矣。日月固有明矣。星辰固有列矣。禽獸固有群矣。樹木固有立矣。夫子亦放德而行。（宣云。放。同倣。）循道而趨。已至矣。又何偈偈乎揭仁義。若擊鼓而求亡子焉。（釋文。偈偈。用力貌。成云。亡子。逃人也。案揭。舉也。語又見天運篇。）意。（同噫。）夫子亂人之性也。（郭云。事至而愛。當義而止。斯忘仁義者也。常念之。則亂真矣。宣云。夫子所謂義之與比。孟子所云由仁義行。即此意。）

士成綺見老子而問曰。吾聞夫子聖人也。吾固不辭遠道而來願見。百舍重趼。而不敢息。司馬云．百舍．百日止宿．淮南修務訓高注．趼．足生胝也．今吾觀子非聖人也。鼠壤有餘蔬。而棄妹之者。不仁也。郭云．言其不惜物也．成云．鼠壤．鼠穴土中．妹．猶昧也．案成綺就所見言之．蔬可留其有餘．而任其狼藉滿地散棄．佯若不知是不仁也．生熟不盡於前。成云．生謂粟帛．熟謂飲食．至充足也．而積斂无崖。聚斂無限止．老子漠然不應。成云．鄙之不足答也．士成綺明日復見曰。昔者吾有刺於子。今吾心正卻矣。心止而卻退．非復從前鄙見．何故也。老子曰。夫巧知神聖之人。吾自以為脫焉。言子儗我聖人．吾久自以為脫免．其名皆我所不居．昔者子呼我牛也。而謂之牛。呼我馬也。而謂之馬。子呼馬牛．我即自謂．苟有其實。人與之名而弗受。再受其殃。有其實．而不受其名．是再受殃累也．吾服也恆服。郭云．服者．容行之謂也．不以毀譽自殃．故能不變其容．吾非以服有服。郭云．有為為之．則不能恆服．士成綺雁行避影。宣云．側身貌．履行。蘇輿云．古者入室．脫履而行席上．履行言失其常．莊子正廩係履．而見魏王．則因履穿．係之以廩．而不得脫．故王訝其憊．遂進而問。修身若何。老子曰。而汝．容崖然。岸然自異．而目衝然。直視．而顙頯然。釋文．頯．去軌反．本又作顯．成云．顙頯高亢．顯露華飾．而口闞然。郭云．虓豁貌．而狀義然。義．讀為峨．詳大宗師篇．似繫馬而止也。宣云．志在馳騖．動而持。宣云．欲動而強持．發而機。宣云．發如機迅．察而審。察事審詳．

知巧而覩於泰。智巧而見於驕泰之色. 凡以為不信。郭嵩燾云.凡此.皆與自然之性不相應.是之謂不信也. 邊竟有人焉。其名為竊。司馬云.言遠方嘗有是人.竊.賊也.

夫子曰。成云.莊子師老子.故稱夫子. 夫道。於大不終。於小不遺。宣云.大包無窮.小入無間. 故萬物備。廣廣乎其无不容也。廣廣.猶曠曠.見漢書武五子傳. 淵乎其不可測也。形德仁義。神之末也。成云.精神之末迹. 非至人孰能定之。宣云.世俗鮮不為末學所惑. 夫至人有世。謂有天下. 不亦大乎。而不足以為之累。天下奮棅而不與之偕。說文柄或从棅.言天下奮爭威柄.獨不並遂. 審乎无假而不與利遷。任真而不遷於利. 極物之真。能守其本。成云.窮理盡性.動不傷寂. 故外天地。遺萬物。而神未嘗有所困也。通乎道。合乎德。退仁義。賓禮樂。俞云.賓.讀為擯.謂擯斥禮樂也.古賓擯字通. 至人之心有所定矣。

世之所貴道者書也。書不過語。語有貴也。語之所貴者意也。意有所隨。意之所隨者不可以言傳也。而世因貴言傳書。世雖貴之。我猶不足貴也。為其貴非其貴也。郭云.其貴恆在意言之表. 故視而可見者形與色也。聽而可聞者名與聲也。悲夫。世人以形色名聲。為足以得彼之情。夫形色名聲。果不足以得彼之情。（宣云。彼。謂道。情。實也。）則知者不言。言者不知。而世豈識之哉。桓公讀書於堂上。輪扁斲輪於堂下。（司馬云。斲輪人。名扁。）釋椎鑿而上。問桓公曰。敢問公之所讀者何言邪。公曰。聖人之言也。曰。聖人在乎。公曰。已死矣。曰。然則君之所讀者。古人之糟魄已夫。（司馬云。糟爛為魄。本又作粕。）桓公曰。寡人讀書。輪人安得議乎。有說則可。无說則死。輪扁曰。臣也以臣之事觀之。斲輪徐則甘而不固。疾則苦而不入。（司馬云。甘。緩也。疾。急也。）不徐不疾。得之於手而應於心。口不能言。有數存焉於其間。（李云。數。術也。）臣不能以喻臣之子。臣之子亦不能受之於臣。是以行年七十而老斲輪。（成云。喻。曉也。故知物各有性。不可倣效。）古之人與其不可傳也（宣云。猶者。）死矣。然則君之所讀者。古人之糟魄已夫。

天其運乎。郭云，不運而自行。地其處乎。郭云，不處而自止。日月其爭於所乎。郭云，不爭而自代謝。孰主張是。孰維綱是。孰居无事推而行是。三句分承天地日月。意者其有機緘而不得已邪。成云，機，關。緘，閉也。謂有主司關閉，事不得已。意者其運轉而不能自止邪。雲者為雨乎。雨者為雲乎。孰隆施是。宣云，隆，興也。謂雲施謂雨。孰居无事淫樂而勸是。宣云，雲雨乃陰陽交和之氣所成，故以為造化之淫樂。風起北方。一西一東。有上彷徨。司馬本作旁皇。云，飈風也。孰噓吸是。孰居无事而披拂是。敢問何故。巫咸袑曰。李云，巫咸，殷相。袑，寄名也。宣云，袑，蓋招之訛。託言巫咸相招致答耳。古來止有巫咸，無巫咸袑也。來。吾語女。天有六極五常。司馬云，六極，四方上下。成云，五常謂五行。帝王順之則治。逆之則凶。九洛之事。治成德備。監照下土。楊慎云，九洛，九疇洛書。天下戴之此謂上皇。郭嵩燾云，言天之運，自然而已。帝王順其自然，以道應之。

商太宰蕩問仁於莊子。司馬云，商，宋也。太宰，官。蕩，名。莊子曰。虎狼仁也。曰。何謂也。莊子曰。父子相親。何為不仁。曰。請問至仁。莊子曰。至仁无親。太宰曰。蕩聞之。无親則不愛。不愛則不孝。謂至仁不孝可乎。莊子曰。不然。夫至仁尚矣。孝固不足以言之。孝不過仁之一端。此非過孝之言也。不及孝之言也。如子所言，以親愛為至仁，非過孝之言，不及孝之言也。夫南行者至於郢，北面而不見冥山。司馬云，冥山，北海山名。是何也。則去之遠也。喻以親愛為至仁之言。故曰以敬孝易，以愛孝難。以愛孝易，以忘親難。忘親易，使親忘我難。使親忘我易，兼忘天下難。兼忘天下易，使天下兼忘我難。夫德遺堯舜而不為也，有堯舜之德，而不刻意效法堯舜，此我忘天下。利澤施於萬世，天下莫知也。天下忘我。豈直太息而言仁孝乎哉。仁孝不足言。夫孝悌仁義忠信貞廉，此皆自勉以役其德者也，宣云，為修德之名所役。不足多也。故曰，至貴，國爵并焉。至富，國財并焉。釋文，并，棄除也。宣云，至貴在我，何有於爵。至富在我，何有於財。案此讀并為屏。至願，名譽并焉。至願莫如性適，而名譽不足言。是以道不渝。成云，道德淳厚，不隨物變。

北門成問於黃帝曰，成云，北門，姓。成，名。黃帝臣。帝張咸池之樂於洞庭之野，吾始聞之懼，復聞之怠，卒聞之而惑。成云，怠，謂懼心退息。蕩蕩默默，乃不自得。宣云，神不能定，口不能言，失其常也。帝曰，汝殆其然哉。宣云，言固宜如此。吾奏之以人，徵之以天，宣云，律與上天氣候相準。行之以禮義，宣云，禮節之義宜之。建之以太清，宣云，取聲氣之元為主宰.夫至樂者先應之以人事。順之以天理。行之以五德。應之以自然。然後調理四時。太和萬物。姚云.徐笠山以夫至此三十五字.為郭注誤入正文.蓋本之穎濱.宣本亦無此三十五字.云俗本雜入.四時迭起。宣云.五聲配四時而賡奏.萬物循生。宣云.眾器象萬物而環作.一盛一衰。文武倫經。成云.倫.理.經.常也.夏盛冬衰.春文秋武.生殺之理.天道之常.一清一濁。陰陽調和。流光其聲。宣云.清濁相得.如二氣和合.當其交動.光輝盈溢也.蟄蟲始作。吾驚之以雷霆。其卒无尾。其始無首。一死一生。一僨一起。所常无窮。而一不可待。郭嵩燾云.雷霆之起.莫知其所自起.莫知其所自竟.其所自起.首也.生之端也.其所自竟.尾也.死之歸也.死生者萬物之大常.與天為無窮.而忽一至焉.則亦物之所不能待也.以喻樂之變化.動於自然.俞云.一不可待者.皆不可待也.一有皆義.見大戴記盧注.荀子楊注.郭云.以變化為常.則所常者無窮.女故懼也。吾又奏之以陰陽之和。燭之以日月之明。郭云.所謂用天之道.其聲能短能長。能柔能剛。變化齊一。不主故常。在谷滿谷。在阬滿阬。郭云.至樂之道.無不周也.塗郤守神。釋文.郤.與隙義同.成云.塗.塞也.閑心知之孔隙.守凝一之精神.以物為量。即上在谷二句意.其聲揮綽。郭云.所謂闡諧.成云.揮.動.綽.寬也.如雷霆之震動.其聲寬廣.其名高明。成云.高如上天.明如日月.聲既廣大.名亦高明.是故鬼神守其幽。成云.各得其所.而不相撓.老經云.以道利天下.其鬼不神也.日月星辰行其紀。郭云.不失其度.吾止之於有窮。流之於无止。蘇輿云.有窮者.吾與之為有窮.无止者.吾與之為無止.止流一順其自然也.

予欲慮之而不能知也。望之而不能見也。逐之而不能及也。儻然立於四虛之道。成云、儻然無心貌。立於四方空大之道。倚於槁梧而吟。見齊物論。目知窮乎所欲見、力屈乎所欲逐、吾既不及已夫。形充空虛、乃至委蛇。汝委蛇、故怠。蘇輿云、汝隨樂之委蛇而委蛇、故怠。吾又奏之以无怠之聲、調之以自然之命。成云、凡百蒼生、以自然為其性命。奏此樂者、調造化之心靈、和自然之性命。故若混逐叢生、林樂而无形。郭嵩燾云、說文、叢木曰林。林樂者、相與群樂之。五音繁會、不辨聲之所出、故曰無形。布揮而不曳。布散揮霍、若曳而愈長、而未嘗曳也。幽昏而无聲。言其聲淡。動於无方、居於窈冥。或謂之死、或謂之生、或謂之實、或謂之榮。行流散徙、不主常聲。郭云、隨物變化。世疑之、稽於聖人。稽、考也。觀於聖人、則知至樂之妙、不必疑也。聖也者、達於情而遂於命也。成云、通有物之情、順自然之命、故謂之聖。天機不張而五官皆備、此之謂天樂。郭云、忘樂而樂足、非張而後備。无言而心說。郭云、心說在適、不在言也。故有焱氏為之頌曰、成云、焱氏、神農也。釋文、焱本亦作炎。聽之不聞其聲、視之不見其形、充滿天地、苞裹六極。頌樂如此。汝欲聽之而无接焉、而故惑也。而、亦汝。樂也者、始於懼、懼故祟。樂未大和、聽之悚懼、如有禍祟。吾又次之以怠、怠故遁。其聲遁滅、似不欲聽而怠。卒之於惑、惑故愚、愚故道、成云、心無分別、有同闇惑。蕩蕩默默。類彼愚迷。雅符真道。道可載而與之俱也。蘇輿云。以混沌為道。故由怠而幾於愚。則道可得而接焉矣。此章注重在此。

孔子西遊於衛。成云。自魯適衛。故曰西遊。顏淵問師金李云。師。魯太師。金。其名。曰以夫子之行為奚如。師金曰。惜乎。而夫子其窮哉。顏淵曰何也。師金曰夫芻狗之未陳也。李云。結芻為狗。巫祝用之。盛以篋衍。李云。衍。笥也。巾以文繡。尸祝齊戒以將之。及其已陳也。行者踐其首脊。蘇者取而爨之而已。李云。蘇。草也。取草者得以炊也。將復取而盛以篋衍。巾以文繡。遊居寢臥其下。彼不得夢。必且數眯焉。釋文。字林云。眯。物入眼為病也。司馬云。厭也。成云。假令不致惡夢。必當數數遭魘。今而夫子亦取先王已陳芻狗。俞云。此取字。讀為聚。見易萃象傳釋文。漢書五行志顏注。聚弟子遊居寢臥其下。故伐樹於宋。削迹於衛。窮於商周。是非其夢邪。圍於陳蔡之間。七日不火食。死生相與鄰。是非其眯邪。夫水行莫如用舟。而陸行莫如用車。以舟之可行於水也而求推之於陸。則沒世不行尋常。八尺曰尋。倍尋曰常。古今非水陸與。周魯非舟車與。今蘄行周於魯。是猶推舟於陸也。勞而無功。身必有殃。彼未知夫无方之傳。司馬云。方。常也。郭慶藩云。呂覽必己篇高注。傳。猶轉也。言無方之轉動。應物而不窮者也。且子獨不見夫桔槹者乎。引之則俯。舍之則仰。彼人之所引。非引人也。故俯仰而不得罪於人。故夫三皇五帝之禮義法度。不矜於同而矜於治。成云．矜．美也．禮樂威儀．不相沿襲．郭云．期合時宜．應治體而已．故譬三皇五帝之禮義法度。其猶柤梨橘柚邪。其味相反而皆可於口。故禮義法度者。應時而變者也。今取猨狙而衣以周公之服。彼必齕齧挽裂。盡去而後慊。釋文．李云．慊．足也．本亦作嗛．觀古今之異。猶猨狙之異乎周公也。故西施病心而矉其里。矉於其里．字同顰．其里之醜人見而美之。歸亦捧心而矉其里。其里之富人見之。堅閉門而不出。貧人見之。挈妻子而去之走。彼知矉美。而不知矉之所以美。惜乎。而夫子其窮哉。

孔子行年五十有一。而不聞道。乃南之沛。見老聃。司馬云．老子．陳國相人．相今屬苦縣．與沛相近．老聃曰。子來乎。吾聞子北方之賢者也。子亦得道乎。孔子曰。未得也。老子曰。子惡乎求之哉。曰。吾求之於度數。宣云．制度名數．五年而未得也。老子曰。子又惡乎求之哉。曰。吾求之於陰陽十有二年而未得老子曰然使道而可獻則人莫不獻之於其君使道而可進則人莫不進之於其親使道而可以告人則人莫不告其兄弟使道而可以與人則人莫不與其子孫然而不可者无它也中无主而不止中心無主則道過而不留外无正而不行俞云正乃匹之誤禮緇衣唯君子能好其正鄭注正當為匹字之誤也是其例矣此二句與宣三年公羊傳自內出者無匹不行自外至者無主不止文義相似自外至者無主不止故此言中無主而不止也自內出者無匹不行故此言外無匹而不行也則陽篇自外入者有主而不執由中出者有正而不距正亦當為匹誤與此同由中出者不受於外宣云非時世之所宜故不受聖人不出宣云不以施於人由外入者无主於中宣云非吾心之精微故無主聖人不隱不以藏於心必也中得吾心之精微外合時世之變通乃內外同歸體用一致聖人之所以合道也名公器也不可多取仁義先王之蘧廬也司馬云蘧廬猶傳舍也止可以一宿而不可以久處覯而多責宣云數相見必受譴古之至人假道於仁託宿於義以遊逍遙之虛食於苟簡之田立於不貸之圃成云苟且簡略也貸施與也知止知足食於苟簡之田不損己物立於不貸之圃而言田圃者明是聖人養生之地逍遙无為也苟簡易養也不貸无出也宣云不費古者謂是采真之遊宣云不為形迹所役姚本以上為一節以富為是者不能讓祿以顯為是者不能讓名親權

者。不能與人柄。操之則慄。成云.恐失所以戰慄.舍之則悲。宣云.貪戀.而一无所鑒。宣云.於理一無所見.以闚其所不休者。宣云.但明於逐物不止.是天之戮民也。成云.雖楚戮未加而情性已困.姚本以上為一節.怨恩取與諫教生殺八者。正之器也。宣云.正人之具.唯循大變无所湮者為能用之。宣云.惟與變化相循.無所湮滯者.乃合時宜也.故曰正者正也。宣云.因其所當正而正之.其心以為不然者。天門弗開矣。成云.其心之不能如是者.天機之門壅而弗開.天門.心也.

孔子見老聃。而語仁義。老聃曰。夫播穅眯目。則天地四方易位矣。蚊虻噆膚。則通昔不寐矣。司馬云.噆.齧也.郭云.外物加之雖小而傷性已大也.案昔.夜也.夕昔古通.夫仁義憯然乃憤吾心。亂莫大焉。憯.同慘.宣云.使人亂心更甚於眯目噆膚也.吾子使天下无失其朴。郭云.質全而仁義著.吾子亦放風而動。總德而立矣。放.同倣.宣云.同歸於自然.又奚傑然若負建鼓而求亡子者邪。成云.傑然.用力貌.案天道篇引老子之言.亦云.又何偈偈乎揭仁義若擊鼓而求亡子焉.與此意同.謂驚駭天下也.夫鵠不日浴而白。烏不日黔而黑。宣云.喻本質自然如此.黑白之朴。不足以為辯。宣云.出於本質者.不足分別姸媸.名譽之觀。不足以為廣。名譽之觀美.亦不能於本性有所增廣.泉涸。魚相與處於陸。相呴以溼。相濡以沫。不若相忘於江湖。宣云.喻小惠相及.不如相忘於渾沌.各得之為樂.又烏取乎仁義之區區哉.案泉涸四語.又見大宗師篇.

孔子見老聃歸。三日不談。宣云。不自得也。弟子問曰。夫子見老聃。亦將何歸哉。宣云。何以歸正之。孔子曰。吾乃今於是乎見龍。龍合而成體。散而成章。乘乎雲氣而養乎陰陽。予口張而不能嗋。予又何規老聃哉。子貢曰。然則人固有尸居而龍見。雷聲而淵默。二語又見在宥篇。發動如天地者乎。賜亦可得而觀乎。遂以孔子聲見老聃。宣云。稱孔子為先容。老聃方將倨堂而應微曰。踞於堂上。其應聲微。予年運而往矣。運。行。往。邁也。言行年已邁。子將何以戒我乎。子貢曰。夫三王五帝之治天下不同。其係聲名一也。而先生獨以為非聖人。如何哉。成云。謂排三王為非聖。釋文。三王。本或作三皇。依注作王是也。餘皆作三皇。老聃曰。小子少進。子何以謂不同。對曰。堯授舜。舜授禹。禹用力而湯用兵。文王順紂而不敢逆。武王逆紂而不肯順。故曰不同。老聃曰。小子少進。余語汝三皇五帝之治天下。黃帝之治天下。使民心一。民有其親死不哭而民不非也。成云。三皇行道。人心淳一。不獨親其親。不獨子其子。故親死不哭。而世俗不非。必欲非之。則強哭者眾。堯之治天下。使民心親。民有為其親殺其殺而民不非也。宣云。欲隆其親。餘皆降殺。則知覺稍開矣。舜之治天下。使民心競。民孕婦十月生子。子生五月而能言。成云。古者懷孕之婦。十四月而誕育。生子。生子兩歲始能言。今與古乖異。不至乎孩而始誰。成云。未解孩笑。已別是非。郭云。誰者。別人之意。則人始有夭矣。宣云。元氣早凋。禹之治天下。使民心變。人有心而兵有順。宣云。人有心機。且以殺伐為應天順人。殺盜非殺。宣云。謂為當然。人自為種而天下耳。自為黨類。而成天下。是以天下大駭。儒墨皆起。成云。驚駭天下。致使儒崇堯舜以飾非。墨遵禹道而自是。其作始有倫。而今乎婦女。其作始尚有倫理。而今所行。丈夫而有婦女之道。何言哉。余語汝。三皇五帝之治天下。名曰治之。而亂莫甚焉。三皇之知。此三皇當作三王。否則不可通。上悖日月之明。下睽山川之精。中墮四時之施。其知憯於蠇蠆之尾。王引之云。蠇蠆。皆蝎之異名。廣雅。蠆蝲。蠍也。（今本脫蝲字。眾經音義五引作蠆蝲蠍也。集韻引。蝲蠆也）蝲音盧達反。蠆蝲皆毒螫傷人之名。蠆之言蛆。（音哲）蝲之言瘌。廣雅釋詁云。毒蛆瘌痛也。是其義矣。蝲與蠇古同聲。蠇蝲實一字。史記秦本紀。厲共公。始皇紀作刺龔公。刺之通作厲。猶蝲之通作蠇矣。鮮規之獸。鮮規未詳。蓋噬人之獸。莫得安其性命之情者。而猶自以為聖人。不可恥乎。其无恥也。子貢蹵蹵然立不安。

孔子謂老聃曰。丘治詩書禮樂易春秋六經。自以為久矣。孰知其故矣。孰同熟。以奸者七十二君。釋文。三蒼云。奸。犯也。論先王之道而明周召之迹。一君无所鉤用。釋文。鉤。取也。甚矣。夫人之難說也。道之難明邪。老子曰。幸矣。子之不遇治世之君也。夫六經。先王之陳迹也。豈其所以迹哉。今子之所言。猶迹也。夫迹。履之所出。而迹豈履哉。夫白鶂之相視。眸子不運而風化。（司馬云。風化。相待風氣而化生也。又曰。相視而成陰陽。宣云。不運。定睛注視。案風。讀如馬牛其風之風。謂雌雄相誘也。化者。感而成孕。）蟲雄鳴於上風。雌應於下風而風化。（宣云。傳聲而孕。）類自為雌雄。故風化。（釋文。山海經。亶爰之山有獸焉。其狀如狸而有髮。其名曰師類。帶山有鳥。其狀如鳳。五采文。其名曰奇類。皆自牝牡。）性不可易。命不可變。（宣云。其真常者。）時不可止。道不可壅。（宣云。其變化者。）苟得其道。无自而不可。（郭云。雖化者無方而皆可。）失焉者。无自而可。（郭云。所在皆不可。）孔子不出三月。復見。曰。丘得之矣。烏鵲孺。（李云。孺。孚乳而生。）魚傅沫。（司馬云。傅口中沫。相與而生子。）細要者化。（列子釋文。引司馬云。稺蜂細要者。取桑蟲祝之。使似己子。）有弟而兄啼。（恐失父母之愛也。推極物性之不同。）久矣。夫丘不與化為人。（不能與造化為一人。）不與化為人。安能化人。老子曰。可。丘得之矣。

外篇
刻意第十五

刻意尚行。其意峻刻。其行高尚。離世異俗。高論怨誹。李云。非世無道。怨己不遇。為亢而已矣。此山谷之士。非世之人。宣云。非。猶輕。枯槁赴淵者之所好也。司馬云。枯槁。若鮑焦介推。赴淵。若申徒狄。語仁義忠信。恭儉推讓。為修而已矣。自修其身。此平世之士。教誨之人。成云。此平時治世之士。施教誨物之人。若宣尼之居洙泗。子夏之在西河。遊居學者之所好也。語大功。立大名。禮君臣。正上下。為治而已矣。此朝廷之士。尊主強國之人。致功并兼者之所好也。并兼敵國。就藪澤。處閒曠。釣魚閒處。無為而已矣。宣云。無為。猶言閒散。此江海之士。避世之人。閒暇者之所好也。吹呴呼吸。吐故納新。熊經鳥申。成云。吹冷呼而吐故。呴暖吸而納新。如熊攀樹而自懸。類鳥飛空而伸腳。為壽而已矣。此道引之士。李云。導氣令和。引體令柔。養形之人。彭祖壽考者之所好也。若夫不刻意而高。无仁義而修。无功名而治。无江海而閒。不道引而壽。无不忘也。无不有也。郭云。忘故能有。澹然无極。而眾美從之。宣云。不立一極。而美無不全。此天地之道。聖人之德也。故曰。夫恬惔同淡。寂寞。虛无无為。此天地之平。而道德之質也。釋文。質。正也。宣云。本也。故曰。聖人休休焉。則平易矣。釋文。休。息也。俞云。此本作故曰聖人休焉。休則平易矣。休焉二字。傳寫誤倒。天道篇。故帝王聖人休焉。休則虛.與此文法相似.可據以訂正.案郭注成疏陸釋皆止一休字.俞說是也.此後來刊本之誤.平易則恬惔矣。平易恬惔。則憂患不能入。邪氣不能襲。故其德全而神不虧。故曰。聖人之生也天行。郭云.任自然而運動.其死也物化。郭云.蛻然無所係.靜而與陰同德。動而與陽同波。郭云.動靜無心.而付之陰陽也.案四語又見天道篇.不為福先。不為禍始。感而後應。迫而後動。不得已而後起。去知與故。管子心術篇.去智與故.此用其語.淮南主術篇高注.故.巧也.循天之理。成云.循.順也.故无天災。无物累。无人非。无鬼責。四語亦見天道篇.災彼文作怨.其生若浮。其死若休。不思慮。不豫謀。光矣而不燿。信矣而不期。宣云.無心於取必.其寢不夢。其覺無憂。其神純粹。其魂不罷。此語亦見天道篇.虛无恬惔。乃合天德。故曰。悲樂者德之邪。喜怒者道之過。好惡者德之失。故心不憂樂。德之至也。郭云.至德常適.故情無所槪.一而不變。靜之至也。郭云.靜而一者.不可變也.无所於忤。虛之至也。郭云.其心豁然確盡.乃無纖介之違.不與物交。惔之至也。郭云.物自來耳.至惔者無交物之情.案惔同淡.无所於逆。粹之至也。郭云.若雜乎濁欲.則有所不順.故曰。形勞而不休則弊。精用而不已則勞。勞則竭。水之性。不雜則清。莫動則平。鬱閉而不流。亦不能清。宣云.又將腐濁.天德之象也。宣云.

靜而日運．故曰純粹而不雜。靜一而不變。惔而无為。動而以天行。郭云．若夫逐欲而動．人行也． 此養神之道也。夫有干越之劍者。司馬云．干．吳也．吳越出善劍． 柙而藏之。不敢用也。寶之至也。精神四達並流。无所不極。上際於天。下蟠於地。化育萬物。不可為象。宣云．不可得而迹象之． 其名為同帝。宣云．與天帝同用． 純素之道。惟神是守。守而勿失。與神為一。一之精通。合於天倫。合於自然之理． 野語有之曰。眾人重利。廉士重名。賢人尚志。聖人貴精。故素也者。謂其无所與雜也。純也者。謂其不虧其神也。能體純素。謂之真人。成云．體．悟解也．妙契純素之理．則所在皆真道也．

外篇　繕性第十六

繕性於俗。俗學以求復其初。崔云．繕．治也．郭云．已治性於俗矣．而欲以俗學復性命之本．案宣本刪一俗字．據郭注明有兩俗字也．然疑衍一字．蘇輿云．案當衍一俗字．學與思對文．言性與欲．皆已為俗所汙．雖學思交致．只益其蒙．宣以俗學俗思句斷．似失之． 滑欲於俗。思以求致其明。謂之蔽蒙之民。

古之治道者。以恬養知。釋文．知音智．宣云．定能生慧． 知生而无以知為也。謂之以知養恬。智生而不任智．

(是以智養其恬靜．)知與恬交相養。而和理出其性。(知恬交養．而道德自其性出矣．)夫德和也。道理也。(宣云．道德止是和順理．猶順也．)德无不容。仁也。道无不理。義也。(道德生仁義．)義明而物親。忠也。(宣云．是為實有道德．)中純實而反乎情。樂也。(成云．雖復涉於物境．而恆歸於真情．所造和適．故謂之樂．)信行容體而順乎文。禮也。(實行於容體．而順乎自然之節文．即是禮也．)禮樂徧行。則天下亂矣。(釋文．徧音遍．郭云．以一體之所履．一志之所樂．行之天下．則一方得而萬方失也．俞云．據郭注是為一偏之偏．故郭云然．釋文音誤．案本當作偏．唐時誤偏．故陸隨文作音．義不可通．宣本已改偏．)彼正而蒙己德。德則不冒。冒則物必失其性也。(彼自正而蒙被我之德．是德與德相感．不以己之德．強人而冒覆之也．若強天下而冒覆之．是以我正彼．則物之失其性者必多也．)古之人。在混芒之中。(混混芒芒．初分之時也．)與一世而得澹漠焉。(成云．恬澹寂漠．無為之道也．)當是時也。陰陽和靜。鬼神不擾。四時得節。萬物不傷。群生不夭。人雖有知。无所用之。此之謂至一。當是時也。莫之為而常自然。(無所矯飾．)逮德下衰。及燧人伏羲始為天下。是故順而不一。(成云．燧人變生為熟．伏羲畫八卦．以制文字．作結繩而為罔罟．智詐萌矣．嗜欲漸焉．順黎庶之心．而不能混同至一也．)德又下衰。及神農黃帝始為天下。是故安而不順。(成云．神農有共工之伐．黃帝致蚩尤之戰．苟且欲安天下．未能大順群生也．)德又下衰。及唐虞始為天下。興治化之流。(宣云．失其源也．)澆淳散朴。(釋文．澆本亦作澆．成云.唐虞設五典.而綱紀五行.置百官.而平章百姓.五行自茲而荒殆.百姓因此而澆訛.毀淳素而散樸質也. 離道以善。險德以行。險.危也.離於道以企善.危其德以制行.若務光申徒狄之類是也. 然後去性而從於心。宣云.舍天性.用人心. 心與心識知而不足以定天下。宣云.人益巧偽.俞云.詩不識不知.識知二字連文.言必不識不知.而後可定天下.諸家從識字斷句.非. 然後附之以文。益之以博。文滅質。博溺心。然後民始惑亂。无以反其性情而復其初。由是觀之。世喪道矣。道喪世矣。宣云.以非道為道. 世與道交相喪也。道之人何由興乎世。世亦何由興乎道哉。道无以興乎世。世无以興乎道。雖聖人不在山林之中。其德隱矣。成云.使聖人降迹塵俗.混同群生.韜藏聖德.莫能見用.雖居朝市.無異山林. 隱故不自隱。宣云.遭道隱之世.不必自隱而已隱也. 古之所謂隱士者。非伏其身而弗見也。非閉其言而不出也。非藏其知而不發也。時命大謬也。當時命而大行乎天下。則反一无迹。復於至一之世.而不見其迹. 不當時命而大窮乎天下。則深根寧極而待。深固自然之根.保寧至善之極.以待時也. 此存身之道也。古之行身者。不以辯飾知。成云.古人之行任其身者.不以浮辯飾小智. 不以知窮天下。成云.不縱知以困蒼生. 不以知窮德。成云.知止其分.不以無涯.而累其自得. 危然處其所而反其性。郭云.危然.獨正貌. 己又何為哉。道固不小行德固不小識。小識傷德。成云.小識.小知.虧損深玄之德.小行傷道。故曰正己而已矣。樂全之謂得志。樂全其性.即是得志.古之所謂得志者。非軒冕之謂也。謂其无以益其樂而已矣。郭云.全其內而足.今之所謂得志者。軒冕之謂也。軒冕在身。非性命也。物之儻來。寄者也。成云.儻者.意外忽來.寄之。其來不可圉。圉.禦也.其去不可止。故不為軒冕肆志。肆志.放縱其志.不為窮約趨俗。不貶志以徇俗.其樂彼與此同。視軒冕與窮約無異.故无憂而已矣。故能處貴而無憂.今寄去則不樂。今人所同.由是觀之。雖樂。未嘗不荒也。樂軒冕者.志荒於外.故曰。喪己於物。失性於俗者。謂之倒置之民。向云.以外易內.可謂倒置.

外篇

秋水第十七

秋水時至。百川灌河。李云.水生於春.壯於秋.涇流之大。司馬云.涇.通也.崔本作徑.云直度曰徑.兩涘渚崖之間。釋文.涘.涯也.水中可居曰渚.崖字又作涯.亦作厓.不辯牛馬。成云.隔水遠看.不辨牛之與馬.於是焉。河伯欣然自喜。以天下之美為盡在己。釋文。河伯。姓馮。名夷。見大宗師篇。順流而東行。至於北海。東面而視。不見水端。成云。北海。今萊州是。於是焉河伯始旋其面目。望洋向若而歎。釋文。望。作盳。云。盳洋。猶望羊。仰視貌。司馬云。若。海神。曰。野語有之曰。聞道百。以為莫己若者。我之謂也。李云。聞道百。萬分之一也。郭嵩燾云。百者。多詞也。郭慶藩云。百。古讀若博。與若韻。且夫我嘗聞少仲尼之聞。而輕伯夷之義者。始吾弗信。今我睹子之難窮也。吾非至於子之門。則殆矣。吾長見笑於大方之家。司馬云。大方。大道也。北海若曰。井鼃不可以語於海者。拘於虛也。王引之云。鼃本作魚。後人改之也。御覽時序部。鱗介部。蟲豸部。引此。並云。井魚不可以語於海。則舊本作魚可知。且釋文於此不出鼃字。直至下文埳井之鼃。始云鼃本又作蛙。戶蝸反。引司馬注云。鼃。水蟲。形似蝦蟆。則此處作魚不作鼃明矣。若作鼃則戶蝸之音水蟲之注。當先見於此。不應至下文始見也。再淮南原道篇。夫井魚不可與語大。拘於隘也。梁張綰文。井魚之不識巨海。夏蟲之不見冬冰。水經贛水注云。聊記奇文。以廣井魚之聽。皆用莊子之文。則莊子之作井魚。益明矣。井九三。井谷射鮒。鄭注曰。所生魚。無大魚。但多鮒魚耳。（見劉逵吳都賦注）困學紀聞十。引御覽所載。莊子曰。用意如井魚者。吾為鉤繳以投之。呂覽諭大篇。井中之無大魚也。此皆井魚之證。後人以此篇有埳井鼃之語。而荀子正論篇。亦云。坎井之鼃。不可與語東海之樂。遂改井魚為井鼃。而不知井自有魚。無煩改作鼃也。自有此改。世動稱井鼃夏蟲。不復知有井魚之喻矣。王念孫云。虛。與墟同。故釋文云。虛本亦作墟。廣雅。墟。尻也。尻。（古居字）文選西征賦注。引聲類曰。墟。故所居也。經傳言邱墟者。皆謂故所居之地。言井魚拘於所居。不知海之大也。以喻河伯居於涯涘。崔注。拘於井中之空也。訓虛為空虛。夏蟲不可以語於冰者。篤於時也。郭慶藩云。司馬訓篤為厚。迂曲難通。釋詁。篤。固也。論語。篤信好學。謂信之固也。禮儒行。篤行而不倦。謂所行之固也。凡鄙陋不達謂之固。夏蟲為時所蔽。故曰篤於時。篤字與上下文拘束同義。曲士不可以語於道者。束於教也。司馬云。曲士。鄉曲之士。今爾出於崖涘。觀於大海。乃知爾醜。爾將可與語大理矣。郭云。以其知分。故可與言理也。天下之水。莫大於海。萬川歸之。不知何時止而不盈。尾閭泄之。不知何時已而不虛。文選養生論注。引司馬云。尾閭。水之往海外出者也。一名沃焦。在東大海之中。尾者。在百川之下。故稱尾。閭者。聚也。水聚族之處。故稱閭也。在扶桑之東。有一石。方圓四萬里。厚四萬里。海水注者。無不燋盡。故曰沃燋。案沃燋。亦作沃焦。見山海經。今環球周通。可釋此說之疑矣。春秋不變。水旱不知。此其過江河之流。不可為量數。而吾未嘗以此自多者。自以比形於天地。而受氣於陰陽。吾在天地之間。猶小石小木之在大山也。方存乎見少。又奚以自多。計四海之在天地之間也。不似礨空之在大澤乎。釋文。礨。崔音壘。空音孔。礨孔。小穴也。李云。小封也。一云。蟻冢也。計中國之在海內。不似稊米之在大倉乎。釋文。郭注爾雅。稊似稗。大音泰。號物之數謂之萬。人處一焉。人卒九州。穀食之所生。舟車之所通。人處一焉。崔云。卒。盡也。郭嵩燾云。人卒九州。言極九州之人數。卒者盡詞。九州之大。人數之繁。其在天之中。要亦萬物之一而已。此其比萬物也。不似豪末之在於馬體乎。五帝之所連。崔云。連。續也。三王之所爭。仁人之所憂。任士之所勞。盡此矣。伯夷辭之以為名。仲尼語之以為博。此其自多也。不似爾向之自多於水乎。河伯曰。然則吾大天地而小毫末可乎。北海若曰。否。夫物量无窮。宣云、各有局量、時无止。宣云、各據瞬息、分无常。成云、所稟分命、隨時變易、終始无故。宣云、變化日新、是故大知觀於遠近。知同智、遠近並觀、不尚一隅之見、故小而不寡。大而不多。知量无窮。不以大小為多寡、知量之各足也、證曏今故。郭云、曏、明也、今故、猶古今、故遙而不悶。望古雖遙、我自无悶、不必與古為徒也、掇而不跂。近可掇取、我亦不跂而求之、知時无止。證明今古之大道、不以人世壽夭為大期、知時之無止也、察乎盈虛。故得而不喜。失而不憂。知分之无常也。知天道有盈虛、則得失無常、何足介意、明乎坦塗。郭云、死生者、日新之正道也、故生而不說。音悅、死而不禍。不以為禍敗、知終始之不可故也。郭云、明終始之日新、則知故之不可執而留矣、計人之所知。不若其所不知。知者有窮、而不知者何限、其生之時。不若未生之時。生有盡、而天地無窮、以其至小求窮其至大之域。是故迷亂而不能自得也。成云、無窮之境未周、有限之智已喪、由此觀之。又何以知毫末之足以定至細之倪。又何以知天地之足以窮至大之域。毫末非小、天地非大、河伯曰。世之議者皆曰。至精无形。至大不可圍。是信情乎。成云、信、實也、北海若曰。夫自細視大者不盡。宣云，處小而視大，有所不及偏，故覺不可圍。自大視細者不明。宣云，處大而視小，有所不及審，故覺無形。夫精小之微也。垺大之殷也。宣云，垺音孚，郭也。殷，盛也。故異便。宣云，故一覺不可圍，是小者以大為不便，而自便其小，一覺無形，是大者以小為不便，而自便其大也。此勢之有也。此勢所有，不足致辨。夫精粗者期於有形者也。宣云，尚在有迹處求道。無形者數之所不能分也。謂精。不可圍者數之所不能窮也。謂粗。可以言論者物之粗也。曰粗，則猶可以言論。可以意致者物之精也。曰精，則猶可以意致。言之所不能論意之所不能察致者不期精粗焉。不期於精粗者，在意言之表，即道妙也。是故大人之行不出乎害人。不多仁恩。固不害人，亦不以仁恩自多。動不為利。不賤門隸。固不為利，亦不以求利之守門僕隸為賤。貨財弗爭。不多辭讓。不爭貨財，亦不以辭讓之德為高。事焉不借人。不多食乎力。不賤貪污。事不借力於人，而自食其力，但期取足，亦不以人之貪得者為賤。行殊乎俗。不多辟異。行不隨俗，亦不以乖僻立異為多。為在從眾。不賤佞諂。為順眾情，亦未嘗以佞諂者為賤。世之爵祿不足以為勸。戮恥不足以為辱。知是非之不可為分。細大之不可為倪。是非之迹不可分，細大之端不可見，惟大人知之。聞曰。成云，寓諸他人，故稱聞曰。道人不聞。郭云，任物而物性自通，則功名歸物矣，故不聞。案語又見山木篇，道作至。至德不得。郭云，得者生於失也，物各無失，則得名去也。大人无已。郭云，任物而已．約分之至也。約已歸於其分．河伯曰。若物之外。若物之內。惡至而倪貴賤。惡至而倪小大。問既不期精粗．此物性之內外．何由而有貴賤小大之端倪．北海若曰。以道觀之。物无貴賤。以物觀之。自貴而相賤。物情彼此皆然．故言相．以俗觀之。貴賤不在己。世俗以外來之榮戮為貴賤．以差觀之。等差之數．因其所大而大之。成云．以自足為大．則萬物莫不大。因其所小而小之。成云．以無餘為小．則萬物莫不小。知天地之為稊米也。知豪末之為丘山也。則差數等矣。以功觀之。兩須之事功也．因其所有而有之。則萬物莫不有。因其所无而无之。則萬物莫不无。蘇輿云．物情以得用為有．以勝為無．猶矢人謂可無函．函人謂可無矢也．然以矢為有．則函敵矢．亦可為有．以函為無．則矢為函拒．亦可謂無．知東西之相反。而不可以相无。則功分定矣。東西本相反．然非東無以定西．故就相反而相須言之．則功分可定．以趣觀之。眾人之趣向．因其所然而然之。則萬物莫不然。因其所非而非之。則萬物莫不非。隨人之是非為是非．知堯桀之自然而相非。則趣操睹矣。堯非桀．桀亦非堯．附堯桀者．亦各執一是非．則趣操之無定可覩矣．昔者堯舜讓而帝。之噲讓而絕。司馬云．燕王噲用蘇代之說．效堯舜讓位與相子之．三年而國亂．湯武爭而王。白公爭而滅。釋文．白公名勝．楚平王之孫．作亂而死．事見左哀十六年傳．由此觀之。爭讓之禮。堯桀之行。貴賤有時。未可以為常也。宣云。貴賤以此小大可知。梁麗可以衝城。而不可以窒穴。言殊器也。崔云。梁麗。屋棟也。郭慶藩云。列子湯問篇。雍門鬻歌。餘音繞梁欐。三日不絕。梁欐。即梁麗也。上林賦。連捲欐佹。注。欐佹。支柱也。欐者附著。佹者交午。廣韻。麗。著也。玉篇。麗。偶也。柱偶曰麗。梁棟相附著亦曰麗。即謂椽柱之屬。為梁麗。必材之大者。故可用以衝城。不當泥視。釋文。窒。塞也。騏驥驊騮。一日而馳千里。捕鼠不如狸狌。言殊技也。鴟鵂夜撮蚤。釋文。淮南子。鴟夜聚蚤。察分毫末。許慎云。鴟夜聚食蚤蝨。不失也。司馬本作蚊。云鴟鵂鶹。夜取蚊食。王引之云。正文鵂字。涉釋文內鴟鵂鶹而衍。埤雅引此已誤。釋文。鴟尺夷反。崔云鴟鵂鶹。而不為鵂字作音。則正文內無鵂字。明矣。淮南主術篇亦云。鴟夜撮蚤。案。聚亦撮也。崔本撮作最。古書聚最多通作。故又為聚。察毫末。晝出瞋目而不見丘山。言殊性也。釋文。瞋。本或作瞑。蘇輿云。作瞋是。言鴟夜察蚤之毫末。及晝。則雖瞋目而不見丘山矣。徐无鬼篇。鴟目有所適。亦謂適夜而不適晝也。故曰。蓋師是而无非。師治而无亂乎。恆言如此。是未明天地之理。萬物之情者也。是猶師天而无地。師陰而无陽。其不可行明矣。然且語而不舍。非愚則誣也。宣云。愚者不知。誣則知而妄言。帝王殊禪。成云。或宗族相承。或讓與他姓。故言殊禪。三代殊繼。成云。或父子相繼。或與兵征誅。故言殊繼。差其時。逆其俗者。謂之篡夫。時俗既非。而差逆之。如子之白公。則世以為篡夫。當其時。順其俗者。謂之義徒。時俗可行。而順舉之者。則世以為義徒。可見貴賤有時。默默乎河伯。戒勿多言。女惡知貴賤之門。大小之家。河伯曰。然則我何為乎。何不為乎。吾辭受趣舍。吾終奈何。北海若曰。以道觀之。何貴何賤。是謂反衍。郭云.貴賤之道.反覆相尋.崔云.無所貴賤.乃反為美也.本亦作畔衍.李云.猶漫衍合為一家.无拘而志。而.爾也.下同.貴賤無定.不必拘視.與道大蹇。拘滯則道難行.何少何多。是謂謝施。謝天之施而已.无一而行。與道參差。執一而行.則與道不齊合.嚴乎若國之有君。其无私德。不私惠於物.而物皆被德.繇繇乎若祭之有社。其无私福。繇繇.與由由同.自得之貌.如群奉一社.咸以為神之福我也.泛泛乎若四方之无窮。其无所畛域。泛泛.如水之無畔岸.兼懷萬物。其孰承翼。是謂无方。萬物皆我懷之.其孰承我.而孰助我.是謂無所偏向.萬物一齊。孰短孰長。宣云.所以無方.道无終始。物有死生。不恃其成。宣云.有生死.則物之成不足恃.一虛一滿。不位乎其形。宣云.虛滿遞乘.則形無定位.年不可舉。時不可止。宣云.往者莫存.逝者莫挽.消息盈虛。終則有始。是所以語大義之方。論萬物之理也。物之生也。若驟若馳。言其速.无動而不變。无時而不移。何為乎。何不為乎。夫固將自化。成云.安而任之.必自變化.何勞措意為與不為.河伯曰。然則何貴於道邪。宣云.既無為不為之分.何貴學道.北海若曰。知道者必達於理。達於理者必明於權。明於權者不以物害己。至德者。火弗能熱。水弗能溺。寒暑弗能害。禽獸弗能賊。非謂其薄之也。薄．迫也．非謂其迫近之而不害也．言察乎安危。寧於禍福。成云．寧．安．禍．窮塞．福．通達也．謹於去就。莫之能害也。故曰。天在內。宣云．天機藏於不見．人在外。宣云．人事著於作為．德在乎天。德以自然者為尚．知天人之行。本乎天。位乎德。惟知天人之行者．本乎自然而處乎自得．蹢躅而屈伸。成云．蹢躅．進退不定之貌．隨時屈伸．曾無定執．反要而語極。宣云．乃學之要．而道之極也．曰。何謂天。何謂人。北海若曰。牛馬四足。是謂天。落馬首。穿牛鼻。是謂人。落．同絡．故曰。无以人滅天。无以故滅命。无以得殉名。勿以人事毀天然．勿以造作傷性命．勿以有限之得．殉無窮之名．謹守而勿失。是謂反其真。郭云．真在性分之內．

夔憐蚿。蚿憐蛇。蛇憐風。風憐目。目憐心。司馬云．蚿．馬蚿．蟲也．廣雅云．蛆渠．馬蚿．夔一足．蚿多足．蛇無足．風無形．目形綴於此而明流於彼．心則質幽為神遊外．成云．憐是愛尚之名．夔謂蚿曰。吾以一足趻踔而行。成云．趻踔．跳躑也．予无如矣。成云．簡易無如我者．今子之使萬足。獨奈何。以為煩勞也．蚿曰。不然。子不見夫唾者乎。噴則大者如珠。小者如霧。雜而下者不可勝數也。今予動吾天機。而不知其所以然。蚿謂蛇曰。吾以眾足行。而不及子之无足。不及其速．何也。蛇曰。夫天機之所動。何可易邪。吾安用足哉。蛇謂風曰。予動吾脊脅而行。則有似也。似有足。今子蓬蓬然起於北海。蓬蓬然入於南海。而似无有。何也。風曰。然。予蓬蓬然起於北海而入於南海也。然而指我則勝我。鰌我亦勝我。釋文。鰌本又作蹈。郭嵩燾云。荀子強國篇。大燕鰌吾後。楊注。鰌。蹴也。言蹴踏於後也。成云。人以手指撝風。風不能折指。以足蹴踏風。風亦不能折足。此小不勝也。雖然。夫折大木。蜚大屋者。唯我能也。故以眾小不勝為大勝也。為大勝者。唯聖人能之。能為大勝者。眾小不勝。無所容其計較。非知道之聖人。不能如此。宣云。目心之用更神。當身可自喻之。故省文。

孔子遊於匡。宋人圍之數帀。而絃歌不惙。釋文。司馬云。宋當作衛。衛人誤圍孔子。以為陽虎。虎嘗暴於匡人也。惙本又作輟。子路入見曰。何夫子之娛也。孔子曰。來。吾語女。我諱窮久矣。而不免。命也。成云。諱。忌也。求通久矣。而不得。時也。當堯舜而天下无窮人。非知得也。賢士盡升庸。非其智得也。當桀紂而天下无通人。非知失也。賢人皆隱遁。非其智失也。時勢適然。夫水行不避蛟龍者。漁父之勇也。陸行不避兕虎者。獵夫之勇也。白刃交於前。視死若生者。烈士之勇也。知窮之有命。知通之有時。臨大難而不懼者。聖人之勇也。由處矣。且安息。吾命有所制矣。制之於天。

无幾何。將甲者進辭曰。釋文.將.本亦作持.以為陽虎也。故圍之。今非也。請辭而退。謝過解去.

公孫龍問於魏牟曰。司馬云.龍趙人.牟.魏之公子.姚云.公孫龍與莊生時不相及.此其弟子所記耳.龍少學先生之道。長而明仁義之行。合同異。離堅白。然不然。可不可。困百家之知。窮眾口之辯。吾自以為至達已。今吾聞莊子之言。汒焉異之。不知論之不及與。知之弗若與。今吾无所開吾喙。敢問其方。公子牟隱机太息。仰天而笑曰。子獨不聞夫埳井之鼃乎。埳.郭音陷.成云.埳井.猶淺井.謂東海之鼈曰。吾樂與。自言甚樂.出跳梁乎井幹之上。幹.當從木.作榦.釋文司馬云.井欄也.褚銓之音西京賦.作韓音.入休乎缺甃之崖。李云.甃如闌.以甎為之.著井底也.成云.休息乎破甎之涯.赴水則接腋持頤。宣云.水承兩腋而浮兩頤.蹶泥則沒足滅跗。成云.跗.腳趺也.還虷蟹與科斗。莫吾能若也。宣云.還.回顧也.釋文.虷音寒.井中赤蟲.一名蜎.爾雅云.蜎.蠉.郭注云.井中小蛣蟩赤蟲也.科斗.蝦蟆子也.案言環顧此輩.無如其樂.且夫擅一壑之水。而跨跱埳井之樂。此亦至矣。夫子奚不時來入觀乎。東海之鼈左足未入。而右膝已縶矣。司馬云.縶.拘也.三蒼云.絆也.案井小不容.於是逡巡而卻。從容而退.告之海曰。以海之大告之.夫千里之遠。不足以舉其大。千仞之高。不足以極其深。禹之時。十年九潦。而水弗為加益。湯之時。八年七旱。而崖不為加損。夫不為頃久推移。成云，頃，少時，久，多時。不以多少進退者。進退，謂損益。此亦東海之大樂也。於是埳井之鼃聞之。適適然驚。成云，適適，驚怖之容。規規然自失也。規規，小貌，下同。且夫知不知是非之竟。上知音智，下知如字，下同。而猶欲觀於莊子之言。成云，觀察至理之言。是猶使蚊負山。商蚷馳河也。成云，商蚷，馬蚿也，亦名商蚷，亦名且渠。必不勝任矣。且夫知不知論極妙之言。而自適一時之利者。是非埳井之鼃與。且彼方跐黃泉而登大皇。釋文，廣雅云，跐，蹋也。成云，大皇，天也。无南无北。奭然四解。淪於不測。釋文，奭音釋。成云，奭然無礙。无東无西。始於玄冥。反於大通。王念孫云，無東無西，當作無西無東，與通為韻。成云，始於玄極，而其道杳冥，反於域中，而大通於物也。子乃規規然而求之以察。索之以辯。郭云，遊無窮者，非察辯所得。是直用管窺天。用錐指地也。不亦小乎。子往矣。且子獨不聞壽陵餘子之學行於邯鄲與。司馬云，未應丁夫為餘子。成云，壽陵，燕邑，邯鄲，趙都，其俗能行，故燕國少年遠來學步。未得國能。又失其故行矣。直匍匐而歸耳。成云，未得趙國之能，更失壽陵之故，以手据地，匍匐而還。今子不去。將忘子之故。失子之業。公孫龍口呿而不合。司馬云，呿，開也。舌舉而不下。乃逸而走。

莊子釣於濮水。[成云、濮、水名、屬東郡。今濮州濮陽縣是。]楚王使大夫二人往先焉。[司馬云、威王也。]曰、願以境內累矣。[欲以國事相累。]莊子持竿不顧。曰、吾聞楚有神龜、死已三千歲矣。王巾笥而藏之廟堂之上。此龜者、寧其死為留骨而貴乎、寧其生而曳尾於塗中乎。二大夫曰、寧生而曳尾塗中。莊子曰、往矣。吾將曳尾於塗中。

惠子相梁。[成云、惠施、宋人、為梁惠王相。]莊子往見之。或謂惠子曰、莊子來、欲代子相。於是惠子恐、搜於國中三日三夜。莊子往見之、曰、南方有鳥、其名為鵷鶵、[李云、鸞鳳之屬。]子知之乎。夫鵷鶵發於南海而飛於北海、非梧桐不止、非練實不食、[成云、練實、竹實。]非醴泉不飲。於是鴟得腐鼠、鵷鶵過之、仰而視之曰、嚇。[司馬云、嚇、怒其聲、恐其奪己也。詩箋、以口拒人曰嚇。]今子欲以子之梁國而嚇我邪。[姚云、記此語者、莊徒之陋。]

莊子與惠子遊於濠梁之上。[成云、濠、水名、在淮南鍾離郡、有莊子墓在焉、亦有莊惠遨遊之所。石絕水為梁。]莊子曰、儵魚出遊從容。[釋文、李音由、白魚也。盧文弨云、儵當作鯈。姚云、儵即至樂篇食之鰌鰷字耳、而經籍多誤作儵。]是魚之樂也。惠子曰、子非魚、安知魚之樂。莊子曰。子非我。安知我不知魚之樂。惠子曰。我非子。固不知子矣。子固非魚矣。子之不知魚之樂全矣。宣云．與魚全無相知之理．莊子曰。請循其本。成云．請尋其源．子曰汝安知魚樂云者。既已知吾知之而問我。郭云．循子安知之云．已知吾之所知矣．而方復問我．我知之濠上也。宣云．我遊濠上而樂．則知魚遊濠下亦樂也．

卷五

外篇 至樂第十八

天下有至樂无有哉。有可以活身者无有哉。今奚為奚據。奚避奚處。奚就奚去。奚樂奚惡。宣云.言至樂活身之理俱有不知人之取舍何如耳.夫天下之所尊者。富貴壽善也。善者.所遇順善.所樂者。身安厚味美服好色音聲也。所下者。貧賤夭惡也。夭.短折.惡惡疾.所苦者。身不得安逸。口不得厚味。形不得美服。目不得好色。耳不得音聲。若不得者。則大憂以懼。其為形也亦愚哉。為.于偽反.下同.夫富者。苦身疾作。勤力.多積財而不得盡用。其為形也亦外矣。郭云.內其形者.知足而已.夫貴者。夜以繼日。思慮善否。宣云.為固位計.其為形也亦疏矣。郭云.親其形者.自得於身中而已.人之生也。與憂俱生。壽者惽惽。久憂不死。何苦也。宣本.何下有之字.云.猶其也.姚氏章句本亦同.云.之是也.言何若是苦也.其為形也亦遠矣。烈士為天下見善矣。人皆稱善.未足以活身。吾未知善之誠善邪。誠不善邪。若以為善矣。不足活身。以為不善矣。足以活人。行其言.足以活人.故曰。忠諫不聽。

蹲循勿爭。郭慶藩云、蹲循、即逡巡。廣雅、逡巡、卻退也。管子戒篇作逡遁。小問篇作遵循。晏子問篇作逡循。漢書萬章傳同。皆字異義同。故夫子胥爭之以殘其形。不爭。名亦不成。宣云、意在以爭成忠諫之名。誠有善无有哉。成云、善不善誠未可定。今俗之所為與其所樂。吾又未知樂之果樂邪。果不樂邪。吾觀夫俗之所樂。舉群趣者。誙誙然如將不得已。舉世群趨。如不得已。李云、誙誙、趨死貌。案蘇輿云、樂舉謂數數稱道之也。於義亦通。而皆曰樂者。吾未之樂也。亦未之不樂也。樂不樂、吾未親歷其境。果有樂无有哉。樂之有無、吾弗知。吾以无為誠樂矣。又俗之所大苦也。我以恬靜無為為誠樂、而世俗又不以為然。故曰。至樂无樂。至譽无譽。天下是非果未可定也。雖然。无為可以定是非。成云、忘是非、而是非定。至樂活身。唯无為幾存。存是二者、唯無為近之。請嘗試言之。天无為以之清。地无為以之寧。郭云、皆自清寧耳。非為之所得。故兩无為相合。萬物皆化。兩儀相合、萬物化生。姚云、江南本作萬物皆化生。芒乎芴乎。李、芒音荒。芴音忽。荒忽猶恍惚也。而无從出乎。成云、尋其從出、莫知所由。芴乎芒乎。而无有象乎。萬物職職。成云、職職、繁多貌。皆從无為殖。故曰。天地无為也。而无不為也。人也孰能得无為哉。宣云、人能無為、則同乎天地矣。

莊子妻死。惠子弔之。莊子則方箕踞鼓盆而歌。釋文。盆。瓦缶。惠子曰。與人居。長子。成云。共妻居處。長養子孫。老。身死。不哭。亦足矣。又鼓盆而歌。不亦甚乎。莊子曰。不然。是其始死也。我獨何能无概然。司馬云。概。感也。案古概慨通作。察其始而本无生。非徒无生也。而本无形。非徒无形也。而本无氣。雜乎芒芴之間。變而有氣。氣變而有形。形變而有生。今又變而之死。是相與為春秋冬夏四時行也。人且偃然寢於巨室。而我噭噭然隨而哭之。自以為不通乎命。故止也。

支離叔與滑介叔李云。支離。忘形。滑介。忘智。言二子乃識化也。觀於冥伯之丘。李云。丘名。喻杳冥也。崑崙之虛。黃帝之所休。俄而柳生其左肘。瘤作柳聲。轉借字。其意蹶蹶然惡之。成云。蹶蹶。驚動貌。支離叔曰。子惡之乎。滑介叔曰。亡。成云。亡。無也。予何惡。生者假借也。假之而生生者塵垢也。死生為晝夜。且吾與子觀化。而化及我。我又何惡焉。

莊子之楚。見空髑髏。髐然有形。宣云。髐。音囂。空枯貌。撽以馬捶。釋文。撽。苦弔反。說文作擊。云旁擊也。因而問之曰。夫子貪生失理。而為此乎。將子有亡國之事。斧鉞之誅。而為此乎。將子有不善之行。愧遺父母妻子之醜。而為此乎。將子有凍餒之患。而為此乎。將子之春秋故及此乎。於是語卒。援髑髏枕而臥。夜半。髑髏見夢曰。子之談者似辯士。姚云.張君房本子上有向字.視子所言。皆生人之累也。死則无此矣。子欲聞死之說乎。莊子曰。然。髑髏曰。死无君於上。无臣於下。亦无四時之事。從然以天地為春秋。釋文.從.李徐于用反.縱逸也.雖南面王樂。不能過也。莊子不信。曰。吾使司命復生子形。為子骨肉肌膚。反子父母妻子閭里知識。謂朋友.子欲之乎。髑髏深矉蹙頞曰。矉.同顰.皆愁貌.釋文.頞.於葛反.吾安能棄南面王樂。而復為人間之勞乎。

顏淵東之齊。孔子有憂色。子貢下席而問曰。小子敢問回東之齊。夫子有憂色何邪。孔子曰。善哉汝問。昔者管子有言。丘甚善之。曰。褚小者不可以懷大。綆短者不可以汲深。成云.此言出管子書.郭慶藩云.玉篇.褚.裝衣也.字或作衬.眾經音義引通俗文曰.裝衣曰衬.說文繫傳.褚.衣之橐也.集韻.囊也.左成三年傳.鄭賈人有將寘於褚中以出.

蓋褚可以裝物.亦可以裝人.夫若是者。以為命有所成。而形有所適也。夫不可損益。吾恐回與齊侯言堯舜黃帝之道。而重以燧人神農之言。彼將內求於己而不得。不得則惑。人惑則死。成云.不得解.則心生疑惑.於是忿其勝己.必殺顏子.且女獨不聞邪。昔者海鳥止於魯郊。魯侯御而觴之于廟。司馬云.國語.爰居止魯東門之外三日.臧文仲使國人祭之.不云魯侯也.爰居.一名雜縣.舉頭高八尺.爾雅樊光注.形似鳳皇.案御.迎也.奏九韶以為樂。具太牢以為膳。鳥乃眩視憂悲。不敢食一臠。不敢飲一杯。三日而死。此以己養養鳥也。非以鳥養養鳥也。夫以鳥養養鳥者。宜栖之深林。遊之壇陸。釋文.壇.司馬本作澶.音但.云.水沙澶也.成云.壇陸.湖渚也.浮之江湖。食之鰌鯈。成云.鰌.泥鰌.鯈.白魚子.隨行列而止。委蛇而處。委蛇.自得.昔者海鳥至此.達生篇亦引之.彼唯人言之惡聞。奚以夫譊譊為乎。成云.譊.喧聒也.咸池九韶之樂。張之洞庭之野。鳥聞之而飛。獸聞之而走。魚聞之而下入。人卒聞之。相與還而觀之。卒.猝同.還.繞.唯人好觀樂.魚處水而生。人處水而死。故必相與異。句.其好惡故異也。故.猶本.故先聖不一其能。不同其事。成云.聖人因循物性.使人如器.不一其能.各稱其情.不同其事.名止於實。成云.因實立名.名以召實.故名止於實.不用實外求名.義設於適。

成云.隨宜施設.適性而已.是之謂條達而福持。如是之道.可謂條理通達而福德扶持者.

列子行食於道。天瑞篇.行.作適衛.從見百歲髑髏。天瑞篇.從下有者字.攓蓬而指之曰。成云.攓.拔也.天瑞篇.作攓蓬而指.顧謂弟子百豐曰.唯予與汝知而未嘗死未嘗生也。而.汝也.天瑞篇.汝作彼.死生倒換.若果養乎予果歡乎。俞云.詩.二子乘舟.中心養養.傳.訓養為憂.與下句歡對文.釋文.元嘉本.若果作汝過.予果作子過.案天瑞篇作此過養乎.此過歡乎.與元嘉本兩過字合.而文義亦未愜.疑有誤.

種有幾。成云.陰陽造物.轉變無窮.論其種類.不可勝計.得水則為㡭。釋文.此古絕字.徐音絕.今讀音繼.司馬本作繼.本或作斷.又作續斷.盧文弨云.古絕字當作𢇍.此㡭乃繼字.成云.潤氣生物.從無生有.故更相繼續也.案釋草.蕢.牛脣.郭注引毛詩傳曰.水舃也.如續斷.寸寸有節.拔之可復.說文.蕢.水舃也.郝懿行云.今驗馬舃生水中者.華如車前而大.拔之節節復生.據此.即莊子所謂㡭也.拔之寸節復生.故以㡭為名.其或作斷.又作續斷者.㡭或誤斷.後人又妄加續字耳.蕢如續斷.與生山谷之續斷.判然二物.節節復生.無根著土.故名水舃.與本文得水為㡭合.天瑞篇.上有若鼃為鶉句.未得其解.得水土之際則為鼃蠙之衣。司馬云.言物根在水土際.布在水中.就水上（列注誤土.）視不見.按（列注作鈔.）之可得.如張綿（列注誤縣.）在水中.楚人謂之鼃蠙之衣.成云.青苔也.在水中若張綿.俗謂之蝦蟆衣也.案此言水與土相際而生.非謂水上之物.釋草.芣苢.馬舃.馬舃.車前.郭注.今車前草.大葉長穗.好生道傍.江東呼為蝦蟆衣.則蝦蟆衣非青苔.亦非如司馬所云也.釋草又云.蕍.蕮.郭注.今澤蕮.案即澤瀉也.本草云.一名水瀉.（即水舃.）陶注.葉狹而長.叢生淺水中.蘇頌圖經.葉似牛舌草.獨葉而長.秋開白花.作叢.似穀精草.秋末采根暴乾.案此得水土之交.故有根可采也.文選注.引韓詩章句曰.芣苢.澤瀉也.陸璣疏云.馬舃.幽州謂之牛舌草.蓋葉既相似.而水舃澤舃芣苢之名稱.又復互混.故蝦蟆衣之名.亦遂移於道邊之陵舃.而習焉不察也.生於陵屯。則為陵舄。司馬云．言物因水成而陸產．生於陵屯．化作車前．改名陵舄也．一名澤舄．隨燥溼變也．（此語亦名稱互混之證）案列子張湛注．陵屯．高潔處也．蓋總謂無水之處．詩芣苢釋文．引陸璣云．牛舌又名當道．韓詩說云．直曰車前．瞿曰芣苡．乃就直道而生．及生道兩旁．析言之．直道即當道．皆與此生於陵屯合．

陵舄得鬱棲。則為烏足。司馬云．鬱棲．蟲名．烏足．草名．生水邊也．言鬱棲在陵舄之中．則化為烏足也．李云．鬱棲．糞壤也．言陵舄在糞．則化為烏足也．案鬱棲是糞壤．非蟲名．詳見下．

烏足之根為蠐螬。司馬本作螬蠐．云蝎也．案蠐螬螬蠐二物．釋蟲．蟦．蠐螬．郭注．在糞土中．又云．蝤蠐．蝎．郭注．在木中．今雖通名為蝎．所在異．詩．領如鰌蠐．蔡邕青衣賦作領如螬蠐．明蝤螬同字．說文．蝤．蝤齏也．蝎．蝤齏也．又云．齏．齏蠤也．蠤．齏蠤也．据此．知司馬本誤混為一．惟說文無蟦字．蟦疑糞之音轉字．烏足係陵舄在糞壤所化．其根在糞土中．而出為蠐螬．益明矣．本草．蟦蠐生河內平澤．及人家積糞草中．反行者良．陶注．蠐亦作蟦．方言．蟦螬謂之蟦．蠐蟦雙聲．

其葉為蝴蝶。大者如足大指．以臂行．乃駛於腳．從夏入秋．化為蟬．論衡無形篇．蠐螬化為復育．復育化而為蟬．是也．

胡蝶胥也化而為蟲。釋文．胡蝶一名胥．俞云．胥也當連下化而為蟲讀之．與下鴝掇千日為鳥．兩文相對．千日為鳥．言其久也．胥也化而為蟲．言其速也．天瑞篇釋文．胥．少也．謂少時也．得之．

生於竈下。其狀若脫。脫．同蛻．其名為鴝掇。天瑞篇．鴝作駒．同．鴝掇千日張注．千日而死．為鳥。其名曰乾餘骨。天瑞篇．為上有化而二字．

乾餘骨之沫為斯彌。李云．沫．口中汁．斯彌為食醯。頤輅成云．酢甕中蠛蠓．亦為醯雞也．生乎食醯。黃軦天瑞篇．生上．再有食醯頤輅四字．生乎九猷。天瑞篇．生上．再有食醯黃軦四字．瞀芮生乎腐蠸。成云．腐蠸．螢火蟲．亦言是粉鼠蟲．釋文音權．郭音歡．爾雅云．一名守瓜．一云粉鼠也．案天瑞篇．此上有九猷生乎瞀芮句．張注．蠸音權．謂瓜中黃甲蟲也．

羊奚比乎不箰。久竹生青寧。釋文．羊奚比乎不箰句．久竹生青寧句．司馬云．羊奚．草名．

根似蕪菁.與久竹比合而為物.皆生於非類也.青寧.蟲名.是司馬以久竹屬上讀.張湛讀與陸同.羊奚句注.此異類而相親比.久竹句注.因於林藪而生.並無確解.未知孰是.又天瑞篇此上有羊肝化為地皋至醯雞生乎酒.二十二句.莊子刪之.)青寧生程。(成云.赤蟲名.)程生馬。馬生人。人又反入於機。(俞云.又當作久.字之誤也.久.老也.天瑞篇.作人久入於機.)萬物皆出於機。皆入於機。

外篇　達生第十九

達生之情者。(情.實也.)不務生之所无以為。(宣云.為無益之養者.生之所無以為也.)達命之情者。不務知之所無奈何。(宣云.數之不可強者.知之所無奈何也.)養形必先之以物。(成云.謂資貨衣食.)物有餘而形不養者有之矣。(宣云.究竟物不足以養形.)有生必先无離形。形不離而生亡者有之矣。(宣云.究竟形不足以存生.)生之來不能卻。其去不能止。悲夫。世之人以為養形足以存生。而養形果不足以存生。則世奚足為哉。雖不足為而不可不為者。其為不免矣。(成云.分外之事不足為.分內之事不可不為.)夫欲免為形者。莫如棄世。棄世則无累。无累則正平。(宣云.遊於坦途.)正平則與彼更生。(宣云.與彼造化.同其循環.)

推移。更生則幾矣。宣云，近道。事奚足棄而生奚足遺。成云，人世虛無，何足捐棄。生涯空幻，何足遺忘。棄事則形不勞，遺生則精不虧。夫形全精復，與天為一。宣云，合造化之自然。天地者，萬物之父母也，合則成體，散則成始。宣云，散於此者，為成於彼之始。形精不虧，是謂能移。移造化之權。精而又精，反以相天。宣云，養精之至，化育賴其參贊。

子列子問關尹曰：李云，關尹，關令尹喜也。成云，姓尹，名喜，字公度，為函谷關令，故曰關令尹。真人，是老子弟子，懷道抱德，故列子詢之。至人潛行不窒，成云，潛伏行世，不為物境障礙。案列子黃帝篇作不空。蹈火不熱，行乎萬物之上而不慄。成云，冥於寒暑，故火不能災。一於高卑，故心不恐懼。請問何以至於此。關尹曰：是純氣之守也，非知巧果敢之列。成云，是保守純和之氣，非心智巧詐，勇決果敢而得之。居，吾語女。凡有貌象聲色者，皆物也，物與物何以相遠。郭云，唯無心者獨遠。夫奚足以至乎先。是色而已。郭云，同是形色之物耳，未足以相先也。姚云，江南本色上有形字。則物之造乎不形而止乎无所化，列子張湛注有既無始，則所造者無形矣。形既無終，則所止者無化矣。夫得是而窮之者，宣云，言究心於此。物焉得而止焉。成云，非物所制。案黃帝篇無物字，而止誤為正曰。彼將處乎不淫之度，郭云，止於所受之分。案黃帝篇淫誤深。而藏乎无端之紀，郭云，冥然與變化日新。遊乎萬物之所終始。郭云，終始者，物之極。壹其性。郭云，飾則二矣。養其氣。郭云，不以心使之。合其德。郭云，不以物離性，案黃帝篇，合作含。以通乎物之所造。成云，物之所造，自然也。既一性合德，與物相應，故能達至道之原，通自然之本。夫若是者，其天守全，其神无郤。同隙。物奚自入焉。外患不能入也。夫醉者之墜車，雖疾不死。骨節與人同而犯害與人異，其神全也。乘亦不知也，墜亦不知也，死生驚懼不入乎其胷中，是故遻物而不慴。釋文，音悟。爾雅云，遻，忤也。郭注云，謂干觸。慴，懼也。盧云，今本作遌。彼得全於酒而猶若是，而況得全於天乎。聖人藏於天，故莫之能傷也。引列子畢。復讎者不折鏌干，鏌邪，干將。雖有忮心者不怨飄瓦，是以天下平均。故无攻戰之亂，无殺戮之刑者，由此道也。不開人之天，而開天之天。郭云，不慮而知，開天也，知而後感，開人也，然則開天者性之動，開人者知之用。開天者德生，郭云，性動者，遇物而當，足則忘餘，斯德生也。開人者賊生。郭云，知用者，從感而求，勌而不已，斯賊生也。不厭其天，不忽於人，常守天德，不厭天也，智能燭物，不忽人也。民幾乎以其真。幾，近也。成云，率土盡真，蒼生無偽。

仲尼適楚，出於林中，見痀僂者承蜩，猶掇之也。成云，痀僂，老人曲腰之貌。承蜩，以竿取蟬。掇，拾也。郭慶藩云，承，讀為拯，謂引取之也。說文作抍，列子黃帝篇，使弟子並流而承之，釋文，承音拯。案黃帝篇，僂作慺，借字。仲尼曰，子巧乎。有道邪。曰，我有道也。五六月累丸。司馬云。五六月。黏蜩時也。累丸。謂累之於竿頭。案黃帝篇。累丸作纍垸。二而不墜。則失者錙銖。蓋所失二三。累三而不墜。則失者十一。累五而不墜。猶掇之也。吾處身也。若厥株拘。釋文。厥。本或作橛。案斷木為杙也。株。木根也。言身若橛株之拘。黃帝篇作橛株駒。借字。吾執臂也。若槁木之枝。郭云。不動之至。雖天地之大。萬物之多。而唯蜩翼之知。吾不反不側。不以萬物易蜩之翼。何為而不得。孔子顧謂弟子曰。用志不分。乃凝於神。黃帝篇。凝作疑。是也。下文津人操舟若神。見者驚猶鬼神。及器之所以疑神。並與此疑於神同意。其痀僂丈人之謂乎。

顏淵問仲尼曰。吾嘗濟乎觴深之淵。成云。淵名。在宋國。津人操舟若神。吾問焉曰。操舟可學邪。曰可。善游者數能。善浮水者。數習則能。黃帝篇。上有能游者可教也句。若乃夫沒人。則未嘗見舟而便操之也。沒人。能沒水者。雖向未見舟。入舟便能操之。黃帝篇。便作謖。注。謖。起也。吾問焉而不吾告。敢問何謂也。仲尼曰。善游者數能。忘水也。黃帝篇。善上有能游者可教也。輕水也。二句。若乃夫沒人之未嘗見舟而便操之也。彼視淵若陵。無覆溺之懼。視舟之覆。猶其車卻也。郭云。視舟之覆於淵。猶車之卻退於坂也。覆卻萬方陳乎前。而不得入其舍。黃帝篇。萬下有物字。是也。覆卻萬物句。方陳乎前。而不得入其舍句。俞云。方。竝也。方之本義為兩舟相並。故方有竝義。方陳乎前。謂萬物竝陳乎前也。張注。神明之居。故謂之舍。惡往而不暇。宣云：神定則隨在暇豫。以瓦注者巧，李云：注，擊也。成云：用瓦器賤物而戲賭射者，既心無矜惜，故巧而中。案黃帝篇注作摳。張注：摳，探也。以手藏物，探而取之。以鉤注者憚，成云：以鉤帶賭者，其物稍貴，恐不中，故心怖懼而不著。案張注：鉤，銀銅為之。以黃金注者殙。釋文：一作殙。說文：殙，瞀也。元嘉本作昏。案黃帝篇作惛。郭云：所要愈重，則其心愈矜。其巧一也，而有所矜，則重外也。凡外重者內拙。

田開之見周威公。釋文：崔本作周威公竈。俞云：史記西周桓公之子威公，名不傳，崔本可補史闕。威公曰：吾聞祝腎學生，司馬云：學養生之道。吾子與祝腎游，亦何聞焉？田開之曰：開之操拔篲以侍門庭，成云：拔篲，掃帚也。亦何聞於夫子！威公曰：田子无讓，寡人願聞之。開之曰：聞之夫子曰：善養生者，若牧羊然，視其後者而鞭之。郭嵩燾云：鞭其後，則前者于于然行矣。案意謂謹持其終。威公曰：何謂也？田開之曰：魯有單豹者，巖居而水飲，不與民共利，行年七十而猶有嬰兒之色，不幸遇餓虎，餓虎殺而食之。蘇輿云：此言不戒畏塗。有張毅者，高門懸薄，宣云：高門，大家。縣簾薄以蔽門，小家也。无不走也，呂覽必己篇：張毅好恭，門閭帷薄聚居，眾無不趨。高注：過之必趨。淮南人間訓：張毅好恭，過宮室廊廟必趨，見門閭聚眾必下，廝徒馬圉皆與抗禮，然不終其壽，內熱而死。俞云：走是趣之壞字，莊子文不備，故學者莫得其解。行年四十而有內熱之病以死。此言勞形無益。豹養其內而虎食其外，毅養其外而病攻其內。

此二子者，皆不鞭其後者也。

仲尼曰：无入而藏，无出而陽，（宣云：恐其過靜過動。）柴立其中央。（宣云：如槁木之無心，而立於動靜之中。）三者若得其名必極。（宣云：可稱至人。）夫畏塗者，十殺一人，則父子兄弟相戒也，必盛卒徒而後敢出焉，不亦知乎！人之所取畏者，（蘇輿云：取，即最字。）衽席之上，飲食之間，而不知為之戒者，過也。（郭云：十殺一耳，便大畏之，至於色欲之害，動皆之死地，而莫不冒之，斯過之甚也。）

祝宗人元端以臨牢筴，說彘曰：（成云：祝，祝史。元端，衣冠。筴，圈也。未祭之間，臨圈說彘，其文在下也。）汝奚惡死？吾將三月犧汝，十日戒，三日齊，藉白茅，加汝肩尻乎彫俎之上，則汝為之乎？（釋文：犧音患。司馬云：養也。）為彘謀，曰不如食以糠糟而錯之牢筴之中，（錯，置也。又為彘設想如此。）自為謀，則苟生有軒冕之尊，死得於腞楯之上，（司馬云：腞，猶篆也。楯，猶案也。王念孫云：腞讀為輇，謂載柩車也。雜記載以輲車，鄭注：輲讀為輇。釋文：輇，市專反，又市轉反。士喪禮注：載柩車，周禮謂之蜃車，雜記謂之團，或作輇，或作槫，聲讀皆相附。此作腞，聲義亦同也。楯讀為輴，亦載柩車也。輴楯古通。雜記注：載柩以楯，是其證也。）聚僂之中。（釋文：一說，僂當作蔞，力久反。謂殯於菆塗蔞翣之中。王念孫云：聚僂，柩車飾也。眾飾所聚，故曰聚。其形中高而四下，故言僂也。釋名：輿棺之車，其蓋曰柳。柳，聚也。眾飾所聚，亦其形僂也。檀弓設蔞翣，荀子禮論作縷翣，呂覽節喪篇作僂翣。柳、蔞、僂、縷，並字異而義同。）

則為之。不顧後患也. 為彘謀則去之。自為謀則取之。所異彘者何也。

桓公田於澤。管仲御。見鬼焉。公撫管仲之手曰。仲父何見。對曰。臣无所見。公反。誒詒為病。數日不出。釋文.誒.於代反.郭音熙.詒.土代反.郭音怡.李音臺.云.誒詒.失魂魄也. 齊士有皇子告敖者曰。公則自傷。鬼惡能傷公。司馬云.皇.姓.告敖.字. 夫忿滀之氣。散而不反。則為不足。李云.忿.滿也.滀.結聚也.精神有逆.則陰陽結於內.魂魄散於外.故曰不足. 上而不下。則使人善怒。下而不上。則使人善忘。李云.陽散陰凝.故怒.陰發陽伏.故忘也. 不上不下。中身當心。則為病。李云.上下不和.則陰陽爭而攻心.心精神主.故病也. 桓公曰。然則有鬼乎。曰。有。沈有履。竈有髻。釋文.司馬本作沈有漏.云.沈.水汙泥也.漏.神名.髻.竈神.著赤衣.狀如美女. 戶內之煩壤。雷霆處之。成云.門戶內糞壤之中.其間有鬼名曰雷霆. 東北方之下者。倍阿鮭蠪躍之。釋文.蠪.音龍.司馬云.倍阿.神名.鮭蠪.狀如小兒.長一尺四寸.黑衣.赤幘.大冠.帶劍.持戟. 西北方之下者。則泆陽處之。司馬云.泆陽.豹頭馬尾.一作狗頭.一云.神名也. 水有罔象。司馬本作無傷.云.狀如小兒.赤黑色.赤爪.大耳.長臂.一云.水神名. 丘有峷。釋文本又作莘.司馬云.狀如狗.有角.文身五采. 山有夔。成云.如鼓.一足. 野有彷徨。釋文本亦作方皇.司馬云.方皇.狀如蛇.兩頭.五采文. 澤有委蛇。公曰。請問委蛇之狀何如。皇子曰。委蛇其大如轂。其長如轅。紫衣而朱冠。其為物也。惡聞雷車之聲。則捧其首而立。見之者殆乎霸。桓公囅然而笑曰。此寡人之所見者也。釋文．朱冠．司馬本作俞冠．云．俞國之冠也．其制似螺．於是正衣冠。與之坐。不終日而不知病之去也。郭云．此言憂來而累生者．不明也．患去而性得者．達理也．

紀渻子為王養鬭雞。釋文．紀渻．人姓名．一本作消．列子黃帝篇．作周宣王．十日而問雞已乎。黃帝篇．雞下．有可鬭二字．此奪．曰．未也。方虛憍而恃氣。張注．無實而自矜者．十日又問。曰．未也。猶應嚮景。李云．應嚮．鳴顧景行．十日又問。曰．未也。猶疾視而盛氣。張注．常求敵而必己之勝．十日又問。曰．幾矣。雞雖有鳴者。已无變矣。張注．彼命敵而我不應．忘勝負矣．望之似木雞矣。其德全矣。宣云．精神凝寂．異雞无敢應者。反走矣。郭云．養之以至於全者．猶無敵．況自全乎．案黃帝篇．矣作耳．

孔子觀於呂梁。司馬云．河水有石絕處也．今西河離石縣西．有此縣絕．世謂之黃梁．淮南子曰．古者龍門未鑿．河出孟門之上也．成云．或言蒲州二百里．有龍門．河水所經．瀑布而下．亦名呂梁．或言宋國彭城縣之呂梁．縣水三千仞。流沫四十里。黿鼉魚鼈之所不能游也。見一丈夫游之。以為有苦而欲死也。有憂患而自沈．使弟子並流而拯之。竝．傍同．黃帝篇作承．古通用字．數百步而出。

被髮行歌而游於塘下。黃帝篇作棠行。孔子從而問焉。曰。吾以子為鬼。察子則人也。請問蹈水有道乎。曰。亡。音無。吾无道。吾始乎故。長乎性。成乎命。與齊俱入。司馬云。齊。回水。如磨齊也。郭慶藩云。齊。物之中央。漢書郊祀志。齊所以為齊。以天齊也。蘇林注。當天中央齊也。王念孫云。人臍居腹之中。故謂之臍。臍者齊也。宣云。水漩入處似臍。案黃帝篇作齎。誤。與汩偕出。司馬云。汩。涌波。從水之道而不為私焉。郭云。任水而不任己。此吾所以蹈之也。孔子曰。何謂始乎故。長乎性。成乎命。曰。吾生於陵而安於陵。故也。長於水而安於水。性也。不知吾所以然而然。命也。郭云。言人有偏能。得其所能而任之。則天下無難矣。用夫無難。以涉夫生生之道。何往而不通也。

梓慶削木為鐻。李云。魯大匠。梓。官名。慶名。俞云。左襄四年傳。匠慶即此人。司馬云。鐻。樂器也。似夾鍾。釋文音據。鐻成。見者驚猶鬼神。魯侯見而問焉。曰。子何術以為焉。對曰。臣工人。何術之有。雖然。有一焉。臣將為鐻。未嘗敢以耗氣也。李云。氣耗則心動。心動則神不專也。必齊以靜心。齊三日。而不敢懷慶賞爵祿。宣云。忘利。齊五日。不敢懷非譽巧拙。宣云。忘名。齊七日。輒然忘吾有四枝形體也。釋文。輒然。不動貌。宣云。忘我。當是時也。无公朝。宣云。忘勢。若非為公家削之。其巧專而外骨消。釋文。骨。本亦作滑。成云。滑。亂也。宣云。外而滑心之事盡消。然後入山林。

觀天性。宣云.察木之生質.形軀至矣。木質極合.然後成見鐻。見.俗作現.如全鐻在目.然後加手焉。從而施工.不然則已。否則舍去.則以天合天。以吾之天.遇木之天.器之所以疑神者其是與。此言順其性.則工巧若神.乖其性.則心勞自拙.

東野稷以御見莊公。荀子哀公篇.作東野畢.莊公作定公.進退中繩。左右旋中規。如繩直.如規圓.莊公以為文弗過也。司馬云.謂過織組之文.案即詩云.執轡如組也.使之鉤百而反。成云.任馬旋回.如鉤之曲.百度反之.皆復其跡.顏闔遇之。哀公篇.作顏淵.則魯定公是也.入見曰。稷之馬將敗。公密而不應。宣云.密.默也.少焉果敗而反。公曰。子何以知之。曰。其馬力竭矣。而猶求焉。故曰敗。過耗則敗.無物不然.

工倕旋而蓋規矩。宣云.蓋.猶過也.謂掩過之.但以手運旋.而巧過於規矩.精之至也.指與物化。而不以心稽。成云.手隨物化.因物施巧.心不稽留也.故其靈臺一而不桎。宣云.靈臺.神舍也.神凝而無拘束之苦.忘足。屨之適也。忘要帶之適也。知忘是非。心之適也。不內變。不外從。事會之適也。內不變志.外不從物.隨所會而皆適.始乎適而未嘗不適者。忘適之適也。本性適.而無往不適者.是自適其適.不因物而後適.乃並其適而亦忘之也.

有孫休者。成云.魯人.踵門而詫子扁慶子曰。李云.扁.姓.慶子.字.休居鄉不見謂不修。臨難不見謂不勇。然而田原不遇歲。事君不遇世。賓於鄉里。賓.擯同.逐於州部。則胡罪乎天哉。休惡遇此命也。惡.音烏.不解何以遇此命.扁子曰。子獨不聞夫至人之自行邪。忘其肝膽。遺其耳目。墮身體.黜聰明.芒然彷徨乎塵垢之外。芒然.無知貌.塵垢.謂俗累.逍遙乎无事之業。是謂為而不恃。長而不宰。宣云.宰性而不恃能.長物而不居功.案語出老子.今汝飾知以驚愚。修身以明汙。昭昭乎若揭日月而行也。炫己以表異於人.三語又見山木篇.汝得全而形軀。具而九竅。而.爾同.无中道夭於聾盲跛蹇。而比於人數。亦幸矣。又何暇乎天之怨哉。子往矣。孫子出。扁子入。坐有間。仰天而歎。弟子問曰。先生何為歎乎。扁子曰。向者休來。吾告之以至人之德。吾恐其驚而遂至於惑也。弟子曰。不然。孫子之所言是邪。先生之所言非邪。非固不能惑是。孫子所言非邪。先生所言是邪。彼固惑而來矣。又奚罪焉。扁子曰。不然。昔者有鳥止於魯郊。魯君說之。為具太牢以饗之。奏九韶以樂之。鳥乃始憂悲眩視。不敢飲食。此之謂以己養養鳥也。若夫以鳥養養鳥者。宜棲之深林。浮之江湖。食之以委蛇。則平陸而已矣。釋文，委蛇，李云，大鳥吞蛇，司馬云，委蛇，泥鰌，俞云，養鳥者，未聞必食以蛇，泥鰌亦臆說，至樂篇，夫以鳥養養鳥者，宜棲之深林，游之壇陸，浮之江湖，食之鰌鰷，隨行列而止，委蛇而處，然則此文亦當云，食之以鰌鰷，委蛇而處。今傳寫有闕文耳，且云委蛇而處，方與下文則平陸而已矣，文義相屬，若無而處二字，下句便不貫矣。

休。款啟寡聞之民也。李云，款，空，啟，開也，如空之開，所見小也。吾告以至人之德。譬之若載鼷以車馬。樂鴳以鐘鼓也。彼又奚能无驚乎哉。郭云，此章言善養生者，各任性分之適而至矣。

外篇 山木第二十 蘇輿云，此亦莊徒所記，旨同於人間世，處濁世避患害之術也。

莊子行於山中。見大木枝葉盛茂。伐木者止其旁而不取也。問其故。曰。无所可用。莊子曰。此木以不材得終其天年。夫子出於山。釋文，夫子，謂莊子。舍於故人之家。故人喜。命豎子殺雁而烹之。釋文，烹，普彭反，煮也，王念孫云，呂覽必已篇作令豎子為殺雁饗之，據此，烹當作亨，即饗也，古書享作饗，烹亦作亨，故釋文誤讀為烹，今本遂改亨為烹，因元文作亨，故陸音普彭反，若作烹，則無須音注矣，案雁即鵝，說文，鵝，雁也。豎子請曰。其一能鳴。其一不能鳴。請奚殺。主人曰。殺不能鳴者。明日。弟子問於莊子曰。昨日山中之木。以不材得終其天年。今主人之雁以不材死先生將何處莊子笑曰周將處乎材與不材之間材與不材之間似之而非也（宣云。處世亦可謂近似然而非也。）故未免乎累若夫乘道德而浮游則不然（心乎道德。則不必言材與不材矣。）无譽无訾（成云。訾毀。）一龍一蛇（或龍見。或蛇蟄。）與時俱化而无肯專為（成云。何肯偏滯。而專為一物。）一上一下以和為量（俞云。此本作一下一上。上與量為韻。今作一上一下。失其韻矣。古書往往倒文協韻。後人不知而誤改者甚多。此與秋水篇无東无西同。）浮游乎萬物之祖（宣云。未始有物之先。）物物而不物於物（視外物為世之一物。而我不為外物之所物。）則胡可得而累邪此黃帝神農之法則也若夫萬物之情人倫之傳（人類之相傳。）則不然合則離成則毀（有合成。即有離毀。）廉則挫（有廉隅。則被挫傷。釋文。亦作剉。即嶢嶢易缺之義。）尊則議（俞云。議。讀為俄。詩賓之初筵箋。俄。傾貌。謂崇高必傾側。古書俄字或以議為之。或以儀為之。或以義為之。管子法禁篇。法制不議。則民不相私。議亦俄也。謂法制不傾衺也。）有為則虧賢則謀（成云。賢以志高。為人所謀。）不肖則欺（以上言世事如此。）胡可得而必乎哉（不能免累。）悲夫弟子志之其唯道德之鄉乎（釋文。鄉。如字。亦音許亮反。）

市南宜僚見魯侯（釋文。左傳。市南有熊宜僚。楚人也。俞云。淮南主術訓高注。宜遼。姓也。名熊。疑名姓字互誤。）魯侯有憂色市南子曰君有憂色何也魯侯曰吾學先王之道修先君之業吾敬鬼尊賢親而行之无須臾離居。釋文。崔本無離字。俞云。崔本是也。呂覽慎人篇。胼胝不居。高注。訓居為止。無須臾居者。無須臾止也。然不免於患。吾是以憂。市南子曰。君之除患之術淺矣。夫豐狐文豹。棲於山林。伏於巖穴。靜也。夜行晝居。戒也。雖飢渴隱約。隱約。潛藏也。猶且胥疏於江湖之上而求食焉。定也。司馬云。胥。須也。蘇輿云。且當作旦。案狐豹求食何必待旦。蘇說是也。成云。旦。明也。則字訛已久。宣云。疏。遠也。言獸雖潛藏。猶且須遠於江湖無人之地。而求飲食。此其處所一定也。然且不免於罔羅機辟之患。是何罪之有哉。其皮為之災也。今魯國獨非君之皮邪。吾願君刳形去皮。洒心去欲。而遊於无人之野。南越有邑焉。名為建德之國。其民愚而朴。少私而寡欲。知作而不知藏。與而不求其報。不知義之所適。不知禮之所將。猖狂妄行。成云。猖狂。無心。妄行。混跡也。乃蹈乎大方。其生可樂。其死可葬。郭云。言可終始處之。吾願君去國捐俗。與道相輔而行。君曰。彼其道遠而險。又有江山。我无舟車。奈何。市南子曰。君无形倨。司馬云。無倨傲其形。无留居。司馬云。無留安其居。以為舟車。君曰。彼其道幽遠而无人。吾誰與為鄰。吾无糧。我无食。釋文。我一本作餓。安得而至焉。市南子曰。少君之費。寡君之欲。雖無糧而乃足。郭云。所謂知足則無所不足也。君其涉於江而浮於海。望之而不見其崖。愈往而不知其所窮。宣云。獨往深造如此。送君者皆自崖而反。宣云。人不相及。君自此遠矣。郭云。超然獨立於萬物之上也。故有人者累。郭云。有之以為己私也。見有於人者憂。郭云。為人所役用也。故堯非有人。宣云。有天下而不與。非見有於人也。宣云。忘帝力於何有。吾願去君之累。除君之憂。而獨與道遊於大莫之國。大莫。猶廣莫。方舟而濟於河。有虛船來觸舟。雖有惼心之人不怒。釋文。惼。爾雅云。急也。有一人在其上。則呼張歙之。其口開翕。一呼而不聞。再呼而不聞。於是三呼邪。則必以惡聲隨之。向也不怒而今也怒。向也虛而今也實。以此故也。人能虛己以遊世。其孰能害之。

北宮奢為衛靈公賦斂以為鐘。奢。衛大夫。賦斂。蓋謂募施。為壇乎國門之外。宣云。為壇而登。因鑄於其所。三月而成上下之縣。司馬云。八音備。為縣。而聲高下。宣云。時不久而斂之多。王子慶忌見而問焉。曰。子何術之設。俞云。慶忌。疑周之王子而仕衛者。與王孫賈同。奢曰。一之間。无敢設也。心在一鐘之間。非敢更設術也。奢聞之。既彫既琢。復歸於朴。言末俗彫琢之後。宜反於朴。惟誠可以動之。侗乎其无識。釋文。侗。無知貌。案言它無所識。唯冀其成。儻乎其怠疑。儻乎無所向。如怠如疑。又懼其不誠。萃乎芒乎其送往而迎來（萃聚也芒不辨也送往迎來言其多）來者勿禁往者勿止（聽人自願）從其彊梁（從讀曰縱不願者聽之）隨其曲傅（釋文傅音附司馬云曲附己者隨之本或作傅張戀反）因其自窮（罷勉自盡者因之郭嵩燾云如左昭傳賦晉國一鼓鐵以鑄刑鼎名為賦斂而聽民之自致故曰因其自窮）故朝夕賦斂而毫毛不挫（如未挫人毫毛者）而況有大塗者乎（況處天下大通之塗者乎謂道也）

孔子圍於陳蔡之間七日不火食大公任往弔之（李云大公大夫稱任其名俞云廣韻一東公字注世本有太公穎叔然則大公乃複姓非大夫稱）曰子幾死乎曰然子惡死乎曰然任曰予嘗言不死之道（宣云嘗試也言不至犯患而死之道）東海有鳥焉其名曰意怠其為鳥也翂翂翐翐（釋文翂音紛翐音秩司馬云舒遲貌一云飛不高貌）而似无能引援而飛迫脅而棲（李云不敢獨棲迫脅在眾鳥中纔足容身而宿避害之至也）進不敢為前退不敢為後食不敢先嘗必取其緒（王念孫云緒餘也讓王篇其緒餘以為國家司馬注緒殘也謂殘餘也）是故其行列不斥（蘇輿云言為眾鳥所容）而外人卒不得害是以免於患直木先伐甘井先竭（郭云才之患也）子其意者飾知以驚愚修身以明汙昭昭乎若揭日月而行（三語已見達生篇）故不免也昔吾聞之大成之人曰（成云大成之人即老子也）自伐者无功（伐夸也）功成者墮名成者虧（郭云恃功名以為己成者未之嘗全）孰能去功與名而

還與眾人。宣云.反同於眾.道流而不明居。道流行於天下.而不顯然居之.得行而不名處。得.猶德也.德行而不以自名自處.純純常常。宣云.純一其心.平常其行.乃比於狂。成云.既不矜飾.更類於狂人.削迹捐勢。不為功名。是故无責於人。人亦无責焉。至人不聞。語見秋水篇.至作道.子何喜哉。何太自喜.孔子曰。善哉。辭其交遊。去其弟子。逃於大澤。衣裘褐。食杼栗。不取美服珍味.入獸不亂群。入鳥不亂行。鳥獸不惡。而況人乎。

孔子問子桑雩曰。釋文.雩.音戶.又作雽.音于.俞云.疑即大宗師之子桑戶.吾再逐於魯。伐樹於宋。削迹於衛。窮於商周。圍於陳蔡之間。吾犯此數患。親交益疏。徒友益散。何與。子桑雩曰。子獨不聞假人之亡與。李云.假.國名.林回棄千金之璧。負赤子而趨。林回.人姓名.即假人之亡者.國亡民散.負子而逃.或曰。為其布與。赤子之布寡矣。布.謂財貨.為其累與。赤子之累多矣。棄千金之璧。負赤子而趨。何也。林回曰。彼以利合。彼.謂璧.此以天屬也。夫以利合者。迫窮禍患害相棄也。以天屬者。迫窮禍患害相收也。夫相收之與相棄。亦遠矣。且君子之交淡若水。小人之交甘若醴。君子淡以親。小人甘以絕。彼无故以合者。則无故以離。

宣云.言非天屬.孔子曰。敬聞命矣。徐行翔佯而歸。絕學捐書。弟子无挹於前。宣云.無可挹取於前.其愛益加進。真意相感.異日桑雩。又曰。舜之將死。真泠禹曰。釋文.真.司馬本作直.云泠曉也.泠或為命.王引之云.直當為卤.卤.籀文乃字.形似直.故訛作直.又訛作真.真泠禹.當為乃命禹也.汝戒之哉。形莫若緣。情莫若率。成云.緣.順也.形必順物.情必率中.緣則不離。率則不勞。宣云.不離於物.則不勞於安排.不離不勞。則不求文以待形。宣云.天然真率.何求於禮文以待形.不求文以待形。固不待物。宣云.又何求於外物.

莊子衣大布而補之。正緳係履而過魏王。司馬云.緳.帶也.王.惠王.郭嵩燾云.帶之名緳.別無證据.正帶係履.不得為憊.說文.絜.麻一耑也.與緳通.言整齊麻之一耑.以束其履而係之.履無絇.係之以麻.故曰憊.魏王曰。何先生之憊邪。莊子曰。貧也。非憊也。士有道德不能行。憊也。衣弊履穿。貧也。非憊也。此所謂非遭時也。宣云.非.猶不.王獨不見夫騰猿乎。其得柟梓豫章也。攬蔓其枝。成云.攬蔓.猶把捉.而王長其間。王長.猶言自大.雖羿蓬蒙不能眄睨也。李云.眄.或作睥.案.言不能害之.及其得柘棘枳枸之間也。成云.並有刺之惡木.危行側視。振動悼慄。此筋骨非有加急而不柔也。處勢不便。未足以逞其能也。今處昏上亂相之間。

而欲无憊奚可得邪此比干之見剖心徵也夫（處亂世不安於憊.必遭戮辱.比干之見剖心.其明徵也.）孔子窮於陳蔡之間七日不火食左據槁木右擊槁枝而歌猋氏之風（猋氏.即焱氏.已見天運篇.）有其具而无其數（宣云.有枝擊木.而無節奏.）有其聲而无宮角（宣云.有歌聲而無音律.）木聲與人聲犁然有當於人心（宣云.犁然.猶釋然.如犁田者.其土釋然也.）顏回端拱還目而窺之（還目.回目.）仲尼恐其廣己而造大也愛己而造哀也（造.至也.自廣而至於自大.自愛而至於自傷.皆非所以處窮.）曰回无受天損易（郭云.唯安之故易.）无受人益難（成云.儻來而寄.推之即難.）无始而非卒也（郭云.於今為始者.於昨為卒.則所謂始者.即是卒矣.言變化之無窮.）人與天一也（郭云.皆自然.）夫今之歌者其誰乎（郭云.任其自爾.歌者非我也.）回曰敢問无受天損易仲尼曰飢溺寒暑窮桎不行天地之行也運物之泄也（飢渴也.寒暑也.窮困桎梏而不行也.皆天地之行.而運動萬物之所發見也.司馬云.泄.發也.）言與之偕逝之謂也（宣云.惟順化.與之偕往而已矣.）為人臣者不敢去之（宣云.臣受君命.理不敢逃.）執臣之道猶若是而況乎所以待天乎（順受以待天.則損不能損矣.故曰易.）何謂无受人益難仲尼曰始用四達（宣云.始用.初進也.初進之時.即四達而無不利.）爵祿並至而不窮（宣云.人益如此.）物之所利乃非己也（宣云.此物之利.於己性分無與.）吾命有在外者也（宣云.此吾

氣數之命。偶有通於外者也。君子不為盜。賢人不為竊。吾若取之。何哉。宣云。虛叨爵祿。無異盜竊。此君子賢人所不為。吾獨取之。何哉。故曰。鳥莫知於鷾鴯。釋文。知音智。或曰。鷾鴯。燕也。目之所不宜處。不給視。見不宜處者。不給於視。即已棄去。不待回翔也。雖落其實。棄之而走。銜實落地。亦不收取。其畏人也。而襲諸人間。成云。襲。入也。案其畏人也如此。而入居於人室。社稷存焉爾。徒以所託在此。無異國之有社稷。人不能離爾。君子居人國。亦當知社稷存焉。盡心所事。至爵祿之益我性不加。當思危邦不入。亂邦不居。而知之者鮮。故曰難。何謂无始而非卒。仲尼曰。化其萬物。而不知其禪之者。天化生萬物。日新不窮。而不知誰為禪代之者。焉知其所終。焉知其所始。故無始非卒。正而待之而已耳。守正而俟之而已。何謂人與天一邪。仲尼曰。有人。天也。有天亦天也。宣云。人與天。皆天為之。天即理也。人之不能有天。性也。宣云。人或不能全有其天。以性分有所加損故也。聖人晏然體逝而終矣。宣云。天者日逝而不停。聖人安然體其日逝者而終其身。又惡有以己與天抗者邪。此所以人與天一也。

莊周遊乎雕陵之樊。司馬云。雕陵。陵名。樊。藩也。覩一異鵲自南方來者。翼廣七尺。目大運寸。王念孫云。運與廣對文。廣為橫。則運為從。目大運寸。猶言目大徑寸耳。越語。廣運百里。韋注。東西為廣。南北為運。是運為從也。感周之顙。而集於栗林。成云。感。觸也。莊周曰。此何鳥哉。翼殷不逝。翼大而不飛去。目大不覩。感人顙。蹇裳躩步。執彈而留之。司馬云。躩。疾行。留。伺便也。）覩一蟬。方得美蔭而忘其身。螳蜋執翳而搏之。（據葉自翳。若執之然。）見得而忘其形。（忘形之為鵲所見。）異鵲從而利之。見利而忘其真。（宣云。失其真性。故不逝不覩。）莊周怵然曰。噫。物固相累。（郭云。相為利者恆相為累。）二類相召也。（宣云。蟬召螳蜋。螳蜋召鵲。皆自招害。）捐彈而反走。虞人逐而誶之。（成云。虞人。掌栗園者。疑其盜栗。故逐而誶問之。）莊周反入。三月不庭。（釋文。三月。一本作三日。司馬云。不出坐庭中三月。王念孫云。下文言頃間。則三日是也。如司馬說。庭上須加出字。而義始明。下文甚不庭若解為甚不出庭。尤不成語。庭當讀為逞。不逞。不快也。甚不逞。甚不快也。逞字古讀若呈。聲與庭相近。故通作庭。）藺且從而問之。（司馬云。莊子弟子。）夫子何為頃間甚不庭乎。莊周曰。吾守形而忘身。（守物形而忘己身。）觀於濁水而迷於清淵。（知物類之逐利。而不悟己之當避嫌。）且吾聞諸夫子曰。入其俗。從其俗。（成云。夫子。謂老聃。言俗有禁令。從而行之。）今吾遊於雕陵而忘吾身。（與蟬類。）異鵲感吾顙。遊於栗林而忘真。（與鵲類。）栗林虞人以吾為戮。（戮。辱也。）吾所以不庭也。

陽子之宋。（司馬云。陽子。楊朱。案據寓言篇引列子。）宿於逆旅。逆旅有妾二人。其一人美。其一人惡。惡者貴而美者賤。陽子問其故。逆旅小子對曰。其美者自美。（自美而驕亢。）吾不知其美也。其惡者自惡。（自惡而卑下。）吾不知其惡也。陽子曰。弟子記之。行賢而去自賢之行。（二行去聲。）

安往而不愛哉。

外篇

田子方第二十一

田子方侍坐於魏文侯。數稱谿工。釋文。李云。田子方。魏文侯師。名無擇。谿工。賢人。司馬本作雞。文侯曰。谿工子之師邪。子方曰。非也。无擇之里人也。稱道數當。成云。稱說言道頻當於理。故无擇稱之。文侯曰。然則子无師邪。子方曰。有。曰。子之師誰邪。子方曰。東郭順子。文侯曰。然則夫子何故未嘗稱之。子方曰。其為人也真。人貌而天虛。俞云。淮南俶真訓。虛室生白。注。虛。心也。此謂人貌而天心。古以虛屬下讀。非。緣而葆真。俞云。緣。順也。順而葆真。清而容物。對文。清而容物。清而不刻。物无道。正容以悟之。使人之意也消。郭云。曠然清虛。正己而已。而物邪自消。无擇何足以稱之。子方出。文侯儻然終日不言。成云。儻然。自失貌。召前立臣前侍立共聞之臣。而語之曰。遠矣全德之君子。謂順子也。始吾以聖知之言仁義之行為至矣。吾聞子方之師。吾形解而不欲動。口鉗而不欲言。吾所學者直土梗耳。直。特也。司馬云。土梗。土人也。遭雨則壞。宣云。喻其至粗。天真之外皆土梗也。夫魏真為我累耳。郭云。知至貴者以人爵為累。

溫伯雪子適齊。成云。姓溫。名伯。字雪子。楚之懷道人。舍於魯。魯人有請見之者。溫伯雪子曰。不可。吾聞中國之君子明乎禮義而陋於知人心。成云。陋。拙也。宣云。習於末學而昧於本體。吾不欲見也。至於齊。反舍於魯。是人也又請見。溫伯雪子曰。往也蘄見我。今也又蘄見我。是必有以振我也。蘄。求也。振我。猶言起予。出而見客。入而歎。明日見客。又入而歎。其僕曰。每見之客也。蘇輿云。之客。猶是客。必入而歎。何邪。曰。吾固告子矣。中國之民明乎禮義而陋乎知人心。昔之見我者。進退一成規。一成矩。從容一若龍。一若虎。成云。擎跪揖讓。前卻方圓。逶迤若龍。槃辟若虎。其諫我也似子。其道我也似父。是以歎也。成云。匡諫我。如子之事父。訓導我。似父之教子。遠近尊卑。自有情義。既非天性。何事殷勤。是知聖迹之弊。遂有斯矯。是以歎之也。仲尼見之而不言。子路曰。吾子欲見溫伯雪子久矣。見之而不言。何邪。仲尼曰。若夫人者。目擊而道存矣。亦不可以容聲矣。宣云。目觸之而知道在其身。復何所容其言說邪。

顏淵問於仲尼曰。夫子步亦步。夫子趨亦趨。夫子馳亦馳。夫子奔逸絕塵。而回瞠若乎後矣。釋文瞠．直視貌．夫子曰。回何謂邪。曰。夫子步亦步也。夫子言亦言也。夫子趨亦趨也。夫子辯亦辯也。夫子馳亦馳也。夫子言道回亦言道也。及奔逸絕塵。而回瞠若乎後者。夫子不言而信成云．不言而為眾所信．不比而周。不與人親比．而情意自然周徧．无器而民滔乎前。釋文．謂無人君之器而民滔聚其前．而不知所以然而已矣。仲尼曰。惡。歎詞．可不察與。夫哀莫大於心死。而人死亦次之。宣云．心死則滯於迹．不能與造化同體．其可哀甚於人死也．日出東方而入於西極。宣云．以日喻化宰．萬物莫不比方。宣云．從日為方向．有目有趾者待是而後成功。待晝而作．是出則存是入則亡。日出則有世事．日入則無世事．萬物亦然有待也而死。有待也而生。宣云．待造化之往來為生死．如依日之出入為存亡．吾一受其成形。而不化以待盡。語又見齊物論．彼化作亡．效物而動。物動而我亦動．似效之也．日夜无隙。而不知其所終。日夜代嬗．初無間隙．而不知其所終極．薰然其成形。成云．薰然．自動貌．知命不能規乎其前。宣云．雖知命者．不能豫規乎其前．丘以是日徂。惟覺日之云逝．吾終身與汝交一臂而失之。雖吾汝終身相與．不啻把一臂而失之．言其暫也．可不哀與女殆著乎吾所以著也。言汝殆止見乎吾所以見也．如言辯之迹．彼已盡矣。彼所著者．已盡為陳迹矣．而女求之以為有。而汝執之以為有．尚切切求之．

是求馬於唐肆也。李云.唐.亭也.宣云.唐.中路.肆.市肆也.馬豈停於唐肆.而求之於是哉.因回以馬喻.亦即馬言. 吾服女也甚忘。女服吾也亦甚忘。郭云.服.思存之謂.甚忘.謂過去之速也.宣云.吾與汝皆無可執.過去都即成忘. 雖然.女奚患焉。雖忘乎故吾。吾有不忘者存。宣云.故吾去.而新吾又來.無頃刻留.亦無頃刻息.則時時有不忘者存焉.雖奔逸絕塵.何必有瞠若乎後之慮哉.

孔子見老聃。老聃新沐。方將被髮而乾。慹然似非人。釋文.慹.乃牒反.又丁立反.司馬云.不動貌.郭云.寂泊之至. 孔子便而待之。少焉見。曰。丘也眩與。其信然與。向者先生形體掘若槁木。掘.同倔. 似遺物離人而立於獨也。老聃曰。吾遊心於物之初。宣云.物之初.無物之際也.遊心於無物之際.遇道之真也. 孔子曰。何謂邪。曰。心困焉而不能知。口辟焉而不能言。司馬云.辟.卷不開也. 嘗為女議乎其將。嘗.試也.將者.且然而未必之詞. 至陰肅肅。至陽赫赫。肅肅出乎天。赫赫發乎地。宣云.陰陽互為其根. 兩者交通成和。而物生焉。或為之紀。而莫見其形。孰維綱是. 消息滿虛。一晦一明。日改月化。日有所為。而莫見其功。成云.陰消陽息.夏滿冬虛.夜晦晝明.日遷月變.新新不已.故日有所為也. 生有所乎萌。死有所乎歸。始終相反乎无端。而莫知其所窮。郭云.所謂迎之不見其首.隨之不見其後.蘇輿云.終始二句.即所謂方生方死.方死方生也. 非是也。且孰為之宗。成云.若非是虛通生化之道.誰為萬物之宗本乎. 孔子曰。請問遊是。成云.請問遊心是道.其術如何.必得遊是.復有何功力也. 老聃曰。夫得是。至美至樂也。得至美而遊乎至樂。謂之至人。孔子曰。願聞其方。曰。草食之獸。不疾易藪。水生之蟲。不疾易水。行小變而不失其大常也。成云.疾.患.易.移也.夫食草之獸.不患移易藪澤.水生之蟲.不患移易池沼.但有草有水.則不失大常.從東從西.特小變耳.亦猶人處大道之中.隨變任化.未始非我.此則不失大常.生死之變.蓋亦小耳. 喜怒哀樂不入於胸次。李云.次中也.郭云.知其小變而不失大常故. 夫天下也者。萬物之所一也。宣云.萬化不踰真宰. 得其所一而同焉。宣云.與真一合德. 則四肢百體將為塵垢。而死生終始將為晝夜。而莫之能滑。滑.亂也. 而況得喪禍福之所介乎。宣云.介.際也. 棄隸者若棄泥塗。知身貴於隸也。隸.屬也.謂官屬. 貴在於我而不失於變。不以變而失我之貴. 且萬化而未始有極也。萬化無極.我亦與之為無極. 夫孰足以患心。宣云.則逍遙之矣. 已為道者解乎此。宣云.惟既履道者知之. 孔子曰。夫子德配天地。而猶假至言以修心。古之君子孰能脫焉。成云.然則古之君子.誰能遺於言說而免於修為乎. 老聃曰。不然。夫水之於汋也。无為而才自然矣。說文.井.一有水.一無水.謂之瀱汋.引釋水文.郭注云.山海經.天井夏有水.冬無水.即此類.蓋汋乃水之自然涌出.無所作為.唯其才之自然也. 至人之於德也。不修而物不能離焉。不言修。而體物不遺。若天之自高。地之自厚。日月之自明。夫何修焉。孔子出。以告顏回曰。丘之於道也。其猶醯雞與。郭云。醯雞。甕中之蠛蠓也。微夫子之發吾覆也。覆。謂有所蔽而不見。吾不知天地之大全也。宣云。天地之大全。即萬物之所一也。

莊子見魯哀公。成云。莊子與魏惠王齊威王同時。去魯哀公一百二十年。如此云見魯哀公。蓋寓言耳。哀公曰。魯多儒士。少為先生方者。成云。方。術也。言魯地鮮莊子無為之學。莊子曰。魯少儒。哀公曰。舉魯國而儒服。何謂少乎。莊子曰。周聞之。儒者冠圜冠者。知天時。履句屨者。知地形。李云。句。方也。緩佩玦者。事至而斷。成云。緩者。五色條繩。穿玉玦以飾佩也。玦。決也。君子有其道者。未必為其服也。為其服者。未必知其道也。公固以為不然。何不號於國中曰。无此道而為此服者。其罪死。於是哀公號之五日。而魯國无敢儒服者。獨有一丈夫儒服而立乎公門。公即召而問以國事。千轉萬變而不窮。莊子曰。以魯國而儒者一人耳。可謂多乎。

百里奚爵祿不入於心。故飯牛而牛肥。使秦穆公忘其賤。與之政也。有虞氏死生不入於心。完廩浚井是也。故足以動人。宣云：成邑成都，師錫帝禪。

宋元君將畫圖，眾史皆至，受司馬云：受命。揖而立，舐筆和墨，在外者半。宣云：此不能畫者。有一史後至者，儃儃然不趨，徐音但。李云：儃儃，舒閒之貌。受揖不立，因之舍。公使人視之，則解衣般礡，司馬云：般礡，謂箕坐也。臝。司馬云：將畫故解衣見形。君曰：可矣，是真畫者也。郭云：內足者神閒而意定。

文王觀於臧，成云：臧近渭水地名。見一丈夫釣，而其釣莫釣，無心施餌，意不在魚。非持其釣，非執釣為事。有釣者也。別有所釣。常釣也。非偶如此。文王欲舉而授之政，而恐大臣父兄之弗安也。父兄，親族。欲終而釋之，釋，弗舉。而不忍百姓之无天也，於是旦而屬之夫夫，司馬云：夫夫，大夫也。曰：昔者寡人夢，郭慶藩云：昔夕古通，昔者即夕者也。或竟作夕者。晏子春秋下篇，夕者瞢與二日鬭，是也。或作昔者。雜下篇，有梟昔者鳴，是也。（說苑辨物篇同。）或為夜者。外篇，寡人夜者聞西方有男子哭，是也。（畫亦作晝者。雜上篇，晝者進膳。）見良人黑色而頾，良人，猶言善人。頾、髯同。乘駁馬而偏朱蹄，駁，雜色。一蹄赤。號曰：號，謂命令。寓而政於臧丈人，寓，寄。而，汝。庶幾乎民有瘳乎！諸大夫蹵然曰：先君王也。謂季歷。俞云：先君下奪命字。下文先君之命王，可證。文王曰：然則卜之。諸大夫曰：先君之命王，其无它，可無它疑。又何卜焉。遂迎臧丈人而授之政。典法无更。典.常也. 偏令无出。無偏私之政令. 三年。文王觀於國。則列士壞植散群。不復植黨.俞云.左宣二年傳.華元為植.杜注.植將主也.列士必先有主.而後有徒眾.故欲散其群.必先壞其植也. 長官者不成德。同歸於善.不獨成其德. 斔斛不敢入於四竟。釋文.斔.音庾.李云.六斛四斗曰斔.案言他處之斔斛.恐大小異式.不入於竟. 列士壞植散群。則尚同也。長官者不成德。則同務也。斔斛不敢入於四竟。則諸侯无二心也。文王於是焉以為大師。北面而問曰。政可以及天下乎。臧丈人昧然而不應。泛然而辭。朝令而夜遁。終身无聞。顏淵問於仲尼曰。文王其猶未邪。宣云.德未足以信人邪. 又何以夢為乎。仲尼曰。默。汝无言。夫文王盡之也。郭云.任諸大夫.而不自任.斯盡之也. 而又何論刺焉。彼直以循斯須也。成云.循.順也.斯須.猶須臾. 郭云.斯須者.百姓之情.當悟未悟之頃.故文王循而發之.以合眾情也.

列御寇為伯昏无人射。列子黃帝篇.无作瞀. 引之盈貫。司馬云.貫.鏑也.案張湛注.盡弦窮鏑. 措杯水其肘上。郭云.左手如拒石.右手如附枝.右手放發.而左手不知.故可措之杯水也. 發之。適矢復沓。成云.沓.重也.案適.黃帝篇作鏑.字.同.言矢已發.而其次適矢.復重入扣也. 方矢復寓。方沓矢.復寄杯於肘矣. 當是時猶象人也。凝然不動.猶木土偶人. 伯昏无人曰。是射之射。非不射之射也。張注.雖盡射之理.而不能不以矜物。不射之射者。忘其能否。雖不射而同乎射也。嘗與汝登高山。嘗。試也。黃帝篇誤當。履危石。臨百仞之淵。若能射乎。汝能以不射射乎。於是无人遂登高山。履危石。臨百仞之淵。背逡巡。足二分垂在外。成云。仍背淵卻行。足垂二分在外空。揖御寇而進之。御寇伏地。汗流至踵。伯昏无人曰。夫至人者。上闚青天。下潛黃泉。郭慶藩云。潛與闚對文。當訓為測。爾雅。潛。測也。揮斥八極。神氣不變。郭云。揮斥。猶縱放也。今汝怵然有恂目之志。釋文。爾雅。恂慄也。李又作眴。音荀。案張注。引何承天纂云。吳人呼瞬目為恂（字疑作眴。）目。謂心懼而目眩也。爾於中也殆矣夫。郭云。有懼則所喪多矣。

肩吾問於孫叔敖曰。子三為令尹而不榮華。三去之而无憂色。吾始也疑子。今視子之鼻間栩栩然。成云。栩栩。歡暢貌。子之用心獨奈何。孫叔敖曰。吾何以過人哉。吾以其來不可卻也。其去不可止也。吾以為得失之非我也。而无憂色而已矣。我何以過人哉。且不知其在彼乎。其在我乎。宣云。不知可貴者在令尹乎。在我乎。其在彼也亡乎我。宣云。若在令尹。與我無與。在我也亡乎彼。宣云。若在我。與令尹無與。方將躊躇。方將四顧。養生主篇。亦云。為之四顧。為之躊躇滿志。何暇至乎人貴人賤哉。仲尼聞之曰。古之真人。知者不得說。美人不得濫。盜人不得劫。伏戲黃帝不得友。成云.智人不得辨說.美色不得淫濫.盜賊不能劫剝.三皇五帝.何足交友也.死生亦大矣。而无變乎己。況爵祿乎。若然者。其神經乎大山而无介。成云.介.礙也.入乎淵泉而不濡。處卑細而不憊。宣云.貧賤不得而病.充滿天地。既以與人。己愈有。神明充滿天地.盡以濟人.而己愈有也.

楚王與凡君坐。少焉。楚王左右曰凡亡者三。釋文.司馬云.凡.國名.在汲郡共縣.案左傳.凡.周公之後也.隱七年有凡伯.成云.楚文王共凡僖侯同坐.未知所出.郭云.言有三亡徵也.俞云.楚子左右.言凡亡者.三人也.郭注非.凡君曰。凡之亡也。不足以喪吾存。夫凡之亡也。不足以喪吾存。則楚之存。不足以存存。由是觀之。則凡未始亡。而楚未始存也。

卷六

外篇　知北遊第二十二

知北遊於元水之上。登隱弅之丘。釋文。弅音紛。李云。隱出弅起丘貌。而適遭无為謂焉。成云。此章並假立姓名。寓言明理。知謂无為謂曰。予欲有問乎若。汝也。何思何慮則知道。何處何服則安道。居處服習。何從何道則得道。從。隨從。道。由也。三問而无為謂不答也。非不答。不知答也。宣云。本無名言。知不得問。反於白水之南。登狐闋之丘。而睹狂屈焉。知以之言也問乎狂屈。之。此也。狂屈曰。唉。釋文。李音熙。云應聲。予知之。將語若。汝。中欲言而忘其所欲言。知不得問。反於帝宮。見黃帝而問焉。黃帝曰。无思无慮始知道。无處无服始安道。无從无道始得道。宣云。皆言自然乃合道也。知問黃帝曰。我與若知之。彼與彼不知也。無為謂與狂屈。其孰是邪。黃帝曰。彼无為謂真是也。狂屈似之。我與汝終不近也。夫知者不言。言者不知。故聖人行不言之教。成云。引老子經為證。道不可致。郭云。道在自然。非可言致。德不可至。郭云。不失德故稱德。稱德則不至也。仁可為也。義可虧也（為仁可也。虧仁以為義。亦可也。）禮相偽也（禮。文而偽。）故曰失道而後德失德而後仁失仁而後義失義而後禮禮者道之華而亂之首也故曰為道者日損（郭云。損華偽也。）損之又損之以至於无為无為而无不為也（郭云。華去而朴全。則雖為而非為也。成云。引老經重明其旨。）今已為物也（宣云。朴散為器。）欲復歸根（宣云。欲反於道。）不亦難乎其易也其唯大人乎生也死之徒死也生之始孰知其紀（宣云。死生循環無窮。）人之生氣之聚也聚則為生散則為死若死生為徒（宣云。死生為一氣。）吾又何患故萬物一也（宣云。萬物之生死。總一氣也。）是其所美者為神奇其所惡者為臭腐（宣云。以生為神奇而美之。以死為臭腐而惡之。）臭腐復化為神奇神奇復化為臭腐故曰通天下一氣耳（郭云。死生彼我豈殊哉。）聖人故貴一（宣云。以上皆言道也。）知謂黃帝曰吾問无為謂无為謂不應我非不我應不知應我也吾問狂屈狂屈中欲告我而不我告非不我告中欲告而忘之也今予問乎若若知之奚故不近黃帝曰彼其真是也以其不知也此其似之也以其忘之也（宣云。近於無知。）予與若終不近也以其知之也（宣云。道本不容言。）狂屈聞之以黃帝為知言（宣云。無為

（謂終於無言。）

天地有大美而不言，（宣云：利及萬物，不言所利。）四時有明法而不議，（宣云：氣候明分，不須擬議。）萬物有成理而不說。（宣云：各有成性，不煩詞說。）聖人者，原天地之美而達萬物之理。（原，本也。以覆載為心，其本原與天地同；又萬物各有生成之理，因而達之。）是故至人无為，大聖不作，觀於天地之謂也。（以天地為法。）今彼神明至精，與彼百化，（上彼彼天地，下彼彼物。姚本今作舍，云從劉得一本改。）物已死生方圓，莫知其根也。（物自變異，莫知根原。）扁然而萬物自古以固存。（扁然猶翩然，自古以來永永固存。）六合為巨，未離其內；秋豪為小，待之成體。（宣云：大無外，小無間。）天下莫不沈浮，終身不故；（成云：浮沈升降，新新相續。）陰陽四時運行，各得其序。（郭云：不待為之。）惛然若亡而存，（成云：惛然如昧，似無而有。）油然不形而神，（油然而興，不見形迹，化馳若神。）萬物畜而不知。（萬物被畜養而不自知。）此之謂本根，可以觀於天矣。（達其本根，可與觀自然之天矣。）

齧缺問道乎被衣，（釋文：被音披。本亦作披。）被衣曰：「若正汝形，一汝視，天和將至；（宣云：體靜神凝，則和氣自復。）攝汝知，一汝度，神將來舍。（俞云：淮南道德篇、文子道原篇並作正汝度，此文一當作正。度，猶形也。案言心歛形正，神明自歸。）德將為汝美，道將為汝居。自然道德在身。汝瞳焉如新出之犢而无求其故。成云。瞳焉。無知直視之貌。案初生之犢。天性純一。故以為況。言未卒齧缺睡寐。被衣大說。行歌而去之。釋文。體向所說。謂其視聽以寐耳。受道速。故被衣喜也。曰形若槁骸。心若死灰。成云。形同槁木之骸。案徐无鬼篇亦作槁骸。齊物論作槁木。庚桑楚作槁木之枝。人百骸。猶木眾枝。是槁骸即槁枝矣。真其實知。不以故自持。郭云。與變俱也。媒媒晦晦。釋文。媒。音妹。案陸讀為昧也。无心而不可與謀。宣云。彼既無心。我不容有言。彼何人哉。郭云。獨化者也。

舜問乎丞曰。李云。丞。舜師。一云。古有四輔。前疑後丞。蓋官名。道可得而有乎。曰汝身非汝有也。汝何得有夫道。舜曰。吾身非吾有也。孰有之哉。曰是天地之委形也。俞云。齊策高注。委。付也。左成二年傳杜注。委。屬也。天地之委形。謂天地所付屬之形也。下並同。生非汝有。是天地之委和也。性命非汝有。是天地之委順也。孫子非汝有。是天他之委蛻也。宣云。形形相禪。故曰蛻。故行不知所往。處不知所持。食不知所味。一生之中。行則有往。而究不知所往。處則有持。而究不知所持。食則有味。而究不知所味。天地之強陽氣也。宣云。就氣之健動言之。又胡可得而有邪。

孔子問於老聃曰。今日晏閒。敢問至道。老聃曰。汝齊戒。疏瀹而心。釋文。瀹。音藥。成云。疏瀹。猶洒濯。

澡雪而精神。成云，澡雪，猶精潔。掊擊而知。釋文，知音智。成云，打破聖智。夫道窅然難言哉。將為汝言其崖略。崖，猶邊際也。夫昭昭生於冥冥，有倫生於无形，有倫序之事，皆自無形生之。精神生於道，形本生於精，宣云，本，質幹。而萬物以形相生，故九竅者胎生，人獸。八竅者卵生。禽魚。其來无迹，其往无崖，无門无房，宣云，無門不知所出，無房不知所歸。四達之皇皇也。宣云，大通溥博。邀於此者，成云，此謂道。俞云，說文無邀字，彳部，徼，循也。即今邀字。又曰，循，行順也。然則邀亦順也。邀於此，猶言順於此。郭訓邀為遇，非。四肢彊，思慮恂達，成云，恂，通也。耳目聰明，其用心不勞，其應物无方，天不得不高，地不得不廣，日月不得不行，萬物不得不昌，此其道與。郭云，此皆不得不然，而自然耳，非道能使然也。且夫博之不必知，辯之不必慧，聖人以斷之矣。以已同。成云，博讀經典，不必知真；宏辯飾詞，不必慧照。故老經云，善者不辯，辯者不善；知者不博，博者不知。斯則聖人斷棄之矣。若夫益之而不加益，損之而不加損者，聖人之所保也。保其分定。淵淵乎其若海，魏魏乎其終則復始也，釋文，魏魏，魚威反，讀作巍巍。運量萬物而不匱，則君子之道，彼其外與！萬物皆往資焉而不匱，此其道與！蘇輿云，運量萬物，猶有治化之迹，故曰外。萬物往資，猶易資生資始之資，此天地自然之功用也，故曰道。中國有人焉，非陰非陽，宣云，渾乎陰陽之際。處於天地之間，直且為人。（稟兩間之氣。特姑且為人耳。）將反於宗。（終將反其本宗。）自本觀之。生者喑醷物也。（李云。喑。音飲。醷。音意。喑醷。聚氣貌。案言自其本宗觀之。生者特一聚氣之物也。）雖有壽夭。相去幾何。（同在百年之中。）須臾之說也。奚足以為堯桀之是非。（共此須臾。何分堯桀。）

果蓏有理。（釋文。蓏。徐力果反。宣云。木實草實。種類不亂。各有倫理。）人倫雖難。所以相齒。（人之倫雖難齊。其所以生者。自相齒次。）聖人遭之而不違。（宣云。順應。）過之而不守。（與為推移。）調而應之。德也。（調和而應之。即是上德。）偶而應之。道也。（偶然無心而應之。即契聖道。）帝之所興。王之所起也。（郭云。如斯而已。）

人生天地之間。若白駒之過郤。（釋文。本亦作隙。隙。孔也。）忽然而已。（為時甚暫。）注然勃然。莫不出焉。（宣云。與起而生。）油然漻然。莫不入焉。（釋文。漻。音流。宣云。歸虛而死。）已化而生。又化而死。生物哀之。人類悲之。（宣云。對死者曰生物。別於物曰人類。）解其天弢。墮其天袠。（釋文。弢。字林云。弓衣也。墮。許規反。成云。袠。束囊也。案喻形骸束縛。死則解墮。）紛乎宛乎。（成云。紛綸宛轉。並釋散之貌。）魂魄將往。（逝也。）乃身從之。乃大歸乎。

不形之形。（宣云。不形者。形所自出。）形之不形。（宣云。形者。不形所為。）是人之所同知也。非將至之所務也。（宣云。非將

（至於道者之所務也.）此眾人之所同論也。彼至則不論。論則不至。（成云.彼至聖之人.忘言得理.故無所論說.若論說之.則不至於道.）明見无值。（雖明見之.而無所值.）辯不若默。道不可聞。聞不若塞。（不如塞耳.）此之謂大得。（成云.能知此意.可謂深得於大理矣.）

東郭子問於莊子曰。所謂道。惡乎在。莊子曰。无所不在。東郭子曰。期而後可。（郭云.欲令莊子指名所在.）莊子曰。在螻蟻。曰。何其下邪。曰。在稊稗。曰。何其愈下邪。曰。在瓦甓。曰。何其愈甚邪。曰。在屎溺。東郭子不應。莊子曰。夫子之問也。固不足質。（成云.質.實也.固答子之問.猶未逮真也.）正獲之問於監市履狶也。每下愈況。（李云.正.亭卒也.獲.其名也.監市.市魁也.狶.大豕.履.踐也.市魁履豕.履其股腳.狶難肥處.故知豕肥耳.問道亦況下賤.則知道也.成云.正.官號.今之市令也.宣云.況.顯譬也.）汝唯莫必。无乎逃物。（言汝莫期必道在何處.無乎逃於物之外也.）至道若是。大言亦然。（成云.至道.理也.大言.教也.）周徧咸三者。異名同實。其指一也。（周徧咸三字一恉.）嘗相與游乎无何有之宮。同合而論。无所終窮乎。（宣云.遊心於虛際.則見道之同合而無窮極也.）嘗相與无為乎。澹而靜乎。漠而清乎。（郭慶藩云.漠.亦清也.釋詁.漠.察清也.樊注.漠然清貌.）調而閒乎。（和調而閒逸也.）寥已吾志。（寥然虛寂者.吾之志.）无往焉而不知其所至○本無所往.而已不知其所至極.去而來而不知其所止○去而復來.而又不知其所住止.吾已往來焉而不知其所終○倏往倏來.初無終極.彷徨乎馮閎○郭云.馮閎者.虛廓之謂.大知入焉而不知其所窮○大聖智者入焉.恣變化之所如.物物者○與物无際○物物者.道也.物在即道在.故與物無涯際.而物有際者○所謂物際者也○成云.一物則各有涯際.特謂之物際耳.烏可言道.不際之際○道本不際.而見於物際.際之不際者也○見於物際.而仍是不際也.謂盈虛衰殺○彼為盈虛非盈虛○彼為衰殺非衰殺○彼.彼道也.成云.富貴為盈.貧賤為虛.老病為衰殺.彼為本末非本末○彼為積散非積散也○成云.終始為本末.生來為積.死去為散.

婀荷甘與神農同學於老龍吉○神農隱几闔戶晝瞑○婀荷甘日中奓戶而入○釋文.奓.音奢.司馬云.開也.曰○老龍死矣○神農隱几擁杖而起○嚗然放杖而笑○上言隱几.此隱几二字衍.釋文.嚗音剝.李云.放杖聲.曰○天知予僻陋慢訑○成云.老龍有自然之德.故呼曰天.釋文.訑.郭音但.故棄予而死○已矣夫子○无所發予之狂言而死矣夫○成云.狂言.猶至言也.非世人之所解.故名至言為狂也.弇堈弔聞之○李云.弇堈.體道人.弔.其名.宣云.弇堈來弔也.曰○夫體道者○天下之君子所繫焉○郭云.言體道者.人之宗主也.今於道○秋豪之端萬分未得處一焉○宣云.今.謂神農.

析秋豪之端為萬分.猶未得處一.極言其少也.而猶知藏其狂言而死。宣云.知老龍也.又況夫體道者乎。宣云.道本不在言.視之无形。聽之无聲。於人之論者。謂之冥冥。宣云.論者終不能明道.所以論道而非道也。郭云.冥冥而猶非道.明道之無名也.

於是泰清問乎无窮曰。子知道乎。无窮曰。吾不知。又問乎无為。无為曰。吾知道。曰。子之知道。亦有數乎。曰。有。曰。其數若何。无為曰。吾知道之可以貴。可以賤。可以約。可以散。此吾所以知道之數也。成云.貴為帝王.賤為僕隸.約聚為生.分散為死.數乃無極.泰清以之言也問乎无始之.猶是.曰。若是。則无窮之弗知。與无為之知。孰是而孰非乎。无始曰。不知深矣。知之淺矣。弗知內矣。知之外矣。於是泰清中而歎曰。釋文.崔本中作卬.弗知乃知乎。知乃不知乎。孰知不知之知。无始曰。道不可聞。聞而非也。道不可見。見而非也。道不可言。言而非也。知形形之不形乎。道不當名。上云.不形之形.形之不形.知形形之不形.則知道不當指名也.无始曰。有問道而應之者。不知道也。雖問道者。亦未聞道。應者固非.問者亦未是.道无問。問无應。

郭云.絕學去教.而歸於自然之意也.无問問之是問窮也.本無可問而強問.是問窮也.无應應之是无內也.無可應而強應.是徇外也.故曰無內.以无內待問窮若是者外不觀乎宇宙內不知乎太初.不知事理在六合.不知道本在己身.是以不過乎崑崙不遊乎太虛.何以超崑崙而遊太虛乎.

光曜問乎无有曰夫子有乎其无有乎.光曜不得問.俞云.淮南道應訓.此句上.有无有弗應也五字.當從之.此脫.則義不備.而孰視其狀貌.孰.同熟.窅然空然終日視之而不見聽之而不聞搏之而不得也.光曜曰至矣其孰能至此乎予能有无矣而未能无无也.宣云.有曜無質.是能有無矣.未能若竟無之為愈也.及為无有矣何從至此哉.宣云.及為無而猶未免於有矣.何從至乎無無之境哉.

大馬之捶鉤者.成云.大馬.楚之大司馬也.捶.打鍛也.鉤.腰帶也.年八十矣而不失豪芒.司馬郭云.玷捶鉤之輕重.不失豪芒.大馬曰.子巧與有道與.曰臣有守也.王念孫云.守即道字.達生篇.仲尼曰.子巧乎.有道邪.曰.我有道也.是其證.道字古讀若守.故與守通.九經楚辭老莊諸子.用韻之文.道字皆讀若守.說文.道從辵.首聲.今本無聲字者.二徐不曉古音而刪之.臣之年二十而好捶鉤於物无視也非鉤无察也.蘇輿云.此即不以萬物易蜩翼之旨.是用之者假不用者也.以長得其用.成云.所以至老.長得捶鉤之用者.假賴於不用心視察他物故也.而況

乎无不用者乎。不用善矣．乃並此不用而亦無之．所謂無無也． 物孰不資焉。故萬物皆資其用也．

冉求問於仲尼曰：未有天地可知邪？仲尼曰：可。古猶今也。郭云．言天地常存．乃無未有之時． 冉求失問而退。成云．失其問意． 明日復見，曰：昔者吾問未有天地可知乎？夫子曰：可。古猶今也。昔者吾昭然，今日吾昧然，敢問何謂也？仲尼曰：昔之昭然也，神者先受之。郭云．虛心以待命．斯神受也． 今之昧然也，且又為不神者求邪？不神者．迹象也．滯於迹象．故復求解悟． 无古无今，无始无終。皆一氣之化． 未有子孫而有子孫，可乎？宣云．子孫可自無而有．天地不可自無而有乎． 冉求未對。仲尼曰：已矣，未應矣！成云．未對之間．仲尼止令無應． 不以生生死，不以死死生。死者自死．其生也．非以生此死者也．生者自生．其死也．非以死此生者也． 死生有待邪？皆有所一體。死生不相待．各有成體． 有先天地生者物邪？者．猶之． 物物者非物。物物者道也．不得謂之物． 物出不得先物也，萬物並出．物不得先物． 猶其有物也。猶然萬物皆有也． 猶其有物也无已。猶然萬物皆有．而且至於無已．以有物物者在也． 聖人之愛人也終无已者，亦乃取於是者也。聖人以愛人為心．終無窮已者．亦取法天地之道也．

顏淵問乎仲尼曰：回嘗聞諸夫子曰：无有所將，无有所迎。成云．將．送也．聖人如鏡．不送不迎． 回敢問其遊。宣云.遊心何處. 仲尼曰古之人外化而內不化。宣云.與物偕逝.天君不動. 今之人內化而外不化。心神搖徙.凝滯於物. 與物化者一不化者也。郭云.常無心故一不化.惟一不化.乃能與物化耳. 安化安不化。成云.安.任也.聖人無心.隨物流轉.化與不化.皆安任之. 安與之相靡。成云.靡.順也.案任與之相靡順. 必與之莫多。成云.雖與物相順.而亦各止其分.彼我無損. 狶韋氏之囿。黃帝之圃。有虞氏之宮。湯武之室。世愈降.則所處愈隘.聖人順時而安之. 君子之人若儒墨者師。故以是非相鳌也。而況今之人乎。釋文.鳌.子兮反.和也.郭云.儒墨之師.天下之難和者.而無心者猶故和之.而況其凡乎.案言君子於今世之人.皆能隨而化之. 聖人處物不傷物。宣云.無心是非. 不傷物者。物亦不能傷也。唯无所傷者。為能與人相將迎。無將迎可.將迎亦可. 山林與。皋壤與。使我欣欣然而樂與。皋壤.平原. 樂未畢也。哀又繼之。成云.情隨事遷.哀樂斯變.是知世之哀樂.不足計也. 哀樂之來。吾不能禦。其去弗能止。悲夫。世人直為物逆旅耳。郭云.不能坐忘自得.而為哀樂所寄耳.案為外物客舍也. 夫知遇而不知所不遇。遇有窮.知亦有窮. 知能能而不能所不能。知以能為能.而不知以不能為能. 无知无能者。固人之所不免也。宣云.知能無涯.則有所不知.有所不能.此人之常也. 夫務免乎人之所不免者。宣云.乃欲勞心推測.以冀盡知盡能. 豈不亦悲哉。成云.愚惑之甚. 至言去言。至為去為。成云.至理之言.無言可言.至理之為.無為可為. 齊知之所知則淺矣。宣云，必欲以知之所知，齊之使皆無不知，豈見道者之為哉。

雜篇　庚桑楚第二十三

老聃之役。司馬云，役，學徒弟子。有庚桑楚者。俞云，列子仲尼篇，老聃之弟子，有亢倉子者。張湛注，音庚桑。賈逵姓氏英覽云，吳郡有庚桑姓，稱為七族。然則庚桑子吳人與。偏得老聃之道，以北居畏壘之山。李云，畏壘，山名也。或云在魯，又云在梁州。其臣之畫然知者去之，其妾之挈然仁者遠之。其地之人，敬愛庚桑，願為臣妾。然其中有畫然好明察為知者，有挈然自標舉為仁者，庚桑皆遠去之。擁腫之與居。司馬云，擁腫，醜貌。鞅掌之為使。鞅掌，勞苦奔走之人。居三年，畏壘大壤。釋文，壤本亦作穰。廣雅，豐也。盧云，列子天瑞篇亦以壤為穰。畏壘之民相與言曰，庚桑子之始來，吾洒然異之。崔李云，洒然，驚貌。今吾日計之而不足。向云，無旦夕小利也。歲計之而有餘。向云，順時而大穰也。庶幾其聖人乎。子胡不相與尸而祝之，社而稷之乎。尸，主也。言欲奉以為君。庚桑子聞之，南面而不釋然。語又見齊物論。弟子異之。庚桑子曰，弟子何異於予。夫春氣發而百草生，正得秋而萬寶成。俞云，得字，疑涉下文而衍。易說卦，兌，正秋也，萬物之所說也。疏，正秋而萬物皆說成也。即本此文。正秋而萬寶成，文義已

庚桑楚第二十三

足。不必加得字。夫春與秋。豈无得而然哉。天道已行矣。釋文。天作大。案時與道為運行。有得而不覺也。吾聞至人尸居環堵之室。宣云。隱居不耀。而百姓猖狂。不知所如往。宣云。如相忘於天地。今以畏壘之細民而竊竊欲俎豆予于賢人之間。我其杓之人邪。郭云。不欲為物標杓。吾是以不釋於老聃之言。成云。老子云。功成弗居。長而不宰。楚既虔稟師訓。畏壘反此。故不釋然。弟子曰。不然。夫尋常之溝。巨魚无所還其體。而鯢鰌為之制。成云。八尺曰尋。倍尋曰常。鯢。小魚。釋文。制。折也。謂小魚得曲折也。案制折古通用字。步仞之丘陵。巨獸无所隱其軀。而蘖狐為之祥。釋文。六尺為步。七尺曰仞。廣一步。高一仞也。崔云。祥。善也。蘖狐以小丘為善也。且夫尊賢授能。先善與利。利祿先與善人。自古堯舜以然。以已同。而況畏壘之民乎。夫子亦聽矣。庚桑子曰。小子來。夫函車之獸。李云。函。獸大容車。介而離山。俞云。方言。獸無偶曰介。則不免於罔罟之患。吞舟之魚。碭而失水。釋文。碭。徒浪反。謂碭溢而失水也。則蟻能苦之。故鳥獸不厭高。魚鼈不厭深。郭云。去利遠害乃全。夫全其形生之人。藏其身也。不厭深眇而已矣。與物同。且夫二子者。謂上堯舜。又何足以稱揚哉。是其於辯也。宣云。凡事分辯。如尊賢授能。先善與利之為。將妄鑿垣牆而殖蓬蒿也。郭云。將令後世妄行穿鑿而殖穢亂也。簡髮而櫛。成云。簡擇。數米而炊。言其瑣屑.竊竊乎又何足以濟世哉。舉賢則民相軋。軋.相傾也.任知則民相盜。宣云.盜.詐也.之數物者。不足以厚民。民之於利甚勤。子有殺父。臣有殺君。釋文.殺.音試.本又作弒.正晝為盜。日中穴阫。釋文.向音裴.云.阫.牆也.言無所畏忌.吾語女。大亂之本。必生於堯舜之間。其末存乎千世之後。千世之後。其必有人與人相食者也。語又見徐无鬼篇.南榮趎蹵然正坐曰。釋文.趎.昌于反.向音疇.李云.庚桑弟子.人表作疇.淮南作幬.盧云.今淮南作疇.若趎之年者已長矣。將惡乎託業以及此言邪。惡音烏.成云.惡託何學方逮斯言.庚桑子曰。全汝形。抱汝生。俞云.釋名.抱.保也.相親保也.是抱保義通.抱汝生.即保汝生也.无使汝思慮營營。若此三年。則可以及此言矣。南榮趎曰。目之與形。吾不知其異也。而盲者不能自見。耳之與形。吾不知其異也。而聾者不能自聞。心之與形。吾不知其異也。而狂者不能自得。形同用異.形之與形亦辟矣。郭嵩燾云.禮記大學注.辟.猶喻也.言形之與形易喻也.案言我形之與人形亦易喻矣.而物或閒之邪。宣云.物物欲.欲相求而不能相得。常有不能相喻者.故疑或間隔之.今謂趎曰。全汝形。抱汝生。勿使汝思慮營營。趎勉聞道達耳矣。釋文.崔向云.僅達於耳.未徹入於心也.庚桑子曰。辭盡矣。曰。引古語.奔蜂不能化藿蠋。司馬云。奔蜂。小蜂也。一云土蜂。藿蠋。豆藿中大青蟲也。成云。細腰土蜂能化桑蟲為己子。而藿蠋不能化也。越雞不能伏鵠卵。魯雞固能矣。釋文。向云。越雞。小雞。或云荊雞。魯雞。大雞也。今蜀雞。鵠。本亦作鶴。同。雞之與雞。其德非不同也。有能有不能者。其才固有巨小也。今吾才小不足以化子。子胡不南見老子。南榮趎贏糧。七日七夜至老子之所。釋文。方言。贏。儋也。齊楚陳宋之間謂之贏。老子曰。子自楚之所來乎。南榮趎曰。唯。老子曰。子何與人偕來之眾也。南榮趎懼然顧其後。懼然。猶瞿然。老子曰。子不知吾所謂乎。南榮趎俯而慙。仰而歎曰。今者吾忘吾答。因失吾問。老子曰。何謂也。南榮趎曰。不知乎。人謂我朱愚。郭嵩燾云。左襄四年傳。杜注。短小曰朱儒。朱愚。蓋智術短小之謂。蘇輿云。案朱愚猶顓愚。朱顓雙聲字。知乎。反愁我軀。不仁則害人。仁則反愁我身。不義則傷彼。義則反愁我己。我安逃此而可。此三言者。趎之所患也。願因楚而問之。老子曰。向吾見若眉睫之間。吾因以得汝矣。已得汝心。今汝又言而信之。知吾言驗。若規規然若喪父母。李云。規規。細小貌。揭竿而求諸海也。向云。言以短小之物欲測深大之域。女亡人哉。宣云。如流亡之人。惘惘乎。汝欲反汝情性而无由入。可憐哉。宣云。失其所歸。南榮趎請入就舍。召其所好。去其所惡。宣云。召清虛。去物欲。十日自愁。宣云。未即能之故復愁。復見老子。老子曰。汝自洒濯。盪滌。孰哉鬱鬱乎。宣云。如熟物之氣蒸鬱於中。然而其中津津乎猶有惡也。宣云。所惡猶未盡去。夫外韄者不可繁而捉。將內揵。內韄者不可繆而捉。將外揵。釋文。韄音獲。李云。韄。縛也。向云。揵。閉也。案此言外韄者耳目為物所縛。不可以其繁擾而捉搤之。將必內閉其心。以息耳目之紛。內韄者、心思為欲所縛。不可以其繆亂而捉搤之。將必外閉其耳目。以絕心思之緣。外內韄者道德不能持。若外內物欲膠縛者。雖有道德不能扶持。而況放道而行者乎。向云。放。依也。南榮趎曰。里人有病。里人問之。病者能言其病。然其病病者猶未病也。問病者。即病病者也。若趎之聞大道。譬猶飲藥以加病也。趎願聞衛生之經而已矣。經。常也。宣云。且求全生自養而已。老子曰。衛生之經。能抱一乎。成云。守真不二也。能勿失乎。成云。還自得也。能无卜筮而知吉凶乎。王念孫云。吉凶當為凶吉。一失吉為韻。管子、心術篇。能專乎。能一乎。能无卜筮而知凶吉乎。是其證。（內業篇凶吉亦誤為吉凶。惟心術篇不誤。）能止乎。成云。不逐分外。能已乎。成云。已過不追。能舍諸人而求諸己乎。成云。舍棄效彼之心。追求己身之道。能翛然乎。成云。往來無係止。能侗然乎。宣云。無知。能兒子乎。宣云。元氣自然。兒子終日嗥而嗌不嗄。和之至也。釋文。嗥本又作號。司馬云。嗌。咽也。嗄。於邁反。本又作嚘。徐音憂。司馬云。楚人謂嗁極無聲曰嗄。俞云。作嚘是也。老子終日號而不嚘。傅奕本作歠。即嚘之異文。楊子太元經。夷次三日柔。嬰兒於號。三日不嚘。二宋陸王本同。蓋以嗄與柔為韻。可知楊所見老莊皆作嗄也。終日握而手不掜。共其德也。釋文。廣雅云。掜。捉也。宣云。共同拱。案赤子終日捲握而不必捉物。以拱握其手。乃德性固然也。終日視而目不瞚。釋文。瞚字又作瞬。同音舜。動也。偏不在外也。宣云。無所偏向於外。視猶不視。行不知所之。居不知所為。與物委蛇而同其波。與物順行。而同其波蕩。以上皆就赤子言。是衛生之經已。南榮趎曰。然則是至人之德已乎。問此即至人之德否。曰。非也。是乃所謂冰解凍釋者能乎。者猶之。言是特所謂解釋胸中凝滯之能乎。夫至人者。相與交食乎地而交樂乎天。俞云。徐无鬼篇曰。吾與之邀樂於天。吾與之邀食於地。與此文異義同。交即邀也。古字止作徼。左文二年傳。寡君願徼福於周公魯公。與此邀食邀樂語意相似。作邀者後起字。作交者叚借字。詩桑扈匪交匪傲。漢書五行志作匪徼匪傲。即其例矣。不以人物利害相攖。釋文。廣雅云。攖。亂也。不相與為怪。不立異。不相與為謀。不苟同。不相與為事。不輕交接。翛然而往。侗然而來。解具上。是謂衛生之經已。曰。然則是至乎。已造極乎。曰。未也。吾固告汝曰。能兒子乎。兒子動不知所為。行不知所之。身若槁木之枝而心若死灰。二語見齊物論。又見徐无鬼知北遊二篇。木作骸。若是者。禍亦不至。福亦不來。禍福无有。惡有人災也。釋文。惡音烏。郭云。禍福生於失得。人災由於愛惡。宣云。答以未也。而告之無進詞。蓋至道不外上所云。但有心以此為至。即非道矣。老子所以奪之。

宇泰定者，發乎天光。郭云：德宇泰然而定，則其所發者天光耳，非人耀。發乎天光者，人見其人。宣云：自人視之，亦人耳。人有修者，乃今有恆。宣云：修，即泰定。恆，純常也。有恆者，人舍之，天助之。人來依止，天亦佑助。人之所舍，謂之天民。無位而尊。天之所助，謂之天子。

學者，學其所不能學也。行者，行其所不能行也。辯者，辯其所不能辯也。宣云：三者皆不知止。知止乎其所不能知，至矣。成云：所不能知者，不強知之，此學之至妙。若有不即是者，天鈞敗之。成云：若不以分內為是者，斯敗自然之性。

備物以將形，具眾理以順形。藏不虞以生心，宣云：退藏於不思慮之地，以活其心。敬中以達彼，敬慎其內智，以達於外。若是而萬惡至者，宣云：謂災患。成云：若文王之拘羑里，孔子之厄匡人。皆天也，而非人也，宣云：非我致之。不足以滑成，不足以亂我之大成。不可內於靈臺。不可令人而擾吾之心。郭云：靈臺，心也。靈臺者有持，而不知其所持，而不可持者也。心不可動於物。貴能持之，但當自然而持，而不可有意執持之也。

不見其誠己而發，每發而不當，未見其誠身而妄發，雖發必不當。業入而不舍，每更為失。成云：業，事也。案外事入擾於心，而不舍去，雖更變而亦失。姚云：上己此也。不見其誠，則皆妄心耳。如此而發，固無當處，若能入矣，而不能久居，反更易為失，是知及而仁不能守者也。於

義亦通.

為不善乎顯明之中者人得而誅之為不善乎幽閒之中者鬼得而誅之明乎人明乎鬼者然後能獨行郭云.幽顯無愧於心.故獨行而不懼.券內者行乎无名宣云.券.契也.得契合乎內.成云.無名道也.履道者.雖行而無名迹.券外者志乎期費俞云.荀子書每用綦字.王霸篇.楊注.綦極也.亦或作期.期費.猶言極費.費謂財用.案券外者志乎期費.言契合乎外者.志欲窮極其財用也.行乎无名者唯庸有光平常而有光輝.志乎期費者唯賈人也與賈人何異.人見其跂猶之魁然人見其跂想分外.比之於市魁然.與物窮者物入焉郭注.窮.謂終始.宣云.我與物相終始.則物亦來就.與物且者其身之不能容焉能容人俞云.且苟且也.詩.東門之枌.穀旦于差.韓詩.旦作且.云.苟且也.是重言為苟且.單言為且.上文終始是窮極之義.苟且與窮極義正相反.不能容人者无親无親者盡人郭云.盡是他人.兵莫憯於志鏌鎁為下說文.憯毒也.字或作慘.憯毒莫甚於心而兵次之.寇莫大於陰陽无所逃於天地之間成云.寇.敵也.非陰陽賊之心則使之也郭云.心使氣.則陰陽徵(俗作黴)結於五藏.而所在皆陰陽也.故不可逃.道通其分也宣云.凡分必有畛域.道無畛域.故通乎其所分也.其成也毀也此有所成.則彼有所毀.故道無成毀之分.所惡乎分者其

分也以備。（分皆求備。故惡分。）所以惡乎備者其有以備。（其備有者。仍求備不已。故惡備。）故出而不反見其鬼。（情識外馳而不知反。止見其為鬼耳。）出而得是謂得死。（外馳而遂有得。彼自以為得也。不知是得死耳。）滅而有實鬼之一也。（其性既滅。雖有形骸之實。自謂生存。吾以為鬼之一也。）以有形者象无形者而定矣。（人有形質。當作無形質觀。則天君泰定矣。）

出无本。（道之流行無本根。）入无竅。（道之斂藏無竅隙。）有實而无乎處。（道有實在。而不見其處所。）有長而无乎本剽。（釋文。剽。本亦作摽。崔云末也。案木枝之遠揚者謂之標。故以訓末。言道之源流甚長。而不見其本末。）有所出而无竅者有實有實而无乎處者宇也。（有所出而無竅隙者。自非無實。雖有實。而終無處所者。處乎四方上下之宇也。）有長而无本剽者宙也。（雖有長而不見本末者。以古往今來之宙為之本末也。）有乎生有乎死有乎出有乎入。（人物有生死。陰陽有出入。）入出而無見其形是謂天門。（郭云。天門者。萬物之都名。謂之天門。猶言眾妙之門。）天門者无有也萬物出乎无有。（郭云。以無為門。）有不能以有為有。（有之未生。非有之所能有。）必出乎无有。（無能生有。）而无有一无有聖人藏乎是。（宣云。並無有二字亦無之。乃眾妙所在也。故聖人藏焉。）

古之人其知有所至矣惡乎至有以為未始有物者至矣盡矣弗可以加矣其次以為有物矣。（以上又見齊物論篇。）將以生為喪也以死為反也。（成云。俗人以生為得。以死為喪。今欲反於迷精。故以生為喪。以其無也。以死為反。反於空寂。雖未盡於眾妙.猶可齊於死生.是以分已。以同已.郭云.雖欲均之.然已分矣.成云.猶見生死之異.其次曰始无有既而有生生俄而死。以无有為首以生為體以死為尻孰知有无死生之一守者吾與之為友。言又次一等人.亦知有無生死之為一.而守之不疑.孰能知此理者.吾亦與為友.是三者雖異。郭云.或有而無之.或有而一之.或分而齊之.故謂三也.此三者.雖盡與不盡.俱能無是非於胸中.公族也。楚公族未受姓.如王子王孫.昭景也著戴也。宣云.此二族.著其所戴之先人為氏.甲氏也著封也。甲.中之誤.宣改.今從之.云此一族.是著其所封之邑為氏.非一也。亦如上三者同一原也.有生黬也。釋文.徐於減反.字林云.釜底黑也.宣云.有生皆出於闇穆.如釜底一抹皆黑.無彼此分別也.披然曰移是。今忽然披曉於人曰.汝當移而從是.此由我而生是非也.嘗言移是。試言之.非所言也。宣云.本不足言.雖然不可知者也。然世人亦不知此也.臘者之有膍胲可散而不可散也。成云.臘.大祭.膍.牛百葉.胲.備也.亦言是牛蹄也.臘祭之時.牲牢甚備.至於四肢五藏.並皆陳設.祭事既訖.方復散之.則以散為可.若其祭未了.則不合散.又以散為不可.觀室者周於寢廟又適其偃焉。釋文.司馬.郭云.偃.屏側也.桂馥云.屏當為庰.急就篇.屏廁清圂糞土壤.顏注.庰.僻偃之名也.郭慶藩云.偃當作匽.周禮宮人為其井匽.鄭司農云.匽.路廁也.燕策.宋王鑄諸侯之象.使侍屏匽.屏匽即庰廁也.為是舉移是請嘗言移是。微物之散否有時.一室之觀覽必悉.為此而舉及移是.則請試言移是.是以生為本以知為師。此以我之生為根本.以我之心知為師.因以乘是非。因此相乘.而起是非.果有名實因以己為質。使人以己為節。因以死償節。郭云。質。主也。案果有名實可爭。因以己身為主。使人皆從己以為節義。因共以死守之。所謂殺身以成名也。若然者。以用為知。以不用為愚。以徹為名。以窮為辱。若然者。非特死生我不自主。即知愚榮辱。亦皆不自主。其舉而用。則我是賢知也。棄而不用。則我是庸愚也。徹而上達。則我為榮名也。窮而在下。則我為恥辱也。移是今之人也。惟以權力移此今之人也。是蜩與學鳩同於同也。逍遙遊篇言蜩與鷽鳩笑大鵬。是二蟲同一無知也。今人如此。不與二蟲等誚乎。蹍市人之足。則辭以放鶩。釋文。蹍。女展反。廣雅云。履也。宣云。辭謝以放肆。自引罪。兄則以嫗。宣云。蹍兄足。則不必辭謝引罪。但煦嫗憐之而已。大親則已矣。成云。若父蹋子足。則閔然而已。不復詞費。宣云。可知道以相忘為至也。故曰至禮有不人。郭云。視人若己。至義不物。郭云。若得其宜。則物皆我也。至知不謀。成云。率性而照。至仁无親。郭云。辟之五藏。未曾相親。而仁已至矣。至信辟金。宣云。不須以金為質。

徹志之勃。宣云。徹。毀。勃。亂也。解心之繆。成云。繆。繫縛也。去德之累。達道之塞。達。通也。富貴顯嚴名利六者。嚴。威。勃志也。容動色理氣意六者。繆心也。容貌動作。顏色詞理。氣息情意也。惡欲喜怒哀樂六者。累德也。去就取與知能六者。塞道也。知音智。此四六者不盪胸中則正。郭云。盪。動也。正則靜。靜則明。明則虛。虛則无為而无不為也。

道者德之欽也。道無可見．見其德之流行．則共仰為有道之人．故曰．道者德之欽．生者德之光也。成云．天地之大德曰生．故生化萬物者．盛德之光華也．性者生之質也。成云．質．本也．自然之性．是稟生之本．性之動謂之為。郭云．以性自動．故稱為耳．此乃真為．非有為也．為之偽謂之失。成云．感物而動．性之欲．偽情分外有為．謂之喪道．知者接也。接物而知之謂之知．知者謨也。知．音智．謨．謀也．見事而慮之．故因謨見智．知者之所不知。猶睨也。雖智者有所不知．如目斜視一方．故不能偏．是以用智而偏．不如寂照．動以不得已之謂德。迫而後動．乃見盛德．動无非我之謂治。舍我逐物．則亂．反是則治．名相反而實相順也。騖名則偽而亂．終至相反．求實則真而治．終無不順．羿工乎中微而拙於使人无己譽。中微則人譽己．是工拙常相因也．惟大道能無名．聖人工乎天而拙乎人。郭云．任其自然．天也．有心為之．人也．夫工乎天而俍乎人者。唯全人能之。釋文．俍音良．成云．俍．善也．全人．神人也．案聖人．謂堯舜以下．全人．謂伏羲以上．唯蟲能蟲。唯蟲能天。成云．鳥飛獸走．能蟲也．蛛網蜣丸．能天也．皆稟之造物．豈仿效之所能致．案言蟲之能亦不齊．全人惡天。惡人之天。而況吾天乎人乎。人言全人惡天．非惡天也．特惡人之天耳．謂已不順性而偽為也．若直以人為天．而使天下皆從己．則更非矣．

一雀適羿，適，遇也。羿必得之，威也。成云：所獲者少，所逃者多，以威御世，其義亦爾。以天下為之籠，則雀無所逃。成云：大道曠蕩，無不制圍，故以天下為之籠，則雀無逃處。是知以威取物，深乖大造。是故湯以胞人籠伊尹，秦穆公以五羊之皮籠百里奚。胞同庖。伊尹以割烹要湯，百里奚自鬻於秦養牲者，五羊之皮食牛，以要秦穆公，二事皆孟子所斥。是故非以其所好籠之而可得者，无有也。

介者拸畫，外非譽也。郭云：介，刖也。崔云：拸畫，不拘法度也。俞云：漢書司馬相如傳注：拸，自放縱也。與此拸字義同。穀梁桓六年傳：以其畫我。公羊傳作化我，何注：行過無禮謂之化。畫義蓋同。人既刖足，不自顧惜，非譽皆所不計，故不拘法度。胥靡登高而不懼，遺死生也。胥靡，役作之人。傅說胥靡是也。夫復謵不餽而忘人，釋文：餽，元嘉本作愧。郭嵩燾云：說文：讋，失氣言也。謵，言讋謵也。復謵，謂人語言慴伏以下我，以物與人曰餽，以言語餉人亦曰餽。不餽，謂不報謝。外非譽，遺死生，忘己者也。復謵不餽，忘人者也。案：復謵不餽，諸解皆非，郭說為近，下文所謂敬之而不喜也。此處疑有奪文，不敢強說。忘人，因以為天人矣。能忘人，即可以為天人，以其近自然也。故敬之而不喜，侮之而不怒者，唯同乎天和者為然。成云：忘其逆順。

出怒不怒，則怒出於不怒矣。出於人所怒之事，而我不怒，則有時而怒，仍自不怒出，此孟子所謂文王一怒，武王一怒也。出為无為，則為出於无為矣。出於人所為之地，而我不為，則有時而為，仍自無為出，中庸所謂無為而成，孔子所謂無為而治也。欲靜則平氣，欲神則順心。

郭云.平氣則靜理足.順心則神功至.有為也欲當則緣於不得已郭云.緣於不得已.則所為皆當.成云.不得止者.感而後應.分內之事也.不得已之類聖人之道郭云.聖人以斯為道.豈求無為於恍惚之外哉.

雜篇 徐无鬼第二十四

徐无鬼因女商見魏武侯釋文.徐无鬼.魏隱士.司馬本作緡山人徐无鬼.成云.女姓.商名.魏宰臣.武侯名擊.武侯勞之曰先生病矣苦於山林之勞故乃肯見於寡人徐无鬼曰我則勞於君君有何勞於我君將盈耆欲長好惡釋文.長.丁丈反.則性命之情病矣情.實.君將黜耆欲掔好惡釋文.掔.苦田反.又口閑反.崔云.引去也.則耳目病矣我將勞君君有何勞於我武侯超然不對司馬云.超然猶悵然.少焉徐无鬼曰嘗語君吾相狗也嘗.試.下之質執飽而止材質下者.甚飽而止.是狸德也俞云.廣雅釋獸.狸.猫也.秋水篇曰.騏驥驊騮.捕鼠不如狸狌.此本書以狸為猫之證.御覽引尸子曰.使牛捕鼠.不如猫狌之捷.莊子言狸狌.尸子言猫狌.其義一也.狗取飽而止.與猫同.故云是狸德.中之質若視日宣云.凝然上視.上之質若亡其一釋文.一.身也.精神不動.若無其身.吾相狗又不若吾相馬也吾相馬直者中繩成云.謂馬

（前齒。）曲者中鉤。（成云：謂馬項。）方者中矩。（成云：謂馬頭。）圓者中規。（成云：謂馬眼。）是國馬也。（國君得之為上品。）而未若天下馬也。天下馬有成材。（釋文：自然已足，不須教習。）若卹若失。（釋文：失音逸。司馬本作佚。李云：卹失，皆驚悚若飛也。成云：眼自顧視，既似憂虞，蹢足緩疏。又如奔佚。）若喪其一。（成云：觀其神彩，若忘己身。）若是者超軼絕塵，不知其所。（所，謂止所。）武侯大悅而笑。徐无鬼出。女商曰：先生獨何以說吾君乎？（說，同悅。下同。）吾所以說吾君者，橫說之則以詩書禮樂，從說之則以金板六弢。（釋文：司馬崔云：金版六弢，皆周書篇名。或曰：祕讖也。本又作六韜，謂太公六韜，文武虎豹龍犬也。版本又作板。成云：橫，遠也。從，近也。武侯好武而惡文，故以兵法為從，六經為橫也。）奉事而大有功者不可為數，而吾君未嘗啟齒。（笑也。）今先生何以說吾君，使吾君說若此乎？徐无鬼曰：吾直告之吾相狗馬耳。（直，特也。）女商曰：若是乎？（成云：怪其術淺。）曰：子不聞夫越之流人乎？（蓋當日相傳，越之流人有是言也。）去國數日，見其所知而喜；去國旬月，（或旬，或月。）見其所嘗見於國中者喜；及期年也，見似人者而喜矣。（似鄉里人也。）不亦去人滋久，思人滋深乎？（滋，愈。）夫逃虛空者，（司馬云：故壞冢處為空虛也。案：謂墟旁有空處也，故下云位其空。）藜藋柱乎鼪鼬之逕，（其地但有鼪鼬往來徑路，藜藋森立如柱，極言其荒穢也。藜，蒿也。爾雅拜商藋，郭注：商藋似藜。）踉位其空，（踉蹌而處其空地。）聞人足音跫然而喜矣。成云.跫.行聲.而況乎兄弟親戚之謦欬其側者乎。李云.謦欬.喻言笑也.案喻武侯有狗馬之好.驟聞而喜.不異流人之見鄉人.逃者之聞骨肉言笑也.久矣夫莫以真人之言謦欬吾君之側乎。正人之言.則莫以進君側也.徐无鬼見武侯。武侯曰。先生居山林。食芧栗。郭慶藩云.芧.即櫟也.一名栩.一名柔.一名采.其實謂之皁.亦謂之樣.今書傳樣皆作橡.芧柔杼三字通.此篇芧栗.山木篇作杼栗.厭蔥韭。厭.足.以賓寡人。賓同擯.久矣夫。今老邪。其欲干酒肉之味邪。李云.干.求也.其寡人亦有社稷之福邪。李云.謂善言嘉謀.可以利社稷也.徐无鬼曰。无鬼生於貧賤。未嘗敢飲食君之酒肉。將來勞君也。君曰。何哉。奚勞寡人。曰。勞君之神與形。成云.形勞神倦.故慰之.武侯曰。何謂邪。徐无鬼曰。天地之養也一。宣云.天地之生人皆同.登高不可以為長。居下不可以為短。高下.貴賤也.君獨為萬乘之主。以苦一國之民。以養耳目鼻口。夫神者不自許也。宣云.心神當有不自得處.夫神者。好和而惡姦。宣云.和.同物.姦.自私.夫姦。病也。故勞之。唯君所病之。何也。宣云.何故自蹈此病.武侯曰。欲見先生久矣。吾欲愛民而為義偃兵。可乎。偃息兵戈.是為裁制之義.徐无鬼曰。不可。愛民。害民之始也。名為愛民.而實役之.是愛即害之始也.為義偃兵。造兵之本也。號稱偃兵.敵國潛伺.是偃即造之本也.君自此為之則殆不成。自名入實，近於不成。凡成美惡器也。凡欲成美名者，惡其滯於器也。君雖為仁義幾且偽哉。雖欲成仁成義，不且滯於名器而為偽哉。形固造形，無形之形，可以造眾形。成固有伐，其名之成，則有功自夸。變固外戰。其事之變，則日與外戰。君必无盛鶴列於麗譙之間，无徒驥於錙壇之宮，李云：鶴列，謂兵如鶴之列。麗譙，樓觀名。案徒驥猶言步騎。錙壇宮名。蓋魏有此宮。麗譙之間，錙壇之宮，非可列兵走馬之地，喻令毋騁心兵也。无藏逆於得，順得可也，毋非理妄取而藏逆於得。无以巧勝人，无以謀勝人，无以戰勝人。三者，皆藏逆於得之事。夫殺人之士民，兼人之土地，以養吾私與吾神者，養吾私體，與吾心神。其戰不知孰善？無所謂善。勝之惡乎在？無所謂勝。君若勿已矣，若有不已於斯民之故。修胸中之誠，以應天地之情而勿攖。在吾修己之誠，以順應天地而勿有所攖擾。夫民死已脫矣，君將惡乎用夫偃兵哉！如是則民已脫於死亡矣，何用偃兵。

黃帝將見大隗乎具茨之山，釋文：大隗，神名。司馬云：具茨在滎陽密縣東，今名泰隗山。方明為御，昌寓驂乘，張若謵朋前馬，司馬云：先馬導。昆閽滑稽後車；至於襄城之野，成云：汝州有襄城縣，在大隗山南。七聖皆迷，无所問塗。適遇牧馬童子，問塗焉，曰：「若知具茨之山乎？」曰：「然。」「若知大隗之所存乎？」曰：

然。黃帝曰。異哉。小童。非徒知具茨之山。又知大隗之所存。請問為天下。小童曰。夫為天下者。亦若此而已矣。亦若此遊於襄城之野而已. 又奚事焉。不必更欲多事. 予少而自遊於六合之內。予適有瞀病。釋文.瞀.莫豆反.李云.風眩貌. 有長者教予曰。若乘日之車。司馬云.以日為車也.郭云.日出而遊.日入而息. 而遊於襄城之野。今予病少痊。予又且復遊於六合之外。夫為天下。亦若此而已。予又奚事焉。言非我所事也. 黃帝曰。夫為天下者。則誠非吾子之事。雖然。請問為天下。小童辭。黃帝又問。小童曰。夫為天下者。亦奚以異乎牧馬者哉。亦去其害馬者而已矣。見害於馬者去之.使馬得全其天也. 黃帝再拜稽首。稱天師而退。已見大隗矣.

知士无思慮之變則不樂。辯士无談說之序則不樂。察士无淩誶之事則不樂。俞云.禮鄉飲酒.鄭注.察.猶察察.嚴殺之貌.老子.俗人察察.河上公注.察察.急且疾也.察有嚴急之意.故以淩誶為樂.李云.淩.謂相淩轢.廣雅.誶.問也. 皆囿於物者也。務自見其能.此為物事所囿也. 招世之士興朝。招致世人.相與共濟.此務興其朝者也. 中民之士榮官。士僅中庸.持祿保位.此但榮其官者也. 筋力之士矜難。筋力強壯.遇難則矜. 勇敢之士奮患。性情勇敢.見患則奮. 兵革之士樂戰。久於兵革.以戰為樂. 枯槁之士宿名。山林枯槁留戀名高。法律之士廣治。講求法律。思廣治術。禮教之士敬容。束身禮教。敬飾容儀。仁義之士貴際。施用仁義。貴在交際。農夫无草萊之事則不比。商賈无市井之事則不比。成云。比。和樂。古者因井為市。故謂之市井。庶人有旦暮之業則勸。庶人偶有旦暮與共之事。相聚為業。則競勸。百工有器械之巧則壯。器械巧便。工良費少。其氣自壯。錢財不積則貪者憂。權勢不尤則夸者悲。尤。異於眾。夸。矜驕也。勢物之徒樂變。遭時有所用。不能无為也。物。事也。逞勢生事之徒。喜樂禍變。遭時而後有所用。其人不能安靜。此皆順比於歲。不物於易者也。順歲時相追逐。無一息之停。各自囿於一物。不能相易。馳其形性。二者並馳。潛之萬物。宣云。潛。汩沒也。終身不反。悲夫。

莊子曰。射者非前期而中。謂之善射。成云。期。準的也。射無期準。而誤中一物。即以為善射。天下皆羿也可乎。惠子曰可。莊子曰。天下非有公是也。而各是其所是。天下皆堯也可乎。成云。各私其是。故無公是。郭云。若謂謬中者羿也。則私自是者。亦可謂堯矣。莊子以此明妄中者非羿。而自是者非堯。惠子曰可。宣云。惠子亦自是者。故以為可。莊子曰。儒墨楊秉四與夫子為五。果孰是邪。成云。儒。姓鄭。名緩。墨。名翟。楊。名朱。秉者。公孫龍字。增惠施為五。各相是非。用誰為是。若天下皆堯。何為五復相非乎。或者若魯遽者邪。李云。姓魯。名遽。周初人。案下引魯事。其弟子曰。我得夫子之道矣。吾能冬爨鼎而夏造冰矣。成云。

冬取千年燥灰以擁火須臾出火可以爨鼎盛夏以瓦瓶盛水湯中煮之縣瓶井中須臾成冰也

魯遽曰是直以陽召陽以陰召陰成云千年灰陽也火又陽也此以陽召陽井中陰也水又陰也此以陰召陰非吾所謂道也吾示子乎吾道於是為之調瑟廢一於堂廢一於室鼓宮宮動鼓角角動音律同矣宣云舉宮角以該五音弟子言氣之相召者遽示以音之相動者廢置也置一瑟於堂置一瑟於室相去異地鼓之而宮角相應律無不同此遽自謂是道者也夫或改調一弦於五音无當也鼓之二十五弦皆動未始異於聲而音之君已宣云莊子駁魯遽之道未足為異也言無論二瑟五音相應姑就一瑟言之當其本調既成五音各有定弦今或改調一弦而為變調則於本調之五音移動而無當也宜不相應矣乃鼓之而二十五弦亦隨之而變無不相應此豈於五音之外有異聲哉蓋五音可旋相為宮今所改一弦便是變調之宮如君主然則餘弦自隨之而動也夫一瑟之間又是變調無不相應如此則二瑟五音之上其相應尤理之常然何足異乎今遽以此誇其弟子自謂積微不知五音之相動與二氣之相召有以異乎可見在人則見以為非在己則見以為是究之相等耳且若是者邪宣云惠與四人各是所是究無公是毋乃如魯遽邪惠子曰今夫儒墨楊秉且方與我以辯五家相與辯論相拂以辭相鎮以聲以言辭相拂拭以聲譽相鎮定而未始吾非也則奚若矣宣云言四家皆不以我為非則何如矣郭云未始吾非者各自是也惠子便欲以此為至莊子曰齊人蹢子於宋者其命閽也不以完宣云蹢與躑同齊人殘其子足使躑躅於宋命為彼閽人蓋為閽不以完人也郭云此齊人之不慈然亦自以為是故為之其求鈃鍾也以束縛釋文字林云鈃似小鍾而長頸又云似壺而大郭云乃反以愛鍾器為是

束縛、恐其破傷、姚云鈃上求字衍、其求唐子也。而未始出域。有遺類矣夫。郭云、唐、失也、失亡其子、而不能遠索、遺其氣類、而未始自非、人之自是、有斯謬矣、俞云、夫字上屬、與左襄二十四年傳有令德也夫、有令名也夫、句法相似、今從之、楚人寄而蹢閽者。俞云、蹢、當讀為讁、方言、讁、怒也、廣雅、讁、責也、楚人寄而讁閽者、謂寄居人家、而怒讁其閽者也、案自來注家、就本文解釋、與下文連為一事、萬無可通之理、此蹢字緣上蹢字而誤、今斷從俞說、夜半於无人之時。而與舟人鬭。未始離於岑。而足以造於怨也。郭云、岑、岸也、齊楚二人、所行若此、未嘗自以為非、今五子自是、豈異斯哉、宣云、離、同麗、案夜半無人之時、舟未著岸、而與舟人鬭、將有性命之虞、與寄而讁閽之事、皆足以造怨也、

莊子送葬。過惠子之墓。顧謂從者曰。郢人堊慢其鼻端若蠅翼。使匠石斲之。匠石運斤成風。聽而斲之。釋文、慢、本亦作漫、郢人、漢書音義作獿人、服虔曰、獿人、古之善塗塈者、施廣領大袖、以仰塗而領袖不污、有小飛泥、誤著其鼻、因令匠石、揮斤而斲之、獿、音鐃、韋昭乃回反、成云、堊、白善土也、漫、汙也、案聽而斲之、秪是放手為之之義、當局本極審諦、旁人見若不甚經心、故云聽耳、而郭象以為瞑目恣手、失之遠矣、石、匠人名、盡堊而鼻不傷。郢人立不失容。宋元君聞之。召匠石曰。嘗試為寡人為之。匠石曰。臣則嘗能斲之。雖然。臣之質死久矣。宣云、質、施技之地、謂郢人也、自夫子之死也。吾无以為質矣。吾无與言之矣。夫子、謂惠、莊惠行事不同、而相投契、惠死而莊無可與縱言之人、是以歎也、

管仲有病。桓公問之曰。仲父之病病矣。列子力命篇。作疾矣。言病甚也。可不謂云。力命篇。作可不諱云。言不可復諱而不言也。謂字誤。至於大病。則寡人惡乎屬國而可。管仲曰。公誰欲與。公曰。鮑叔牙。曰。不可。其為人絜廉善士也。其於不己若者不比之。不似己清潔者。不與為友。嫉惡太嚴也。力命篇。作不比之人。不以人比數也。下文又字。蓋人字之誤。又一聞人之過。終身不忘。念舊惡。使之治國。上且鉤乎君。釋文。鉤反也。亦作拘。宣云。亦逆意。下且逆乎民。其得罪於君也。將弗久矣。公曰。然則孰可。對曰。勿已。則隰朋可。其為人也。上忘而下畔。力命篇。畔上有不字。是此脫。宣云。上忘者。不自矜其能。故在己上者。與之相忘。下不畔者。汎愛眾。故在己下者。不忍畔之。張湛注。居高而自忘。則不憂下之離畔。愧不若黃帝。而哀不己若者。張注。慚其道之不及聖。矜其民之不逮己。故能無棄人也。以德分人謂之聖。以財分人謂之賢。以賢臨人。未有得人者也。臨人而自賢。人所不與也。以賢下人。未有不得人者也。張注。與物升降者。物必歸。其於國有不聞也。其於家有不見也。宣云。不事察察。勿已則隰朋可。

吳王浮於江。登乎狙之山。眾狙見之。恂然棄而走。逃於深蓁。成云。恂。怖懼。蓁。棘叢。有一狙焉。委蛇攫㧰。見巧乎王。釋文。㧰。本又作搔。素報反。徐本作搡。七活反。司馬本作條。成云。委蛇。從容。攫㧰。騰擲也。王射之。敏給搏捷矢。俞云。敏給二字同義。後漢酈炎注。言論給捷。李注。給。敏也。敏給當以狙言。謂狙性敏給。能搏接矢也。舊注以敏給屬王射言。非。捷接古字通。王命相者趨射狙。執死。司馬云。相。佐王獵者也。執。死。見執而死也。王顧謂其友顏不疑曰。之狙也。伐其巧。恃其便。捷也。以敖予。敖傲同。以至此殛也。殛。死也。戒之哉。嗟乎。无以汝色驕人哉。色猶言意態。顏不疑歸而師董梧。釋文。董梧。有道者也。以助其色。釋文。助。本亦作鋤。成云。除去也。去樂辭顯。屏去聲樂。辭謝榮顯。三年而國人稱之。

南伯子綦隱几而坐。仰天而噓。南伯。即南郭。伯郭聲近通用。字事又見齊物論篇。几作机。顏成子入見曰。夫子物之尤也。宣云。言其出類拔萃。案齊物論篇作何居乎。形固可使若槁骸。心固可使若死灰乎。齊物論篇作槁木。庚桑楚篇作槁木之枝。此與知北遊作槁骸。猶言槁枝也。以下異。曰。吾嘗居山穴之中矣。當是時也。田禾一覩我。而齊國之眾三賀之。釋文。齊君尊德。故國人慶之。盧云。田禾即齊太公和。我必先之。彼故知之。我必賣之。彼故鬻之。我名先著。彼乃知之。是我賣而彼鬻之也。若我而不有之。自有其名。彼惡得而知之。若我而不賣之。彼惡得而鬻之。嗟乎。我悲人之自喪者。宣云。逐外喪真。吾又悲夫悲人者。宣云。又自喪也。吾又悲夫悲人之悲者。宣云。亦自喪也。其後而日遠矣。宣云。眾心盡遺。乃有此槁木死灰之象。

仲尼之楚。楚王觴之。孫叔敖執爵而立。市南宜僚受酒而祭。曰。古之人乎。於此言已。釋文.左傳.孫叔敖是楚莊王相.孔子未生.哀公十六年.仲尼卒後.白公為亂.宜僚未嘗仕楚.又宣十二年傳.楚有熊相宜僚.與叔敖同時.去孔子甚遠.蓋寄言也.成云.古人飲必先祭.宜僚瀝酒祭.故祝聖人.宣云.燕會之際.正乞言憲道時也.蓋二子導孔子使言.曰。丘也聞不言之言矣。未之嘗言。於此乎言之。前此未嘗言不言之言.乃今言之.市南宜僚弄丸而兩家之難解。司馬云.宜僚.楚勇士也.善弄丸.白公將作亂.殺子西子期.石乞曰.市南有熊宜僚者.若得之.可以當五百人.往告不許.承之以劍.不動.弄丸如故.曰.吾亦不泄子.白公遂殺子西子期.歎息兩家而已.宜僚不預其患.案言難解.非也.或記載有異.孫叔敖甘寢秉羽而郢人投兵。司馬云.叔敖安寢恬臥.養德於廟堂之上.折衝於千里之外.敵國不敢犯.郢人投兵.無所攻伐.郢.楚都也.釋文.羽.雩舞者之所執.案淮南主術訓.昔孫叔敖恬臥.而郢人無所害其鋒.與此文意同.（害.王氏雜志.正作用.）丘願有喙三尺。能言之具.願有之而已.引孔子語畢.彼之謂不道之道。彼.謂宜僚叔敖.難解兵投.不煩論說.是不言之道也.故德總乎道之所一。無論行德若何.期於合道一而已矣.而言休乎知之所不知至矣。上知音智.止其分即至矣.道之所一者。德不能同也。宣云.非見德者所能同.知之所不能知者。辯不能舉也。宣云.非善辯者所能舉.名若儒墨而凶矣。宣云.以名相標.凶德也.故海不辭東流。大之至也。聖人并包天地。澤及天下。而不知其誰氏。是故生无爵。郭云.有而無之.死无謚。成云.生既以功推物.故死亦無可謚.實不聚。郭云.今萬物各知足.名不立。此之謂大人。狗不以善吠為良。人不以善言為賢。而況為大乎。郭云.大愈不可為而得. 夫為大不足以為大。而況為德乎。郭云.唯自然乃德耳. 夫大備矣。莫若天地。然奚求焉。而大備矣。天地何求.自無不備. 知大備者。无求。无失。无棄。不以物易己也。宣云.己貴於物故也. 反己而不窮。自然不窮. 循古而不摩。順古道而行.無須摩飾. 大人之誠。實也.

子綦有八子。陳諸前。召九方歅曰。為我相吾子。孰為祥。九方歅曰。梱也為祥。子綦瞿然喜曰。奚若。曰。梱也將與國君同食以終其身。子綦索然出涕曰。索然.涕下連綿之貌. 吾子何為以至於是極也。哀其不幸. 九方歅曰。夫與國君同食。澤及三族。而況父母乎。今夫子聞之而泣。是禦福也。釋文.禦.距也. 子則祥矣。父則不祥。子綦曰。歅。汝何足以識之。而梱祥邪。盡於酒肉。入於鼻口矣。言汝何謂梱祥邪.夫所謂祥者.特鼻入酒肉之香.口入酒肉之味.二者盡之矣. 而何足以知其所自來。其所自來.皆虐取於民者. 吾未嘗為牧而牂生於奧。未嘗好田而鶉生於宎。若勿怪何邪。釋文.爾雅云.牂.牝羊也.奧.西南隅未地也.宎字又作窔.司馬云.東北隅也.一云東南隅.盧云.釋宮.東南隅謂之窔.東北隅乃宧也.案牂所自來牧也.鶉所自來田也.未田牧而有牂鶉雖非如國君之取於民，亦必有由而至。汝未嘗一怪問何邪。吾所與吾子遊者，遊於天地。逍遙遊也。吾與之邀樂於天，吾與之邀食於地。邀，同徼。義具庚桑楚篇。彼邀作交。吾不與之為事，不與之為謀，不與之為怪。庚桑楚篇大同。吾與之乘天地之誠，而不以物與之相攖。上文修胸中之誠，以應天地之情而勿攖，與此義相應。吾與之一委蛇，而不與之為事所宜。吾一與之順應，而不必擇事所宜者為之。凡此皆與吾子修道之實也。今也然有世俗之償焉。吾子不為世俗酒肉之人，而今也居然有世俗酒食之報，可怪也。凡有怪徵者，必有怪行。宣云，此常事也。殆乎非我與吾子之罪，幾天與之也。吾是以泣也。宣云，今無怪行，而有怪徵，殆非我與吾子之罪，幾於天危我家乎，是以泣也。无幾何而使梱之於燕，盜得之於道，全而鬻之則難，不若刖之則易。郭云，全恐其逃，不若刖之易售也。於是乎刖而鬻之於齊，適當渠公之街，然身食肉而終。宣云，渠公，蓋齊所封國，如楚葉公之類。適當君門之街，為閽者，故曰與國君同食也。

齧缺遇許由，曰，子將奚之。曰，將逃堯。曰，奚謂邪。曰，夫堯畜畜然仁，王云，畜畜，愛卹勤勞之貌。吾恐其為天下笑。後世其人與人相食與。釋文，言相馳走於仁義，不復營農，飢則相食。案語又見庚桑楚篇。夫民不難聚也。愛之則親，利之則至，譽之則勸，致其所惡則散。愛利出乎仁義，捐仁義者寡。

利仁義者眾。夫仁義之行，唯且无誠。郭云，仁義既行，將偽以為之。且假乎禽貪者器。且以利器假禽貪者。宣云，如禽者之貪得，猶貪漁也，即重利盜跖意。是以一人之斷制利天下，譬之猶一覕也。釋文，司馬云，覕，暫見貌，又甫莅反，又普結反。宣云，一人之斷制，所見有限，猶目之一瞥，豈能盡萬物之情乎。夫堯知賢人之利天下也，而不知其賊天下也，夫唯外乎賢者知之矣。宣云，惟不矜賢者，始知有心之賊天下。

有暖姝者，釋文，暖，柔貌，姝，妖貌。有濡需者，釋文，濡需，謂偷安須臾之頃。有卷婁者。釋文，卷婁，猶拘攣也。所謂暖姝者，學一先生之言，則暖暖姝姝而私自說也，說同悅。自以為足矣，而未知未始有物也，成云，不知所學未有一物可稱。是謂暖姝者也。濡需者，豕蝨是也，擇疏鬣成云，疏長之毛鬣。自以為廣宮大囿，奎蹏曲隈，乳間股腳，自以為安室利處，釋文，奎本亦作睽，郭慶藩云，曲隈，蓋謂胯內。淮南覽冥訓高注，隈，曲深處。左僖二十五年傳杜注，隈，隱蔽之處，是知言隈者，皆在內曲深之謂。不知屠者之一旦鼓臂布草操煙火，而已與豕俱焦也。此以域進，此以域退，進退滯於境域。此其所謂濡需者也。卷婁者，舜也。羊肉不慕蟻，蟻慕羊肉，羊肉羶也。舜有羶行，百姓悅之，故三徙成都，至鄧之虛而十有萬家。釋文，向云，鄧，邑名，虛本又

（作墟。）堯聞舜之賢。舉之童土之地。（向云。童土地無草木也。）曰冀得其來之澤。（云望得舜來而施澤也。）舜舉乎童土之地。年齒長矣。聰明衰矣。而不得休歸。所謂卷婁者也。是以神人惡眾至。（超世之神人。則不願眾附。）眾至則不比。（眾至。則不與親比。）不比則不利也。（宣云。不與親比。則人亦不以為利而就之。）故无所甚親。无所甚疏。抱德煬和。（釋文。煬。徐餘亮反。李云。煬。炙也。為和氣所炙。）以順天下。此謂真人。於蟻棄知。於魚得計。於羊棄意。（郭嵩燾云。蟻之附羶也。有利而趨之。即其知也。羊之羶也。與以可歆之利。即其意也。蟻無知而有知。羊無意而有意。當兩棄之。魚相忘於江湖。人相忘於道德。何羶之可慕哉。故曰。故魚得計。）以目視目。（不外視。）以耳聽耳。（不外聽。）以心復心。（不外用。）若然者。其平也繩。（成云。無心而正物。）其變也循。（循。順也。與變推移。）古之真人。以天待之。（成云。用自然之道。虛其心以待物。宣云。之當作人。是。）不以人入天。（成云。不以人事變天然之知。）古之真人。（姚云。覆言真人以美之。）得之也生。失之也死。得之也死。失之也生。（得自然則生。失自然則死。得外榮則死。失外榮則生。）藥也。其實堇也。（司馬云。烏頭。）桔梗也。雞廱也。（司馬云。即雞頭。一名芡。）豕零也。（司馬云。一名豬苓。）是時為帝者也。（藥有君臣。此數者。視時所宜。迭相為君。）何可勝言。句踐也以甲楯三千棲於會稽。唯種也能知亡之所以存。宣云。明於謀國。唯種也。不知身之所以愁。暗於全身。故曰鴟目有所適。成云。適夜不適晝。鶴脛有所節。解之也悲。以長為節。去之則悲。故曰風之過河也有損焉。日之過河也有損焉。宣云。吹曬能令水耗。請只風與日相與守河。而河以為未始其攖也。恃源而往者也。試請風日常守河上。而河以為未始攖而損之。何也。以河源長遠有所恃而往也。釋文恃本亦作持。故水之守土也審。影之守人也審。物之守物也審。物各守其類。言皆止而不移。故目之於明也殆。耳之於聰也殆。心之於殉也殆。用有時而竭。凡能其於府也殆。凡藏府之有能者。亦皆危殆。殆之成也不給改。不能自反。及殆之已成。雖欲改而不給矣。禍之長也茲萃。禍患之長。多聚於人身。其反也緣功。其反於自然。皆緣功力。其果也待久。其果決自反。亦待積久。而人以為己寶。而人以耳目心藏府為身之寶。務竭其用。而不悟其日損。不亦悲乎。故有亡國戮民无已。所以亡國戮民。相續於世。不知問是也。皆由於此。不一審問也。姚云。是者源也。故足之於地也踐。雖踐。恃其所不蹍而後善博也。踐。蹍。皆履也。博。廣遠也。言足得地踐之。雖地任其踐。恃有不蹍者在。而後能善致其博遠也。人之於知也少。雖少。恃其所不知而後知天之所謂也。人之於知．每苦其少．然知雖少．恃有不知者在．而後知天道之自然．不知即真知也．知大一。知大陰。知大目。知大均。知大方。知大信。知大定。至矣。宣云．知此．方為真知．他何足云．大一通之。成云．大一．天也．能通生萬物．故曰通．大陰解之。成云．大陰．地也．宣云．解紛擾．大目視之。務見其大．大均緣之。成云．緣．順也．郭云．順其本性．令各自得．則大均也．大方體之。郭云．體之使各得其分．則萬方俱得．所以為大方也．大信稽之。成云．稽．至也．循而任之．各至其實．斯大信也．大定持之。郭云．真不撓則自定．故持之以大定．盡有天。成云．上七大．未有不由自然者．循有照。成云．順其自然．智自明照．冥有樞。窈冥不言中．自有樞機．始有彼。大始之中．而彼我之端已見．則其解之也似不解之者。郭云．解之無功．故似不解．其知之也似不知之也。成云．能忘其知．故似不知也．不知而後知之。不知而後為真知．其問之也不可以有崖。問道無方．而不可以無崖。為道固有方．頡滑有實。向云．頡滑．謂錯亂也．案物物各有實理．古今不代。郭云．各自有．故不可相代．而不可以虧。郭云．宜各盡其分．則可不謂有大揚搉乎。成云．其道廣大．豈不謂顯揚妙理．而推實論之乎．闔不亦問是已。奚惑然為。宣云．闔．同曷．案言曷不推問此理．為惑然為乎．姚讀盡有天循句．有照冥句．有樞始句．有彼則句．釋云．天循者．常無以知其妙也．照冥者．常有以知其徼也．天循為體．故有樞始．照冥為用．故有彼則．言因彼為則．無常則也．此非必其人也．人盡有之．特知解者鮮耳．而又不可以知解求也．故問者難．而又不可不問．此理真實不虛．盍不問而終身惑乎．今併取之．以不惑解惑。復於不惑。是尚大不惑。今以我之不惑．解人之惑．以反於不惑．是尚為大不惑也．

雜篇 則陽第二十五

則陽游於楚。成云．姓彭．名陽．字則陽．魯人．夷節言之於王。王未之見。夷節歸。成云．夷姓．名節．楚臣．王．楚文王也．彭陽見王果曰。夫子何不譚我於王。司馬云．王果．楚賢人．李云．譚．說也．王果曰。我不若公閱休。釋文．公閱休．隱士也．彭陽曰。公閱休奚為者邪。曰。冬則擉鼈於江。司馬云．擉．刺也．夏則休乎山樊。有過而問者。曰。此予宅也。釋文．廣雅云．樊．邊也．司馬云．以隱居山陰自顯．郭云．言此者以抑彭陽之進趣．夫夷節已不能。而況我乎。吾又不若夷節。為人又不相似．夫夷節之為人也。无德而有知。同智．不自許。以之神其交。不以氣誼自許與．惟以推薦神其交結之術．固顛冥乎富貴之地。固顛倒冥蒙於富貴之地．非相助以德。相助消也。非能以德相助．相助以消德也．夫凍者假衣於春。凍者逢春．不啻假之以衣．暍者反冬乎冷風。釋文．字林云．暍．傷暑也．若得冷風則不啻反為冬時．夫楚王之為人也。形尊而嚴。其於罪也。无赦如虎。暴戾如此．非夫佞人正德。其孰能撓焉。王云．佞人以才辯奪之．正德以至道服之．否則不撓屈也．故聖人。上文正德．此文聖人．皆謂公閱休．其窮也。使家人忘其貧。其達也。使王公忘其爵祿而化卑。[郭云.失其所以為高.]其於物也。與之為娛矣。其於人也。樂物之通。而保己焉。[成云.混迹人間而無滯塞.雖復通物.而不喪我.]故或不言而飲人以和。[郭云.人各自得.斯飲和矣.豈待言哉.]與人並立而使人化。[郭云.望其風而靡.]父子之宜。彼其乎歸居。[彼其.猶詩云.彼其之子也.歸居.猶言安居.易云.父父子子.而家道正.正家而天下定.即其義也.]而一閒其所施。[既歸隱不出.則所施於物者.為之一閒也.釋文.閒.音閑.]其於人心者若是其遠也。[其清高遠於人心.]故曰待公閱休。[郭云.欲其釋楚王.而從閱休.將以靜泰之風.鎮其動心也.]

聖人達綢繆。周盡一體矣。[聖人自愛其身.由中達外.周至無間.]而不知其然。性也。[不知其然而然.出於性也.]復命搖作。而以天為師。人則從而命之也。[作.動也.或有搖動.皆復其本命.而以己之天為師.人不過從而命之.]憂乎知。而所行恆无幾時。其有止也。若之何。[知貴能行.專以知為憂.而所行無幾時.甫行又止.吾將若之何哉.言行不可有止.]生而美者。人與之鑑。[人告以美.不啻予以鏡也.]不告。則不知其美於人也。若知之。若不知之。若聞之。若不聞之。其可喜也。終无已。人之好之亦无已。性也。[以上借美為喻.]聖人之愛人也。人與之名。[奉以至仁之名.]不告。則不知其愛人也。若知之。若不知之。若聞之。若不聞之。其愛人也。終无已。人之安之亦无已。性也。循性而行。貴在無已。舊國舊都。望之暢然。宣云。以故鄉喻本性。雖使丘陵草木之緡。郭云。緡。合也。姚云。緡。乃芒昧不分明之意。在宥篇。當我緡乎。同此解。入之者十九。猶之暢然。況見見聞聞者也。俞云。入。謂入於丘陵草木掩蔽之中也。入之者十九。則其出外而可望見者十之一耳。而猶覺暢然喜悅。況見所嘗見。聞所嘗聞者乎。以十仞之臺。縣眾閒者也。俞云。猶以十仞之臺。懸眾人耳目之閒。無不共見共聞。其暢然更可知。

冉相氏得其環中以隨成。俞云。路史循蜚紀。有冉相氏。郭云。居空以隨物。而物自成。案齊物論篇。樞始得其環中。以應無窮。與物无終无始。无幾无時日。成云。無始無過去。無終無未來。無幾無時。無見在。案日字當屬上讀。與物化者。一不化者也。郭云。與物化。故常無我常無我。故常不化也。案語又見知北遊篇。闔嘗舍之。闔。同曷。成云。與化俱往。曷嘗暫舍也。夫師天而不得師天。與物皆殉。其以為事也。若之何。夫欲師天之自然。而卒不得。以致與物皆殉。其以應物為事也。究如何。夫聖人未始有天。未始有人。未始有始。未始有物。宣云。無心若此。與世偕行而不替。所行之備而不洫。王云。洫。敗壞也。案與物偕行。而無替廢。所行皆備而無所敗壞。所謂無為而無不為也。其合之也。若之何。其無心而合道也。又如何。兩言若之何。欲人之自審擇。

湯得其司御門尹登恆。為之傅之。宣云。司御門尹。官名。向云。登恆。人名。成云。殷湯忘物。得良臣為師傅。端拱而不為也。案司御門尹。當是兩官。疑御下或有

（奪文。故郭云，委之百官而不與也。不止一師，故下云從師而不囿。）從師而不囿，得其隨成。（宣云：從師而不囿於師，得環中隨成之道。）為之司其名之名。（成云：推功司御，名不在己。）贏法得其兩見。（成云：贏，然，無心也。見，顯也。案：無師法而君臣兩顯，所謂以其君顯也。）仲尼之盡慮，為之傅之。（郭云：仲尼曰：天下何思何慮。慮已盡矣。宣云：當以仲尼為師而化之。）容成氏曰：除日無歲，（郭云：今所以有歲而存日者，為有死生故也。若無死無生，則歲日之計除。案：淮南本經訓高注：容成氏，黃帝時造曆日者。）无內无外。（成云：內，我也。外，物也。為計死生，故有內外。歲日既遺，物我何施。姚云：除日無歲，積少以為多也。無內無外，積微以成著也。此古之格言。）

魏瑩與田侯牟約，（司馬云：瑩，惠王。牟，齊威王。）田侯牟背之。魏瑩怒，將使人刺之。犀首聞而恥之，曰：君為萬乘之君也，而以匹夫從讎。（釋文：犀首，魏官名。司馬云：若今虎牙將軍。公孫衍為此官。）衍請受甲二十萬，為君攻之，虜其人民，係其牛馬，使其君內熱發於背，然後拔其國。忌也出走，（田忌也。）然後抶其背，折其脊。（釋文：三蒼云：抶，擊也。）季子聞而恥之曰：（釋文：季子，魏臣。）築十仞之城，城者既十仞矣，則又壞之，（俞云：下十乃七之誤。七仞去十仞不遠，城基已厚，若既十仞，直謂之已成可耳。此與下文兵不起七年，是王之基，對文為喻。十當作七無疑。）此胥靡之所苦也。（成云：胥靡，徒役人也。）今兵不起七年矣，此王之基也。衍，亂人，不可聽也。（宣云：胥靡尚惜已築之城，犀首乃欲傾可王之基，此亂人也。）華子聞而醜之曰：（釋文：華子，亦魏臣。）善言伐齊者，亂人也；（成云：善，巧。）善言勿伐者，亦亂人也。謂伐之與不伐亂人也者又亂人也。成云：此華子自道之詞。宣云：猶未免營心於事也。王曰：然則若何。

曰：君求其道而已矣。宣云：道與太虛同體，王業且不足言，況騁怒乎。惠子聞之而見戴晉人。釋文：晉人，梁國賢人，惠施薦之魏王。戴晉人曰：有所謂蝸者，君知之乎？釋文：蝸，音瓜。李云：有兩角，俗謂之蝸牛。三蒼云：小牛螺也。俗名黃犢。曰：然。有國於蝸之左角者曰觸氏，有國於蝸之右角者曰蠻氏，時相與爭地而戰，伏尸數萬，逐北旬有五日而後反。君曰：噫！其虛言與？曰：臣請為君實之。君以意在四方上下有窮乎？蘇輿云：在，猶察也。君曰：无窮。曰：知遊心於无窮，而反在通達之國，若存若亡乎？郭云：人迹所及為通達。謂今四海之內也。成云：語其大小，可謂如有如無。君曰：然。曰：通達之中有魏，成云：昔在河東，國號為魏，為秦所逼，徙都於梁。於魏中有梁，梁中有王。王與蠻氏有辯乎？君曰：无辯。客出而君惝然若有亡也。釋文：惝，惘也。如有所失。客出，惠子見。上言客出，此客出二字當衍。君曰：客，大人也，聖人不足以當之。成云：晉人所談，其理宏博，堯舜聖人之行，不足以當之。惠子曰：夫吹筦也，猶有嗃也；釋文：嗃，許交反，管聲也。吹劍首者，咉而已矣。釋文：咉，音血，又呼悅反。司馬云：劍首，謂劍環頭小孔也。咉然如風過。堯舜，人之所譽也；道堯舜於戴晉人之前，譬猶一咉也。

孔子之楚。舍於蟻丘之漿。李云，蟻丘，山名。賣漿家。其鄰有夫妻臣妾登極者。司馬云，極，屋棟也。升之以觀。子路曰。是稯稯何為者邪。釋文，稯，亦本作總。成云，眾聚也。仲尼曰。是聖人僕也。成云，古者淑人君子，均號聖人，故孔子名宜僚為聖人。言眾多者，是市南宜僚之僕隸也。是自埋於民。郭云，與民同。自藏於畔。王云，隱藏於壟畔。其聲銷。其志无窮。志在大道。其口雖言。其心未嘗言。心恆凝寂。方且與世違。而心不屑與之俱。成云，心迹俱異。是陸沈者也。宣云，無水而自沈也。是其市南宜僚邪。子路請往召之。孔子曰。已矣。彼知丘之著於己也。成云，著，明識也。知丘之適楚也。以丘為必使楚王之召己也。彼且以丘為佞人也。夫若然者。其於佞人也。羞聞其言。而況親見其身乎。必不相見。而何以為存。宣云，言必避去。子路往視之。其室虛矣。

長梧封人問子牢曰。釋文，長梧，地名。封人，守封疆之人。司馬云，子牢，即琴牢，孔子弟子。君為政焉勿鹵莽。治民焉勿滅裂。司馬云，鹵莽，猶麤粗也，謂淺耕稀種也。滅裂，斷其草也。盧云，麤，千奴反。粗，才古反。二字古多連用。繁露俞序篇，始於麤粗，終於精微。論衡正說篇，略正題目麤粗之說，以照篇中微妙之文。其他以麤觕連用者亦多，猶麤粗也。有欲改為粗疏者，故正之。昔予為禾。耕而鹵莽之。則其實亦鹵莽而報予。芸而滅裂之。

其實亦滅裂而報予。予來年變齊。來年，猶言次年。變齊者，更變而整齊之。深其耕而熟耰之。司馬云：耰，鋤也。其禾蘩以滋。予終年厭飧。厭，足。莊子聞之曰：今人之治其形，理其心，多有似封人之所謂。遁其天，離其性，滅其情，亡其神，以眾為。無所不營。故鹵莽其性者，欲惡之孽為性萑葦蒹葭。案：言所欲所惡，叢生而傷正性，是吾性之萑葦蒹葭也。始萌以扶吾形，尋擢吾性。俞云：尋與始相對為義。漢書郊祀志寖尋於泰山矣，晉灼注：尋，遂往之意也。言欲惡之事，其始萌，若足以扶助吾形，寖尋既久，則引誘吾心，拔擢吾性也。並潰漏發，不擇所出。並潰，奔潰也。漏發，穿孔而出也。言情欲之害，奔潰偏發，不擇處所，精神既敗，形氣隨之也。漂疽疥癰，內熱溲膏是也。釋文：漂本亦作瘭。瘭疽，謂病瘡膿出。溲膏，謂虛勞人尿上生肥白沫也。

柏矩學於老聃。釋文：柏矩，有道人。曰：請之天下遊。老聃曰：已矣，天下猶是也。又請之。老聃曰：汝將何始？曰：始於齊。至齊，見辜人焉，推而強之，解朝服而幕之，成云：推而強之，令其正臥。司馬云：幕，覆也。俞云：周官掌戮殺王之親者辜之，鄭注：辜之言枯也，謂磔之。漢景帝紀改磔曰棄市，顏注：磔，謂張其尸也。是古之辜磔人者，必張尸於市，故柏矩如此。號天而哭之曰：子乎子乎！天下有大菑，子獨先離之。大菑，謂被殺也。曰莫為盜，莫為殺人。宣云：又言不是為盜乎，不是為殺人乎。榮辱立，然後覩所病；郭云：各自得，則無榮辱；得失紛紜，故榮辱立；榮辱立，則夸其所謂辱，而跂其所謂榮矣；奔馳乎夸跂之間，非病如何？貨財聚，然後覩所爭。郭云.若以知足為富.將何爭乎.今立人之所病。聚人之所爭。窮困人之身。使无休時。欲无至此。得乎。郭云.上有所好.則下不能安其本分.古之君人者。以得為在民。以失為在己。以正為在民。以枉為在己。成云.引過責躬.故一形有失其形者。退而自責。一形.人也.成云.一物失所.虧其形性.自責.若殷湯自翦.千里來霖.是也.今則不然。匿為物而愚不識。隱匿為事.而責不識此物者為愚.大為難而罪不敢。大為艱難.而以不敢為者為罪.重為任而罰不勝。宣云.過重其任.而於不勝者加罰.遠其塗而誅不至。宣云.遠其程塗.而於不至者加誅.民知力竭。則以偽繼之。郭云.將以避誅罰也.日出多偽。士民安得不偽。宣云.蓋上行下效耳.夫力不足則偽。知不足則欺。財不足則盜。盜竊之行。於誰責而可乎。郭云.當責上也.

蘧伯玉行年六十而六十化。宣云.不囿於故也.未嘗不始於是之而卒詘之以非也。成云.一歲之中.是非常出.故始時之是.終詘為非.未知今之所謂是之非五十九年非也。與寓言篇孔子同.

萬物有乎生而莫見其根。有乎出而莫見其門。人皆尊其知之所知。而莫知恃其知之所不知。而後知。可不謂大疑乎。上兩其知.音智.下如字.郭云.我所不知.物有知之者矣.故用物之知.則無所不知.獨任我知.知甚寡矣.今不恃物以知、而自尊知、則物不告我、非大疑如何、宣云、知之所不知、上所言莫見者是、已乎已乎。且無所逃。宣云、不知之理、古今誰能逃之、此所謂然與然乎。釋文、然乎、言未然、案此與論語其然豈其然乎意同、

仲尼問於大史大弢伯常騫狶韋曰。大弢三人、史官名、夫衛靈公飲酒湛樂。不聽國家之政。田獵畢弋。不應諸侯之際。司馬云、際謂盟會之事、其所以為靈公者何邪。郭云、靈有二義、大弢曰是因是也。成云、亂而不損曰靈、無道之謚、故曰是因是也、伯常騫曰。夫靈公有妻三人。同濫而浴。釋文、濫、浴器、史鰌奉御而進所。至其所、搏幣而扶翼。成云、公見史魚、深懷愧悚、假遣人搏捉幣帛、令扶將羽翼、慰而送之、其慢若彼之甚也。見賢人若此其肅也。是其所以為靈公也。成云、又謚法、德之精明曰靈、狶韋曰。夫靈公也死。卜葬於故墓不吉。卜葬於沙丘而吉。掘之數仞。得石槨焉。洗而視之。有銘焉。曰不馮其子。靈公奪而里之。釋文、里、居處也、郭嵩燾云、古之葬者、謂子孫無能馮依、以保其墓、靈公得而奪之、夫靈公之為靈也久矣。之二人何足以識之。蘇輿云、狶韋歸之前定、言命言神者之所祖也、

少知問於大公調曰。何謂丘里之言。李云、四井為邑、四邑為丘、五家為鄰、五鄰為里、大公調曰。丘里者。合十

姓百名而以為風俗也。合異以為同。宣云。合十百為丘里。散同以為異。宣云。散丘里為十百。今指馬之百體。而不得馬。而馬係於前者。立其百體而謂之馬也。宣云。可見合異為同。方能見道。天下理皆如此。是故丘山積卑而為高。江河合水而為大。俞云。水乃小之誤。高卑小大相對為文。大人合并而為公。郭云。無私於天下。則天下之風一也。是以自外入者。有主而不執。宣云。心為天下大本。故自外入者有存主而無偏執。由中出者。有正而不距。宣云。行為天下達道。故由中出者。得正理而物不能距。案正作匹。說見天運篇注。四時殊氣。天不賜。故歲成。宣云。賜。則私也。五官殊職。君不私。故國治。郭云。殊職。自有其才。故任之耳。非私而與之。文武大人不賜。故德備。郭云。文者自文。武者自武。非大人所賜也。若由賜而能。則有時而闕矣。豈唯文武。凡性皆然。案宣本武下。有殊材二字。文似有闕。而郭本已無。釋文成疏皆然。自係後人增竄。萬物殊理。道不私。故无名。宣云。道渾同。不得而名。无名故无為。无為而无不為。郭云。名止於實。故無為。實各自為。故無不為。時有終始。世有變化。禍福淳淳。至有所拂者而有所宜。王云。淳淳。流行貌。宣云。禍福渾然。自為倚伏。失意中藏有好處。自殉殊面。成云。殉。逐也。面。向也。彼此是非。紛然固執。故各逐己見。而所向不同。有所正者有所差。郭嵩燾云。強之以異趣。名為正之。而實已兩差。比於大澤。百材皆度。百木隨川而下。皆於水次受量度。無棄材。比譬也。觀於大山。木石同壇。木石同生於大山之基址。成云。壇。基也。此之謂丘里之言。少知曰。然則謂之道足乎。

大公調曰。不然。今計物之數。不止於萬。而期曰萬物者。成云．期．限也．以數之多者號而讀之也。李云．讀．猶語也．是故天地者。形之大者也。陰陽者。氣之大者也。道者為之公。宣云．道者．天地陰陽所公共．不可指之為形．不可指之為氣．是其大更為無偶也．因其大而號以讀之則可也。宣云．譬物之萬不可數．而約略號之．便於稱謂．道之大．更無可指稱．亦借一道字．約略號之耳．豈真有一事一物可名為道哉．已有之矣。乃將得比哉。宣云．既有道之名．即不可與無名比．則若以斯辯。譬猶狗馬。其不及遠矣。宣云．如子云謂之道．則是道猶狗之名狗．馬之名馬．同於一物．其不及道遠矣．少知曰。四方之內。六合之裏。萬物之所生惡起。宣云．疑不可名為道．則萬物以何為本．大公調曰。陰陽相照相蓋相治。俞云．蓋．當讀為害．釋言．蓋．割裂也．釋文．蓋．舍人本作害．是蓋害古字通．陰陽或相害．或相治．猶下云四時相生相殺也．四時相代相生相殺。欲惡去就。於是橋起。宣云．橋．同矯．下同．成云．起．貌也．雌雄片合。於是庸有。釋文．片．音判．成云．庸．常也．安危相易。禍福相生。緩急相摩。聚散以成。緩急謂壽夭．聚散謂生死．此名實之可紀。精微之可志也。隨序之相理。橋運之相使。成云．四序相隨．更相治理．五行運動．遞相驅使．窮則反。終則始。此物之所有。言之所盡。知之所至。極物而已。極於可見之物而已．覩道之人。不隨其所廢。不原其所起。宣云．知其無端．任其自然．隨．猶追尋也．此議之所止。宣云．烏可妄言萬物起於何處哉。少知曰：「季真之莫為，接子之或使，二家之議，孰正於其情，孰偏於其理？」成云：季真、接子，齊賢人，俱遊稷下。莫，無也。使，為也。季真以無為為道，接子謂道有為使物之功，各執一家，未為通論，故問以定臧否。俞云：禮祭義鄭注、孟子公孫丑趙注並云：或，有也。此文或與莫對，莫，無也，或，有也。易益上九莫益之，或擊之，亦以莫或相對。郭慶藩云：接子，漢書人表作捷子。接、捷古字通。史記孟子荀卿列傳索隱：接子，古著書者之名號。大公調曰：「雞鳴狗吠，是人之所知，雖有大知，同智。不能以言讀其所自化，宣云：若究其一鳴一吠天然之故，雖智者不能解說其自化之妙。又不能以意其所將為，宣云：又不能意度其所將欲為之機。斯而析之，宣云：斯，割也。詩斧以斯之。精至於无倫，大至於不可圍，精，細。倫，比也。宣云：微物鳴吠，尚不能明其所以然，則小至莫破，大至莫載，烏可言讀意測邪。或之使，莫之為，未免於物而終以為過。宣云：二說猶未免物累，終是立言之過。或使則實，成云：滯有為也。莫為則虛。成云：溺無故也。有名有實，是物之居；宣云：說實則是物之所居也，此或使之說之過。无名无實，在物之虛。宣云：說虛則是全空，此莫為之說之過。可言可意，言而愈疏。以為可以言詮，可以意測，不知言則去道愈遠。未生不可忌，物之未生，不可忌禁而使之不生。已死不可阻。釋文：本亦作徂。案：其已死也，不可礙阻而令其不死。死生非遠也，理不可覩。死生止在目前，而其理莫能覩。或之使，莫之為，疑之所假。二說為後世獻疑者之所借端。吾觀之本，其往无窮；吾求之末，其來无止。宣云：欲究其始，則往者已無窮，不知所始，欲究其終，則來者方無止，不知其終。无窮无止，言之无也，與物同理；郭云：

物理無窮.故知言無窮.然後與物同理也.或使莫為言之本也與物終始曰或使.曰莫為.言者以二說為本也.然終始滯於物.道不可有有不可无成云.至道不絕.非有非無.故執有執無.二俱不可.道之為名所假而行郭云.物所由而行.故假名之曰道.或使莫為在物一曲夫胡為於大方二說僅居物之一偏.何足語於大方之家.言而足則終日言而盡道郭云.求道於意言之表則足.言而不足則終日言而盡物郭云.不能忘言而存意.則不足.道物之極言默不足以載窮道與物之極.言與默莫能載.非言非默議其有極宣云.離乎言默.可以求道.此至論也.

雜篇　外物第二十六

外物不可必凡物之自外至者.其利害皆不可必.故龍逢誅比干戮箕子狂宣云.善不可為.惡來死桀紂亡宣云.惡不可為.人主莫不欲其臣之忠而忠未必信故伍員流於江成云.忠諫夫差.夫差殺之.取馬皮作袋為鴟鳥之形.盛其屍浮之江水.萇弘死於蜀藏其血三年化而為碧成云.萇弘放歸蜀.自恨忠而遭譖.刳腸而死.蜀人感之.以匱盛其血.三年而化為碧玉.釋文.見呂氏春秋.人親莫不欲其子之孝而孝未必愛故孝己憂而曾參悲成云.孝己.殷高宗之子.遭後母之難.憂苦而死.曾參

至孝。父母憎之。常遭父母打。鄉乎死地。故悲泣
也。李云。曾參至孝。為父所憎。常見絕糧而後蘇。
木與木相摩則然。俞云。淮南原道訓。亦云兩木相摩而然。但兩木相摩。未見其然。下句作金與火。疑此亦當作木與火。下文多言火。益知此文當為木與火矣。蓋金木二物皆畏火。故
舉以為言。見火之為害大也。金與火相守則流。陰陽錯行。則天地大絯。釋文。音駭。宣云。駭動也。於是乎有雷有
霆。水中有火。乃焚大槐。司馬云。水中有火。謂電也。焚謂霹靂時燒大樹也。有甚憂兩陷而无所逃。人亦有甚憂者。利害是也。害固
害。利亦害也。故常兩陷而無所逃。螴蜳不得成。釋文。螴蜳。郭音陳惇。成云。猶怵惕也。案言人視外物過重。雖怵惕恐懼。卒無所成。心若縣於天地之間。
釋文。縣音玄。言馳情外物。極乎宇宙。慰暋沈屯。乍慰乍暋。乍沈乍屯。李云。暋。悶也。利害相摩。生火甚多。與物之生火同。郭云。內熱故也。眾人焚
和。眾皆溺於利害。是自焚其心中太和之氣也。月固不勝火。人心之清明。譬猶月也。豈能勝此火乎。於是乎有僓然而道盡。釋文。僓。音頹。宣
云。於是乎頹然隳壞。天理盡而生機熄矣。
莊周家貧。故往貸粟於監河侯。釋文。說苑作魏文侯。監河侯曰。諾。我將得邑金。將貸子三百
金。可乎。成云。待我歲終。得百姓租賦封邑之物。乃貸子。銅鐵之類。皆名為金。非黃金也。莊周忿然作色曰。周昨來。有中道而呼者。
周顧視車轍中有鮒魚焉。周問之曰。鮒魚來。子何為者邪。對曰。我東海之波臣

也。君豈有斗升之水而活我哉。周曰。諾。我且南遊吳越之王。激西江之水而迎子可乎。成云。西江。蜀江也。鮒魚忿然作色曰。吾失我常與。我无所處。吾得斗升之水然活耳。君乃言此。曾不如早索我於枯魚之肆。

任公子李云。任。國名。為大鉤巨緇。司馬云。大黑綸也。五十犗以為餌。釋文。犗。犍牛也。蹲乎會稽。投竿東海。旦旦而釣。期年不得魚。已而大魚食之。牽巨鉤。錎沒而下。釋文。錎。字林云。猶陷字。鶩揚而奮鬐。白波若山。海水震蕩。聲侔鬼神。憚赫千里。郭慶藩云。憚者。盛威之名。賈子解縣篇。陛下威憚大信。（同伸）與此同。案赫亦怒也。皆以魚言。任公子得若魚。若。是也。離而腊之。自制河以東。蒼梧以北。制。同淛。浙江也。古折制字通。司馬云。今在會稽錢塘。蒼梧。山名。在嶺南。莫不厭若魚者。厭。飽食。已而後世輇才諷說之徒。皆驚而相告也。釋文。李云。輇。量人也。本或作軨。軨。小也。本又或作輕。夫揭竿累。司馬云。累。綸也。趣灌瀆。守鯢鮒。李云。皆小魚。其於得大魚難矣。飾小說以干縣令。其於大達亦遠矣。成云。干。求也。縣。高也。令。謂令問。宣云。縣令。猶賞格也。是以未嘗聞任氏之風俗。其不可與經於世亦遠矣。

儒以詩禮發冢。求詩禮。發古冢。大儒臚傳曰。釋文。上傳語告下曰臚。東方作矣。司馬云。謂日出。事之何若。小儒曰。未解裙襦。口中有珠。詩固有之曰。青青之麥。生於陵陂。生不布施。死何含珠為。司馬云。此逸詩。刺死人也。接其鬢。成云。接。撮也。壓其顪。釋文。字林云。壓。一指按也。顪。許穢反。司馬云。頤下毛。儒以金椎控其頤。徐別其頰。无傷口中珠。成云。田恆資仁義以竊齊。儒生誦詩禮以發冢。由是觀之。聖迹不足賴。蘇輿云。苟無詩禮。何至啟奸。此莊子一偏之論。猶謂堯舜以仁義教民。其流至於人與人相食。而田恆又因之以盜齊耳。

老萊子之弟子出薪。遇仲尼。反以告。曰。有人於彼。修上而趨下。郭云。長上而促下。末僂而後耳。成云。肩背傴僂。司馬云。耳卻後。視若營四海。成云。瞻視高遠。似營天下。不知其誰氏之子。老萊子曰。是丘也。召而來。仲尼至。曰。丘。去汝躬矜與汝容知。宣云。躬矜。矜持之行。容知。智慧之貌。斯為君子矣。仲尼揖而退。蹙然改容而問曰。業可得進乎。老萊子曰。夫不忍一世之傷。而驁萬世之患。釋文。驁。本亦作敖。同。案言孔子不忍一世之傷。而傲然貽萬世之患。抑固窶邪。抑子胸中固素無蓄備而為窶人邪。亡其略弗及邪。郭慶藩云。亡。讀如無。亡其。轉語也。史記范雎蔡澤傳。亡其言臣者賤不可用乎。呂覽愛類篇。亡其不得宋且不義。猶攻之乎。韓策。又亡其行子之術。而廢子之謁乎。是凡言亡其皆轉語詞也。案古言亡其。若今之言無亦。言無亦子智略弗及此邪。

惠以歡為驁終身之醜中民之行進焉耳夫以施仁惠為事者博眾人之歡欣長一己之驕傲此之謂以歡為驁乃終身之醜意惟庸人之行或及此焉耳宣云中民庸人也蘇輿云中民亦見徐无鬼篇相引以名相結以隱俞云隱訓為私呂覽圜道篇高注隱私也文選赭白馬賦恩隱同渥李善引國語注曰隱私也相結以隱謂相結以私恩與其譽堯而非桀不如兩忘而閉其所譽善惡兩忘閉塞之使無可譽則所非者亦止語又見齊物論篇下四字作廢其道反无非傷也動无非邪也成云反於物性無不傷損擾動心靈皆非正法聖人躊躇以興事以每成功成云躊躇從容也聖人無心應機而動與起事業恆自從容不逆物情故其功每就蘇輿云每與敏同言興事不迫而成功自速奈何哉其載焉終矜爾奈何哉子載此仁義之迹終於自矜爾乎

宋元君夜半而夢人被髮闚阿門釋文李云元公也案宋元公名佐平公之子阿門司馬云阿屋曲簷也曰予自宰路之淵李云淵名龜所居予為清江使河伯之所漁者余且得予俞云史記龜筴傳作豫且元君覺使人占之曰此神龜也君曰漁者有余且乎左右曰有君曰令余且會朝明日余且朝君曰漁何得對曰且之網得白龜焉其圓五尺君曰獻若之龜龜至君再欲殺之再欲活之心疑卜之曰殺龜以卜吉卜詞乃刳龜七十二鑽而无遺筴每占必鑽龜凡七十二次

皆驗。仲尼曰。神龜能見夢於元君。而不能避余且之網。知能七十二鑽而无遺筴。知。同智。下同。不能避刳腸之患。如是則知有所困。神有所不及也。雖有至知。萬人謀之。蘇輿云。言一物之智。不敵萬人之謀。山木篇。賢則謀。不肖則欺。言賢則為人所謀。與此謀義同。魚不畏網而畏鵜鶘。姚云。網之害大於鵜鶘。人之用小智者。猶魚之不知畏網也。去小知而大知明。郭云。小知自私。大知任物。去善而自善矣。成云。遺矜尚之小心。合自然之大善。

嬰兒生无石師而能言。與能言者處也。釋文。石本又作碩。案石碩古字通用。宣云。無知者有自然之能也。

惠子謂莊子曰。子言无用。莊子曰。知无用而始可與言用矣。夫地非不廣且大也。人之所用容足耳。然則廁足而墊之致黃泉。人尚有用乎。釋文。廁。音側。墊。下也。掘也。致。至也。本亦作至。案言地廣大。無用者多。然使側足之外。掘之至於黃泉。則有用者尚有用乎。惠子曰。无用。莊子曰。然則无用之為用也亦明矣。

莊子曰。人有能遊。且得不遊乎。人有能自適者。何所不自適乎。人而不能遊。且得遊乎。人而不能自適。何所得自適乎。夫流遁之志。決絕之行。浮游隱遁。決絕棄世。噫。其非至知厚德之任與。真智大德之所任。殆不如此。覆墜而不反。火馳而不顧。火馳。猶後世言火速。火急也。雖遇覆墜。猶疾馳而不返顧。此果於用世者。蘇輿云。火馳。亦見天地篇。雖相與為君臣。時也。時之適然．易世而无以相賤．世代變易．二者相等．故曰至人不留行焉．至人於此．絕無流滯．夫尊古而卑今學者之流也．且以豨韋氏之流觀今之世．夫孰能不波．且以淳古之風．視今之世．夫孰能不動於中．波動也．唯至人乃能遊於世而不僻．與世同遊．而不僻處．與遊遁決絕者異．順人而不失己．與覆墜火馳者異．彼教不學．承意不彼．彼尊古卑今之教．我固不必學之．亦承其意．而不必與彼分別也．

目徹為明．耳徹為聰．鼻徹為顫．成云．顫．辛臭之事也．口徹為甘．心徹為知．知徹為德．下知音智．徹．通也．凡道不欲壅．壅則哽．哽而不止則跈．道乃人所共由．不欲壅滯．壅滯則必至哽塞．哽塞而不止．則妄行而相騰踐矣．郭云．跈．騰踐也．跈則眾害生．郭云．生．起也．物之有知者恃息．宣云．息所以通一身之氣．其不殷．非天之罪．殷．正也．其或不正．非天之過．天之賦性．無不中和也．天之穿之．日夜无降．成云．降．止也．自然之理．穿通萬物．自晝及夜．未嘗止息．人則顧塞其竇．成云．竇．孔也．流俗之人．反於天理．壅塞根竅．滯溺不通．胞有重閬．釋文．胞．腹中胎．郭云．閬．空曠也．成云．人腹內空虛．故容藏胃．藏胃空虛．故通氣液．心有天遊．宣云．心必有間處．以適天機．室无空虛．則婦姑勃谿．司馬云．勃谿．反戾也．宣云．勃谿．逼塞相乘也．謂室無餘地．則尊卑逼塞．相乘踐也．心無天遊．則六鑿相攘．宣云．六鑿．六根之鑿性者也．無間適處．則六根用事而奪性．大林丘山之善於人也．亦神者不勝．宣云．夫心有天遊．則方寸之內．逍遙無際．何假清曠之處而後適哉．今人見大林丘山之曠．而喜以為善者．亦由平日胸次逼狹．神明不勝故也．

德溢乎名。名溢乎暴。郭嵩燾云．德所以洋溢．名為之也．名所以洋溢．表暴以成之也．荀子富國篇．聲名足以暴炙之．謀稽乎誸。郭云．誸．急也．急而後考其謀．知出乎爭。宣云．爭而後騁智．柴生乎守。柴．猶獨也．有守而後獨立不懼．達生篇云．柴立其中央．官事果乎眾宜。官之設事．必眾皆宜之而後果行．春雨日時．草木怒生。日．疑曰之誤．銚鎒於是乎始修。成云．銚．耜之類也．鎒．鋤也．草木之到植者過半。而不知其然。釋文．植．立也．司馬云．鋤拔反之更生曰到植．盧云．到．古倒字．成云．鋤罷到生．時節使然．故制法立教．必須順時．

靜然可以補病。宣云．靜則神氣來復．故可以補病．眥媙可以休老。釋文．媙．本亦作搣．郭嵩燾云．廣韻．搣．案也．摩也．謂以兩手按摩目眥．宣云．此蓋養生之術．可以沐浴老容．寧可以止遽。宣云．寧定則心閒泰．可以止迫遽也．雖然。若是。勞者之務也。宣云．姑教勞者以自息之方耳．非佚者之所未嘗過而問焉。宣云．未能佚者不事此．案非字當衍．聖人之所以駴天下。神人未嘗過而問焉。聖人．如黃帝堯舜．神人．如廣成大隗．賢人所以駴世。聖人未嘗過而問焉。務光申徒狄之輩．蓋賢人也．君子所以駴國。賢人未嘗過而問焉。君子駴國．蓋田恆之徒．小人所以合時。君子未嘗過而問焉。

演門有親死者。釋文．演門．宋城門名．以善毀爵為官師。毀．瘠．宋君旌其孝行．其黨人毀而死者半。郭云．慕賞而孝．去真遠矣。斯尚賢之過也。黨。鄉黨。堯與許由天下。許由逃之。湯與務光天下。務光怒之。紀他聞之。帥弟子而踆於窾水。諸侯弔之。三年。申徒狄因以踣河。釋文。踆。字林云。古蹲字。司馬云。窾。水名。成云。他恐及己。與弟子蹲踞水旁。諸侯聞之。重其廉素。時往弔慰。恐其沈沒。狄聞斯事。慕其高名。遂赴河自溺而死。

荃者所以在魚。得魚而忘荃。釋文。荃。崔音孫。香草也。可以餌魚。或云。積柴水中。使魚依而食焉。一云。魚笱也。盧云。如或所云。是潛也。見詩周頌。案成本作筌。在者。生致之。蹄者所以在兔。得兔而忘蹄。釋文。蹄。兔罥也。係其腳。故曰蹄。言者所以在意。得意而忘言。吾安得忘言之人而與之言哉。

雜篇 寓言第二十七

寓言十九。宣云。寄寓之言。十居其九。案意在此而言寄於彼。重言十七。宣云。引重之言。十居其七。卮言日出。釋文。卮。字又作巵。音支。字略云。圓酒器也。王云。卮器滿即傾。空則仰。隨物而變。非執一守故者也。施之於言。故隨人從變。己無常主也。郭云。日出。謂日新。和以天倪。成云。和。合也。天倪。自然之分也。案謂止能應以自然。寓言十九。藉外論之。郭云。言出於己。俗多不受。故借外耳。肩吾連叔之類。親父不為其子媒。親父譽之。不若非其父者也。成云。

寓言第二十七

媒.媾合也.父談其子.人多不信.他人譽之.信者多矣.非吾罪也人之罪也非吾故為支離之過.乃人妄起疑議之過也.與己同則應不與己同則反同於己為是之異於己為非之人情專以同異為是非.故須寓言.重言十七姚云.莊生書.凡託為人言者.十有其九.就寓言中.其託為神農黃帝堯舜孔顏之類.言足為世重者.又十有其七.所以已言也已.止也.止天下淆亂之言.是為耆艾此為長老之言.則稱引之.釋詁.耆艾.長也.年先矣而无經緯本末以期年耆者是非先也處事貴有經緯.立言貴有本末.所重乎耆艾者.年高而有道者也.若年居先矣.而胸無經緯本末.徒稱年耆者.是烏得為先乎.蘇輿云.期.猶限也.言他無以先人.徒以年為限.則陽篇計物之數.不止於萬.而期曰萬物.與此期字義同.人而无以先人无人道也宣云.不能盡人之道.人而无人道是之謂陳人郭云.直是陳久之人耳.宣云.猶老朽也.卮言日出和以天倪因以曼衍所以窮年因其事理而曼衍之.日出不窮.聊以盡我之年歲耳.齊物論云.和之以天倪.因之以曼衍.所以窮年也.不言則齊齊與言不齊言與齊不齊也故曰无言蘇輿云.不言而道存.物論齊矣.言則有正有差.齊與言.言與齊.終無可齊之日.故曰.莫若無言.言无言郭云.言彼所言.故雖有言.而我仍無言也.終身言未嘗言終身不言未嘗不言有自也而可有自也而不可有自也而然有自也而不然郭云.自.由也.由彼我之情偏.故有可不可.然不然.惡乎然然於然惡乎不然不然於不然惡乎可可於可惡乎不可不可於不可物固有所然物固有所可无物不然

无物不可。以上又見齊物論篇．非卮言日出。和以天倪。孰得其久。非此無言之言．孰能傳久．萬物皆種也。以不同形相禪。宣云．皆有種類．各以其形禪於無窮．始卒若環。莫得其倫。郭云．倫．理也．案如環無端．莫得其理．是謂天均。天均者天倪也。成云．均．齊也．是謂天然齊等之道．即以齊均之道．亦名自然之分也．案齊物論亦云．是以聖人和之以是非．而休乎天均．是之謂兩行．

莊子謂惠子曰。孔子行年六十而六十化。始時所是。卒而非之。未知今之所謂是之非五十九年非也。與則陽篇稱蘧伯玉同．惠子曰。孔子勤志服知也。宣云．疑孔子勤勞心志．從事於多知．未得為化也．

莊子曰。孔子謝之矣。而其未之嘗言。宣云．言孔子已謝去勤勞之迹．而進於道．但口未之言耳．孔子云。宣云．引孔子雅言．夫受才乎大本。復靈以生。大本．天也．人受才於天．而復其性靈以生．鳴而當律。聲為律．言而當法。言而世為天下法．利義陳乎前。而好惡是非。直服人之口而已矣。使人乃以心服。而不敢蘁立。定天下之定。釋文．蘁音悟．逆也．案言但取服人口而已．而能使人心服．自不敢迕．如此者．斯足以立定天下之定理也．子言如此．已乎已乎。吾且不得及彼乎。成云．此莊子歎美宣尼之詞．姚云．勤志服知．孔子所言．以教弟子者然．非孔子所以為孔子．故曰謝之．若所未嘗言者．乃所為孔子云也．何也．蓋有大本存焉．受才於大本．復善以反其生．孔子所以為孔子也．還其大而已矣．若夫當律當法．而明是非．此德之小者．豈孔子之謂哉．義亦可采．

曾子再仕而心再化。宣云，化，變也。曰吾及親仕三釜而心樂。成云，六斗四升曰釜。後仕三千鍾而不洎。成云，六斛四斗曰鍾。洎，及也。案不及親。吾心悲。弟子問於仲尼曰，若參者可謂无所縣其罪乎。郭云，縣，係也。宣云，為親而仕，心無係祿之罪。曰既已縣矣。宣云，已縣係於祿養矣。夫无所縣者可以有哀乎。成云，孝子事親，務在於適，無論祿之厚薄，盡於色養而已，故有傭賃而稱孝子，三仕猶為不孝。既心存哀樂，得無係祿之罪乎。夫唯無係者，故當無哀樂也。彼視三釜三千鍾如觀雀蚊虻相過乎前也。彼謂無係者。俞云，雀字衍。釋文云，元嘉本作如鸛蚊，無虻字，是陸所見本未衍雀字，故但言元嘉本無虻字，不言其無雀字也。惟鸛與蚊虻，一鳥一蟲，取喻不倫。王云，鸛蚊取大小相懸，以喻三釜三千鍾之多少。夫至人之視物，一吷而已，豈屑屑於三釜三千鍾之多少，而必分別其為鸛為蚊乎。釋文又云，鸛本亦作觀，疑是古本如此，其文云彼視三釜三千鍾，如觀蚊虻相過乎前也。淮南俶真篇，毀譽之於己，猶蚊虻之一過也，義與此同。因觀誤作鸛，則鸛蚊虻三字不倫，乃有刪一虻字使鸛與蚊二文相稱者，元嘉本是也。又有增一雀字使鸛雀與蚊虻二文相稱者，今本是也。皆非莊子之舊矣。

顏成子游謂東郭子綦曰。成云，居在郭東，曰東郭，猶是齊物篇中南郭子綦也。自吾聞子之言，一年而野。成云，野，質樸也。聞道一年，學心未熟，稍能樸素，去浮華耳。二年而從。成云，順於俗也。三年而通。成云，不滯境也。四年而物。成云，與物同也。五年而來。成云，為眾歸也。六年而鬼入。成云，神會物理。七年而天成。成云，合自然成。八年而不知死不知生。成云，不覺死生聚散之異。九年而大妙。成云，妙，精微也。知照宏博，故稱大也。

生有為死也。郭云.生而有為則喪其生.勸公。宣云.設為勸人之語.如下二句.以其死也有自也。郭云.自由也.由有為故死.由私其生故有為.而生陽也无自也。宣云.死為陰.生為陽.郭云.生之陽.以其絕迹無為而然.非有由也.而果然乎。而.汝也.言汝果能無為乎.惡乎其所適。惡乎其所不適。成云.所在皆適.天有歷數。氣數有定.地有人據。各據其所.吾惡乎求之。成云.吾於何處分外求之.莫知其所終若之何其无命也。成云.時來運去.非命如何.言有命也.莫知其所始若之何其有命也。成云.死去生來.猶春秋冬夏.豈其命乎.言無命也.有以相應也若之何其无鬼邪。郭云.理必有應.若有神靈以致之也.无以相應也若之何其有鬼邪。相應之理.有時而不靈.

眾罔兩問於景曰。影外微陰甚多.故曰眾罔兩.若向也俯而今也仰。若.汝.向也括而今也被髮。括.束髮.向也坐而今也起。向也行而今也止。何也。景曰.搜搜也。釋文.搜本又作叟.成云.叟叟無心運動之貌.奚稍問也。宣云.何率爾而問.予有而不知其所以。予雖居然有之矣.而不知所以然.予蜩甲也.蛇蛻也.似之而非也。宣云.甲蛻猶有一定之形.故似之而非.案以上與齊物論同.而繁簡異.火與日吾屯也。釋文.屯.聚也.宣云.得火日則屯聚而顯.陰與夜吾代也。司馬云.代.謂使得休息也.彼吾所以有待邪。彼.謂形.而況乎以有待者乎。謂形待天機而動也.齊物篇云.吾所待.又有待而然者邪.彼來則我與之來彼往。則我與之往。彼強陽。則我與之強陽。宣云。強陽。謂健動也。強陽者又何以有問乎。有。即上文予有之有也。言彼健動者。又何能以予問乎。

陽子居南之沛。列子黃帝篇。作楊朱。老聃西遊於秦。邀於郊。邀。約也。宣云。子居邀老子於沛郊。至於梁而遇老子。宣云。梁。沛郊地名。老子中道仰天而歎曰。始以汝為可教。今不可也。陽子居不答。至舍。進盥漱巾櫛。黃帝篇。盥作涫。脫屨戶外。膝行而前曰。向者弟子欲請夫子。夫子行不閒。是以不敢。今閒矣。請問其過。老子曰。而睢睢盱盱。郭云。跋扈之貌。人將畏而疏遠。而誰與居。誰與汝居處乎。大白若辱。盛德若不足。辱。汙也。此道德經文。陽子居蹵然變容曰。敬聞命矣。其往也。舍者迎將其家。張湛注。客舍家也。公執席。妻執巾櫛。舍者避席。成云。先坐者避席而走。煬者避竈。成云。然火者不敢當竈。其反也。舍者與之爭席矣。郭云。去其夸矜故也。

卷八

雜篇　讓王第二十八（讓王下四篇。古今學者。多以為偽作。）

堯以天下讓許由。許由不受。又讓於子州支父。（李云。支父。字也。即支伯也。）子州支父曰。以我為天子。猶之可也。雖然。我適有幽憂之病。（王云。謂其病深固也。）方且治之。未暇治天下也。夫天下至重也。而不以害其生。又況他物乎。唯无以天下為者。可以託天下也。

舜讓天下於子州支伯。子州支伯曰。予適有幽憂之病。方且治之。未暇治天下也。故天下大器也。而不以易生。此有道者之所以異乎俗者也。

舜以天下讓善卷。善卷曰。余立於宇宙之中。冬日衣皮毛。夏日衣葛絺。春耕種。形足以勞動。秋收斂。身足以休息。日出而作。日入而息。逍遙於天地之間。而心意自得。吾何以天下為哉。悲夫。子之不知余也。遂不受。於是去而入深山。莫知其處。

舜以天下讓其友石戶之農。石戶之農曰。（釋文。石戶。本亦作后。石戶。地名。成云。戶字亦有作后者。）捲捲乎后之為人。葆力之士也。（釋文。捲音權。郭音眷。用力貌。案戶亦作后。此后乃自稱。言我捲捲勤苦。是葆力之士。未暇治天下也。）以舜之德為未至也。於是夫負妻戴。攜子以入於海。終身不反也。

大王亶父居邠。狄人攻之。事之以皮帛而不受。事之以犬馬而不受。事之以珠玉而不受。狄人之所求者土地也。大王亶父曰。與人之兄居而殺其弟。與人之父居而殺其子。吾不忍也。子皆勉居矣。為吾臣與為狄人臣奚以異。且吾聞之。不以所用養害所養。（成云。用養。土地。所養。百姓。）因杖筴而去之。民相連而從之。（司馬云。連。讀曰輦。）遂成國於岐山之下。夫大王亶父可謂能尊生矣。（以生命為貴。）能尊生者。雖貴富不以養傷身。雖貧賤不以利累形。（有養者。不以嗜養傷身。無利者。不以求財累形。）今世之人居高官尊爵者。皆重失之。（唯恐失之。）見利輕亡其身。豈不惑哉。

越人三世弒其君。王子搜患之。逃乎丹穴。（釋文。李云。搜。王子名。淮南子作翳。爾雅云。南戴日為丹穴。成云。丹穴。南山洞也。俞云。翳前無三世弒君事。史記越世家。索隱以捜為翳之子無顓。據竹書紀年。翳為其子所弒。越人殺其子。立無余。又見弒。而立無顓。是無顓以前。三世皆不善終。則王子捜是無顓之異名。無疑矣。淮南子蓋傳聞之誤。當據索隱訂正。而越國无君。求王子捜不得。從之丹穴。王子捜不肯出。越人薰之以艾。乘以王輿。王子捜援綏登車。仰天而呼曰。君乎君乎。獨不可以舍我乎。王子捜非惡為君也。惡為君之患也。若王子捜者。可謂不以國傷生矣。此固越人之所欲得為君也。

韓魏相與爭侵地。子華子見昭僖侯。昭僖侯有憂色。司馬云。子華子。魏人。昭僖。韓侯。俞云。呂覽貴生篇。引子華子曰。全生為上。虧生次之。死次之。迫生為下。又誣徒篇。引子華子曰。王者樂其所以王。亡者樂其所以亡。高注並云。子華子古體道人。知度審為兩篇注同。韓有昭侯。有僖王。無昭僖侯。子華子曰。今使天下書銘於君之前。成云。銘。書記也。書之言曰。左手攫之則右手廢。釋文。司馬云。廢。病也。一云。攫者援書銘。廢者斬右手。右手攫之則左手廢。然而攫之者必有天下。君能攫之乎。昭僖侯曰。寡人不攫也。子華子曰。甚善。自是觀之。兩臂重於天下也。身亦重於兩臂。韓之輕於天下亦遠矣。今之所爭者。其輕於韓又遠。君固愁身傷生以憂戚不得也。憂其不得。僖侯曰。善哉。教寡人者眾矣。未嘗得聞此言也。子華子可謂知輕重矣。僖上脫昭字。

魯君聞顏闔得道之人也。使人以幣先焉。顏闔守陋閭。苴布之衣而自飯牛。李云。苴。有子麻也。魯君之使者至。顏闔自對之。使者曰。此顏闔之家與。顏闔對曰。此闔之家也。使者致幣。顏闔曰。恐聽者謬而遺使者罪。不若審之。俞云。聽下者字衍。呂覽貴生篇無。使者還反審之。復來求之。則不得已。已。避去。故若顏闔者。真惡富貴也。故曰。道之真以治身。其緒餘以為國家。其土苴以治天下。司馬云。土苴。如糞草也。由此觀之。帝王之功。聖人之餘事也。非所以完身養生也。今世俗之君子。多為身棄生以殉物。豈不悲哉。凡聖人之動作也。必察其所以之與其所以為。王云。所以之者。謂德所加之方也。所為者。謂所以待物也。今且有人於此。以隨侯之珠。彈千仞之雀。世必笑之。是何也。則其所用者重而所要者輕也。夫生者。豈特隨侯之重哉。俞云。貴生篇。侯下有珠字。當據補。

子列子窮。容貌有飢色。客有言之於鄭子陽者曰。列御寇。蓋有道之士也。居君之國而窮君无乃為不好士乎。釋文：子陽，鄭相。鄭子陽即令官遺之粟。成云：主倉之官。子列子見使者。再拜而辭。使者去。子列子入。其妻望之而拊心曰。妾聞為有道者之妻子。皆得佚樂。今有飢色。君過而遺先生食。言相君過聽，有此嘉惠。先生不受。豈不命邪。子列子笑謂之曰。君非自知我也。以人之言而遺我粟。至其罪我也。又且以人之言。此吾所以不受也。其卒民果作難而殺子陽。俞云：子陽事，見呂覽適威篇，淮南氾論訓。至史記鄭世家則云：繻公二十五年，鄭繻公殺其相子陽。二十七年，子陽之黨，共弒繻公駘。又與諸書不同。

楚昭王失國。屠羊說走而從於昭王。昭王反國。將賞從者。及屠羊說。屠羊說曰。大王失國。說失屠羊。大王反國。說亦反屠羊。臣之爵祿已復矣。又何賞之言。王曰。強之。強令受賞。屠羊說曰。大王失國。非臣之罪。故不敢伏其誅。大王反國。非臣之功。故不敢當其賞。王曰。見之。屠羊說曰。楚國之法。必有重賞大功而後得見。今臣之知不足以存國。知音智。而勇不足以死寇。吳軍入郢。說畏難而避寇。非故隨大王也。今大王欲廢法毀約而見說，約，與百姓共守法之約。此非臣之所以聞於天下也。王謂司馬子綦曰：屠羊說居處卑賤而陳義甚高，子綦為我延之以三旌之位。釋文。三旌，三公位也。司馬本作三珪，云：謂諸侯之三卿皆執珪也。宣云：車服各有旌別，故曰三旌。俞云：為上綦字衍，案綦或當作其。屠羊說曰：夫三旌之位，吾知其貴於屠羊之肆也。萬鍾之祿，吾知其富於屠羊之利也。然豈可以食爵祿而使吾君有妄施之名乎。說不敢當，願復反吾屠羊之肆。遂不受也。遂，竟也。

原憲居魯，環堵之室，茨以生草，成云：以草蓋屋謂之茨。蓬戶不完，釋文：織蓬為戶。桑以為樞而甕牖，司馬云：屈桑條為戶樞，破甕為牖。二室，司馬云：夫妻各一室。褐以為塞，司馬云：以褐衣塞牖。上漏下溼，匡坐而弦。司馬云：匡，正也。釋文：弦，謂弦歌。子貢乘大馬，中紺而表素，李云：紺為中衣，加素為表。軒車不容巷，往見原憲。原憲華冠縰履，釋文：以華木皮為冠。郭慶藩云：上林賦：華楓枰櫨。張揖曰：華皮可以為索。即樗也。說文：樗，木也，以其皮裹松脂。讀若華。李云：縰履，謂履無跟也。三蒼解詁：縰作躧。云：躡也。聲類或作屣。通俗文：履不著跟曰屣。杖藜而應門。子貢曰：嘻！先生何病？原憲應之曰：憲聞之，无財謂之貧，學而不能行謂之病。今憲貧也，非病也。子貢逡巡而有愧色。原憲笑曰：夫希世而行，司馬云：希，望也。所行常顧世譽而動。比周而友。成云。周旋親比。以結朋黨。學以為人。教以為己。釋文。學當為己。教當為人。今不然也。仁義之慝。司馬云。依託仁義為姦惡。輿馬之飾。憲不忍為也。

曾子居衞。縕袍无表。顏色腫噲。司馬云。腫噲。剝錯也。郭慶藩云。疑噲當為㿉。病甚也。手足胼胝。三日不舉火。十年不製衣。正冠而纓絕。捉衿而肘見。納履而踵決。曳縰而歌商頌。聲滿天地。若出金石。天子不得臣。諸侯不得友。故養志者忘形。成云。賢人君子。不以形挫志。養形者忘利。成云。攝衛之士。不以利傷生。致道者忘心矣。成云。得道之人。忘心知之術。

孔子謂顏回曰。回來。家貧居卑。胡不仕乎。顏回對曰。不願仕。回有郭外之田五十畝。足以給飦粥。釋文。飦。或作饘。廣雅云。糜也。郭內之田十畝。足以為絲麻。鼓琴足以自娛。所學夫子之道者足以自樂也。回不願仕。孔子愀然變容曰。善哉回之意。丘聞之。知足者不以利自累也。審自得者失之而不懼。之。即謂利。行修於內者无位而不怍。丘誦之久矣。今於回而後見之。是丘之得也。喜得此人也。

中山公子牟謂瞻子曰。司馬云、魏之公子、封中山、名牟。釋文、瞻子、賢人也。淮南作詹。身在江海之上。心居乎魏闕之下。釋文、魏、淮南作騩。司馬本同。云、騩讀曰魏。象魏觀闕、人君門也。許慎云、天子兩觀也。奈何。瞻子曰。重生。重生則利輕。宣云、重生、猶尊生。中山公子牟曰。雖知之。未能自勝也。瞻子曰。不能自勝則從。神无惡乎。釋文、不能自勝則從絕句、一讀至神字絕句。成云、若不勝於情欲、則宜從順心神、亦不勞妄生嫌惡也。俞云、從字絕句、是也。呂覽審為篇作不能自勝則縱之、文子下德篇、淮南道應篇、並作從之、且疊從之二字、則從神之不當連讀明矣。不能自勝而強不從者。此之謂重傷。重傷之人无壽類矣。釋文、重、直用反。俞云、重傷猶再傷也。不能自勝則已傷矣、又強制之而不使縱、是再傷也。呂覽高注、重讀復重之重、是也。釋文非。魏牟。萬乘之公子也。其隱巖穴也。難為於布衣之士。雖未至乎道。可謂有其意矣。

孔子窮於陳蔡之間。七日不火食。藜羹不糝。成云、藜菜之羹不加米糝。顏色甚憊。而弦歌於室。顏回擇菜。子路子貢相與言曰。夫子再逐於魯。削迹於衛。伐樹於宋。窮於商周。圍於陳蔡。殺夫子者无罪。藉夫子者无禁。釋文、藉、陵藉也。弦歌鼓琴。未嘗絕音。君子之无恥也若此乎。顏回无以應。入告孔子。孔子推琴。喟然而歎曰。由與賜。細人也。

召而來。吾語之。子路子貢入。子路曰。如此者可謂窮矣。孔子曰。是何言也。君子通於道之謂通。窮於道之謂窮。今丘抱仁義之道以遭亂世之患。其何窮之為。（郭慶藩云。呂覽慎人篇為作謂。是也。古為謂字通。）故內省而不窮於道。臨難而不失其德。天寒既至。（俞云。呂覽慎人篇天作大。此誤。）霜露既降。吾是以知松柏之茂也。陳蔡之隘。（釋文。隘音厄。）於丘其幸乎。孔子削然反琴而弦歌。（成云。削然。取琴聲。）子路扢然執干而舞。（李云。扢然。奮舞貌。）子貢曰。吾不知天之高也。地之下也。古之得道者。窮亦樂。通亦樂。所樂非窮通也。道德於此。則窮通為寒暑風雨之序矣。（俞云。德當作得。呂覽慎人篇作道得於此。則窮達一也。為寒暑風雨之序矣。疑此文窮通下。亦當有一也二字。而今奪之。案成云得道之人。處窮通而常樂。是成所見本德作得。與呂覽同。）故許由娛於潁陽。而共伯得乎共首。（司馬云。共伯名和。修其行。好賢人。諸侯皆以為賢。周厲王之難。天子曠絕。諸侯皆請以為天子。共伯不聽。（據路史當補弗獲免三字）即干王位。十四年。大旱屋焚。卜於太陽。兆曰。厲王為祟。召公乃立宣王。共伯復歸於宗。逍遙得意共山之首。共丘山今在河南共縣西。）

舜以天下讓其友北人无擇。北人无擇曰。異哉。后之為人也。居於畎畝之中。而遊堯之門。不若是而已。（言不惟若此。）又欲以其辱行漫我。（漫。汙也。）吾羞見之。因自投清泠之淵。釋文。山海經云。在江南。一云。在南陽郡西崿山下。

湯將伐桀。因卞隨而謀。卞隨曰。非吾事也。湯曰。孰可。曰。吾不知也。湯又因瞀光而謀。瞀光曰。非吾事也。湯曰。孰可。曰。吾不知也。湯曰。伊尹何如。曰。強力忍垢。吾不知其他也。湯遂與伊尹謀伐桀。剋之。以讓卞隨。卞隨辭曰。后之伐桀也謀乎我。必以我為賊也。勝桀而讓我。必以我為貪也。吾生乎亂世。而无道之人。再來漫我。以其辱行。吾不忍數聞也。乃自投稠水而死。釋文。司馬本稠作洞。云。洞水在潁川。一云。在范陽郡界。湯又讓瞀光曰。知者謀之。武者遂之。仁者居之。古之道也。吾子胡不立乎。瞀光辭曰。廢上。非義也。殺民。非仁也。人犯其難。我享其利。非廉也。吾聞之曰。非其義者。不受其祿。无道之世。不踐其土。況尊我乎吾不忍久見也。乃負石而自沈於廬水。釋文。司馬本作盧水。在遼東西界。一云。在北平郡界。

昔周之興。有士二人。處於孤竹。曰伯夷叔齊。二人相謂曰。吾聞西方有人。似有道者試往觀焉至於岐陽武王聞之使叔旦往見之與盟曰加富二等〔成云加祿二級〕就官一列血牲而埋之二人相視而笑曰嘻異哉此非吾所謂道也昔者神農之有天下也時祀盡敬而不祈喜〔俞云喜當作禧釋詁禧福也不祈喜不祈福也呂覽誠廉篇作時祀盡敬而不祈福與此字異義同〕其於人也忠信盡治而无求焉樂與政為政樂與治為治不以人之壞自成也不以人之卑自高也不以遭時自利也今周見殷之亂而遽為政上謀而下行貨〔王念孫云下字誤加上與尚同呂覽誠廉篇正作上謀而行貨〕阻兵而保威割牲而盟以為信揚行以說眾殺伐以要利是推亂以易暴也吾聞古之士遭治世不避其任遇亂世不為苟存今天下闇周德衰其竝乎周以塗吾身也〔其猶與其竝依塗汙也〕不如避之以絜吾行二子北至於首陽之山遂餓而死焉若伯夷叔齊者其於富貴也苟可得已則必不賴〔恃也〕高節戾行獨樂其志不事於世此二士之節也

雜篇 盜跖第二十九

孔子與柳下季為友。柳下季之弟名曰盜跖。盜跖從卒九千人。橫行天下。侵暴諸侯。釋文，李奇注漢書云，跖，秦之大盜也，俞云，史記伯夷傳，正義云，跖者，黃帝時大盜之名，是跖之為何時人，竟無定說，孔子與柳下惠不同時，柳下惠與盜跖亦不同時，讀者勿以寓言為實也，穴室樞戶。司馬云，破人戶樞而取物也，驅人牛馬。取人婦女。貪得忘親。不顧父母兄弟。不祭先祖。所過之邑。大國守城。小國入保。釋文，禮記鄭注，小城曰保，萬民苦之。孔子謂柳下季曰。夫為人父者。必能詔其子。為人兄者。必能教其弟。若父不能詔其子。兄不能教其弟。則无貴父子兄弟之親矣。今先生。世之才士也。弟為盜跖。為天下害。而弗能教也。丘竊為先生羞之。丘請為先生往說之。柳下季曰。先生言為人父者必能詔其子。為人兄者必能教其弟。若子不聽父之詔。弟不受兄之教。雖今先生之辯。將奈之何哉。且跖之為人也。心如涌泉。意如飄風。強足以距敵。辯足以飾非。順其心則喜。逆其心則怒。易辱人以言。先生必无往。孔子不聽。顏回為御。子貢為右。

往見盜跖。盜跖乃方休卒徒太山之陽。膾人肝而餔之。釋文。餔。字林云。日申時食也。孔子下車而前。見謁者曰。魯人孔丘。聞將軍高義。敬再拜謁者。謁者入通。盜跖聞之大怒。目如明星。髮上指冠。曰。此夫魯國之巧偽人孔丘非邪。為我告之。爾作言造語。妄稱文武。成云。言憲章文武。冠枝木之冠。司馬云。冠多華飾。如木之枝繁。帶死牛之脅。司馬云。取牛皮為大革帶。多辭繆說。不耕而食。不織而衣。搖脣鼓舌。擅生是非。以迷天下之主。使天下學士不反其本。妄作孝弟而徼倖於封侯富貴者也。子之罪大極重。俞云。極當作殛。釋言。殛。誅也。言罪大而誅重也。極殛古字通。書洪範。多士。左僖二十八年傳。昭七年傳。釋文並曰。殛本作極。疾走歸。不然。我將以子肝益晝餔之膳。孔子復通曰。丘得幸於季。願望履幕下。釋文。司馬本幕作綦。云。言視不敢望跖面。望履結而還也。謁者復通。盜跖曰。使來前。孔子趨而進。避席反走。再拜盜跖。盜跖大怒。兩展其足。案劍瞋目。聲如乳虎。曰。丘來。前。若所言順吾意則生。逆吾心則死。孔子曰。丘聞之。凡天下有三德。生而長大。美好无雙。少長貴賤見而皆說之。此上德也。知維天地。釋文。知。音智。能辯諸物。此中德也。勇悍果敢。聚眾率兵。此下德也。凡人有此一德者。足以南面稱孤矣。今將軍兼此三者。身長八尺二寸。面目有光。脣如激丹。（司馬云。明也。）齒如齊貝。音中黃鐘。而名曰盜跖。丘竊為將軍恥不取焉。將軍有意聽臣。臣請南使吳越。北使齊魯。東使宋衛。西使晉楚。使為將軍造大城數百里。立數十萬戶之邑。尊將軍為諸侯。與天下更始。罷兵休卒。收養昆弟。共祭先祖。（共讀曰供。）此聖人才士之行。而天下之願也。盜跖大怒曰。丘來前。夫可規以利而可諫以言者。皆愚陋恆民之謂耳。今長大美好。人見而悅之者。此吾父母之遺德也。丘雖不吾譽。吾獨不自知邪。且吾聞之。好面譽人者。亦好背而毀之。今丘告我以大城眾民。是欲規我以利而恆民畜我也。安可久長也。城之大者。莫大乎天下矣。堯舜有天下。子孫无置錐之地。（朱均不嗣。）湯武立為天子。後世絕滅。（成云。湯武子孫。咸遭篡弒。）非以其利大故邪。且吾聞之。古者禽獸多而人少。於是民皆巢居以避之。晝拾橡栗。暮栖木上。故命之曰有巢氏之民。古者民不知衣服。夏多積薪。冬則煬之。故命之曰知生之民。神農之世。臥則居居。（成云。居居。安靜之容。）起則于于。（郭慶藩云。于于。廣大之意。方言。于。大也。禮檀弓。于則于。正義亦訓于為廣大。于于重言。）民知其母。不知其父。與麋鹿共處。耕而食。織而衣。无有相害之心。此至德之隆也。然而黃帝不能致德。與蚩尤戰於涿鹿之野。流血百里。堯舜作。立群臣。湯放其主。武王殺紂。自是之後。以強陵弱。以眾暴寡。湯武以來。皆亂人之徒也。今子修文武之道。掌天下之辯。以教後世。（成云。辯說仁義。為後世之教。）縫衣淺帶。（釋文。縫。作摓。郭慶藩云。列子黃帝篇注引向秀云。摓衣。儒服。寬而長大。釋文。摓。又作縫。縫衣。大衣也。或作逢。禮儒行。逢掖之衣。鄭注。逢。猶大也。釋文。淺帶。縫帶使淺狹。）矯言偽行。以迷惑天下之主。而欲求富貴焉。盜莫大於子。天下何故不謂子為盜丘。而乃謂我為盜跖。子以甘辭說子路而使從之。使子路去其危冠。解其長劍。而受教於子。天下皆曰。孔丘能止暴禁非。其卒之也。子路欲殺衛君而事不成。身菹於衛東門之上。是子教之不至也。子自謂才士聖人邪。則再逐於魯。削迹於衛。窮於齊。圍於陳蔡。不容身於天下。子教子路葅此患。疑有奪文。上无以為身，下无以為人，子之道豈足貴邪？世之所高，莫若黃帝，黃帝尚不能全德，而戰涿鹿之野，流血百里。堯不慈，舜不孝，成云：堯不授丹朱，舜為父所疾。禹偏枯，成云：治水勤勞致疾。湯放其主，武王伐紂，文王拘羑里。句應在武王上而誤倒。此六子者，世之所高也，孰論之，孰同熟，猶言精熟討論之。皆以利惑其真而強反其情性，其行乃甚可羞也。世之所謂賢士，伯夷叔齊。伯夷叔齊辭孤竹之君，而餓死於首陽之山，骨肉不葬。鮑焦飾行非世，抱木而死。成云：鮑焦，周時隱者。飾行非世，荷擔采樵，拾橡充食。子貢遇之曰：吾聞非其政者不履其地，汙其君者不受其利。今子履其地，食其利，其可乎？焦曰：吾聞廉士重進而輕退，賢人易愧而輕死。遂抱木立枯焉。申徒狄諫而不聽，負石自投於河，為魚鼈所食。成云：諫而不聽，未詳所據。介子推至忠也，自割其股以食文公，文公後背之，子推怒而去，抱木而燔死。尾生與女子期於梁下，女子不來，水至不去，抱梁柱而死。此六子者，无異於磔犬流豕操瓢而乞者，李云：言人不得其死，猶豬狗乞兒流轉溝中者也。皆離名輕死，釋文：離，力智反。不念本養壽命者也。不念本在養生，壽由天命者也。世之所謂忠臣者，莫若王子比干、伍子胥。子胥沈江，比干剖心，此二子者。世謂忠臣也。然卒為天下笑。成云.為達道者所嗤.自上觀之。至於子胥比干。二子以身殉國.在諸人中.猶為最上.皆不足貴也。丘之所以說我者。若告我以鬼事。則我不能知也。若告我以人事者。不過此矣。皆吾所聞知也。今吾告子以人之情。目欲視色。耳欲聽聲。口欲察味。志氣欲盈。人上壽百歲。中壽八十。下壽六十。除病瘦死喪憂患。王念孫云.瘦當為瘐字之誤也.病瘐一類.死喪一類.憂患一類.瘐字或作瘉.其中開口而笑者。一月之中不過四五日而已矣。天與地无窮。人死者有時。操有時之具。而託於无窮之間。忽然无異騏驥之馳過隙也。不能說其志意。養其壽命者。皆非通道者也。丘之所言。皆吾之所棄也。亟去走歸。无復言之。子之道。狂狂汲汲。成云.狂狂.失信也.汲汲.不足也.詐巧虛偽事也。非可以全真也。奚足論哉。孔子再拜趨走。出門上車。執轡三失。目芒然无見。色若死灰。據軾低頭。不能出氣。歸到魯東門外。適遇柳下季。柳下季曰。今者闕然數日不見。車馬有行色。得微往見跖邪。成云.微.無也.孔子仰天而歎曰。然。柳下季曰。跖得无逆汝意若前乎。即篇首柳下所云也。孔子曰。然。丘所謂无病而自灸也。疾走料虎頭。釋文。料。音聊。成云。料。觸。編虎須。幾不免虎口哉。

子張問於滿苟得曰。盍不為行。何不行義乎。无行則不信。不信則不任。不任則不利。故觀之名。計之利。而義真是也。若無所行。則人不見信。不見信則無人任用。不見任用。則無利祿。故觀之於名。計之於利。惟行義真是也。若棄名利。反之於心。則夫士之為行。不可一日不為乎。上為殉名利言也。若棄名利。而反之我心。士之為行。亦不可一日不為義也。滿苟得曰。无恥者富。多信者顯。成云。多信。猶多言也。無恥貪殘則富。多言夸伐則顯。故觀之名。計之利。而信真是也。若棄名利。反之於心。則夫士之為行。抱其天乎。觀之於名。計之於利。惟信真是也。若棄名利。而反之吾心。則士之為行。惟抱其自然之道而可乎。子張曰。昔者桀紂貴為天子。富有天下。今謂臧聚曰。司馬云。臧聚。謂臧獲盜濫竊聚之人。汝行如桀紂。則有怍色。有不服之心者。小人所賤也。仲尼墨翟。窮為匹夫。今謂宰相曰。子行如仲尼墨翟。則變容易色。稱不足者。士誠貴也。故勢為天子。未必貴也。窮為匹夫。未必賤也。貴賤之分。在行之美惡。滿苟得曰。小盜者拘。大盜者為諸侯。諸侯之門。義士存焉。（四語又見胠篋篇。義士作仁義。）昔者桓公小白殺兄入嫂。（司馬云。以嫂為室家。）而管仲為臣。田成子常（常。即恆。）殺君竊國。而孔子受幣。論則賤之。行則下之。則是言行之情悖戰於胸中也。（言行相反而交戰。）不亦拂乎。（成云。拂。戾也。）故書曰。孰惡孰美。成者為首。不成者為尾。（宣云。言貴於成事。不在矯飾。）子張曰。子不為行。即將疏戚无倫。貴賤无義。長幼无序。五紀六位。將何以為別乎。（俞云。五紀。即五倫。六位。即六紀。白虎通。六紀。謂諸父兄弟族人諸舅師長朋友也。不曰五倫而曰五紀。不曰六紀而曰六位。古人之語異耳。）滿苟得曰。堯殺長子。（崔云。堯殺長子考監明。）舜流母弟。（釋文。弟。謂象也。流。放也。孟子曰。封之也。或曰放焉。）疏戚有倫乎。湯放桀。武王伐紂。貴賤有義乎。王季為適。周公殺兄。長幼有序乎。儒者偽辭。墨者兼愛。五紀六位。將有別乎。且子正為名。我正為利。名利之實。不順於理。不監於道。（成云。監。明也。見也。名利二途。既乖至理。豈明見於元道。）吾日與子訟於无約。（成云。訟。謂論說也。）曰。（宣云。以下無約之言。）小人殉財。君子殉名。其所以變其情。易其性。則異矣。乃至於棄其所為。（成云。捨己。）而殉其所不為。（成云。逐物。）則一也。故曰。无為小人。反殉而天。（反己而求汝自然之道。）无為君子。從天之理。若枉若直。相而天極。無問枉直．視汝自然以為極．面觀四方。與時消息。成云．觀照四方．隨四時而消息．若是若非。執而圓機。成云．圓機．猶環中也．執環中之道．以應是非．獨成而意。與道徘徊。成云．徘徊猶轉變．意用於獨化之心．以成其意．故能冥其虛通之理．轉變無窮者也．无轉而行。无成而義。將失而所為。王念孫云．轉讀為專．山木篇．一龍一蛇．與時俱化．而無肯專為．即此所謂無專而行也．承上文言．當隨時順道．而不可專行仁義．若專而行．成而義．則將失其所為矣．秋水篇．無一而行．與道參差．一亦專也．無專而行．猶言無一而行也．无赴而富。无殉而成。將棄而天。成云．無奔赴於富貴．無殉逐於成功．背於天然之性也．比干剖心。子胥抉眼。忠之禍也。直躬證父。尾生溺死。信之患也。鮑子立乾。申子不自理。廉之害也。釋文作勝子自理．云．本又作申子自理．成云．謂申屠狄抱甕之河也．一本作申子不自理．謂申生也．案申生不得云廉之害．作申子自理者是．孔子不見母。匡子不見父。義之失也。釋文．孔子事．李云未聞．司馬云．匡子名章．齊人．諫其父．為父所逐．終身不見父．案此事見孟子．盧云．疑父母二字當互易．案盧說又非義之失．此上世之所傳。下世之所語。以為士者正其言。必其行。故服其殃。離其患也。

无足問於知和曰。人卒未有不興名就利者。彼富則人歸之。歸則下之。下則貴之。夫見下貴者。所以長生安體樂意之道也。今子獨无意焉。知不足邪。意知而力不能行邪。故推正不忘邪。意同抑。古抑意字通。言抑或知而不能行。故推求正道。念念不忘而外富貴邪。知和曰。今夫此人以為與己同時而生。同鄉而處者。以為夫絕俗過世之士焉。是專无主正。所以覽古今之時。是非之分也。此人。即上興名就利之人。彼以為與己同時同鄉。而有絕俗過世之士。是其專於無為。主於正道。足以覽古今之時。是非之分也。胡不效之。與俗化世。去至重。棄至尊。以為其所為也。此其所以論長生安體樂意之道。不亦遠乎。乃混同於俗。化合於世。其去絕俗過世之士遠矣。去至重之生。棄至尊之道。以為其所謂富貴者。此其所以論長生之道。不亦遠於事情乎。慘怛之疾。恬愉之安。不監於體。疾而悲。安而樂。體之真適與否。不見於此也。怵惕之恐。欣懽之喜。不監於心。恐而懼。喜而快。心之真適與否。不見於此也。知為為而不知所以為。是以貴為天子。富有天下。而不免於患也。成云。為為者。有為也。所以為者。無為也。知為之有為。不知其出於無為。故雖富貴而不免憂患。无足曰。夫富之於人。无所不利。窮美究埶。釋文。音勢。本亦作勢。至人之所不得逮。賢人之所不能及。賢過也。俠人之勇力而以為威強。俠。同挾。秉人之知謀以為明察。因人之德以為賢良。非享國而嚴若君父。且夫聲色滋味權勢之於人。心不待學而樂之。體不待象而安之。夫欲惡避就。固不待師。此人之性也。天下雖非我孰能辭之言天下與我同欲.知和曰知者之為故動以百姓不違其度知者之為天下.必以百姓而動.百姓亦不違背其法度.是以足而不爭无以為故不求知足故不爭.无為故無外求.不足故求之爭四處而不自以為貪成云.四處猶四方也.有餘故辭之棄天下而不自以為廉此聖凡之分.廉貪之實非以迫外也反監之度廉貪之實.非外有所迫也.反視其度量何若而已知之矣.勢為天子而不以貴驕人富有天下而不以財戲人計其患慮其反詩衛風.不思其反.以為害於性故辭而不受也非以要名譽也堯舜為帝而雍黎民時雍.非仁天下也不以美害生也竭美利以奉一己.是自害其生也.善卷許由得帝而不受非虛辭讓也不以事害己此皆就其利辭其害而天下稱賢焉則可以有之彼非以興名譽也可以有此賢名而居之.非彼之欲與賢名也.无足曰必持其名苦體絕甘約養以持生則亦久病長阨而不死者也言必欲謹持其名.苦身體.絕甘美.約奉養以持生.則與久病長阨而不死者同.究何益乎.知和曰平為福有餘為害者物莫不然而財其甚者也今富人耳營鐘鼓筦籥之聲口嗛於芻豢醪醴之味說文.嗛.口有所快也.以感其意遺忘其業可謂亂矣侅溺於馮

氣若負重行而上也。可謂苦矣。釋文。徐音礙。五代反。又戶該反。飲食至咽為餧。王念孫云。左昭五年傳注。馮。盛也。馮氣。猶盛氣。案貪欲既多。餧塞沈溺於盛氣。如負重上行。其苦甚矣。貪財而取慰。貪權而取竭。郭慶藩云。淮南繆稱訓。高注。慰。病也。與竭對文。皆疾也。靜居則溺。體澤則馮。平居則酣溺。體澤則馮怒。可謂疾矣。為欲富就利。故滿若堵耳而不知避。且馮而不舍。可謂辱矣。財積而无用。服膺而不舍。滿心戚醮。成云。戚醮。猶煩惱也。求益而不止。可謂憂矣。內則疑劫請之賊。外則畏寇盜之害。內周樓疏。李云。重樓內帀。疏窗外通。謂設備守具。外不敢獨行。可謂畏矣。此六者。天下之至害也。皆遺忘而不知察。及其患至。求盡性竭財。嗜財若天性。財。即性也。故曰。盡性竭財。單以反一日之无故而不可得也。郭嵩燾云。單亶古字通。亶訓但。單亦訓但。故觀之名則不見。求之利則不得。繚意體而爭此。不亦惑乎。繚。曲也。言曲意屈體而爭之。

說劍第三十 雜篇

昔趙文王喜劍。釋文。司馬云。惠文王也。名何。武靈王子。後莊子三百五十年。洞紀云。周赧王十七年。趙惠文王之元年。一云。案長歷推惠文王與莊子相值。恐彪之言誤。劍士夾門而客三千餘人。日夜相擊於前。死傷者歲百餘人。好之不厭。如是三年。國衰。諸侯謀之。太子悝患之。俞云．惠文王後．為孝成王丹．則此太子蓋不立．募左右曰。孰能說王之意止劍士者。賜之千金。左右曰。莊子當能。太子乃使人以千金奉莊子。莊子弗受。與使者俱往。見太子曰。太子何以教周。賜周千金。太子曰。聞夫子明聖。謹奉千金以幣從者。夫子弗受。悝尚何敢言。莊子曰。聞太子所欲用周者。欲絕王之喜好也。使臣上說大王而逆王意。下不當太子。則身刑而死。周尚安所事金乎。使臣上說大王。下當太子。趙國何求而不得也。太子曰。然。吾王所見。唯劍士也。莊子曰。諾。周善為劍。太子曰。然吾王所見劍士。皆蓬頭突鬢垂冠。釋文．將欲鬪．故冠低傾也．曼胡之纓。司馬云．謂麤纓．無文理也．短後之衣。釋文．為便於事也．瞋目而語難。釋文．難．如字．艱難也．勇士憤怒積於心胸．言不流利也．王乃說之。今夫子必儒服而見王。事必大逆。莊子曰。請治劍服。治劍服三日。乃見太子。太子乃與見王。王脫白刃待之。莊子入殿門不趨。見王不拜。王曰。子欲何以教寡人。使太子先。成云.使太子先言於我. 曰臣聞大王喜劍。故以劍見王。王曰。子之劍何能禁制。曰臣之劍。十步一人。千里不留行。俞云.十步之內.輒殺一人.則歷千里之遠.所殺多矣.而劍鋒不缺.所當無撓.極言劍之利也.行以劍言.非以人言. 王大悅之曰。天下無敵矣。莊子曰。夫為劍者。示之以虛。開之以利。後之以發。先之以至。願得試之。成云.忘己虛心.開通利物.感而後應.幾照物先.莊子之用劍也. 王曰。夫子休就舍。待命令設戲。請夫子。王乃校劍士七日。死傷者六十餘人。得五六人。使奉劍於殿下。乃召莊子。王曰。今日試使士敦劍。郭嵩燾云.魯頌.敦商之旅.箋.敦治也. 莊子曰。望之久矣。王曰。夫子所御杖長短何如。成云.御.用也.案.杖.持也. 曰臣之所奉皆可。然臣有三劍。唯王所用。請先言而後試。王曰。願聞三劍。曰。有天子劍。有諸侯劍。有庶人劍。王曰。天子之劍何如。曰。天子之劍。以燕谿石城為鋒。齊岱為鍔。釋文.燕谿.地名.在燕國.司馬云.鍔.劍刃.一云.劍棱也.成云.石城.塞外山.此地居北.以為劍鋒.齊國岱岳.在東為劍刃也. 晉魏為脊。周宋為鐔。成云.鐔.環也.晉魏近乎趙地.故以為脊.周宋近南.故以為環也. 韓魏為夾。司馬云.夾.把也.一本作鋏.同.一云.鐔從棱向背.鋏從棱向刃也. 包以四夷。裹以四時。成云.懷四夷以道德.順四時以生化. 繞以渤海。帶以常山。遠統北海.近帶北岳.二句應在包以四夷上. 制以五行。論以刑德。刑罰德賞也.皆以劍言.古人有劍論.開以陰陽。持以春夏。行以秋冬。春秋長養.則持而不御.秋冬肅殺.故行用之.此劍直之无前。直當也.舉之無上。案之无下。運之无旁。上決浮雲。下絕地紀。此劍一用。匡諸侯。天下服矣。此天子之劍也。文王芒然自失。曰。諸侯之劍何如。曰。諸侯之劍。以知勇士為鋒。以清廉士為鍔。以賢良士為脊。以忠聖士為鐔。以豪桀士為夾。此劍值之亦无前。舉之亦无上。案之亦无下。運之亦无旁。上法圓天。以順三光。下法方地。以順四時。中和民意。以安四鄉。成云.四鄉.猶四方.此劍一用。如雷霆之震也。四封之內。無不賓服。而聽從君命者矣。此諸侯之劍也。王曰。庶人之劍何如。曰。庶人之劍。蓬頭突鬢垂冠。曼胡之纓。短後之衣。瞋目而語難。相擊於前。上斬頸領。下決肝肺。此庶人之劍。无異於鬭雞。一旦命已絕矣。无所用於國事。今大王有天子之位。而好庶人之劍。臣竊為大王薄之。王乃牽而上殿。宰人上食。王三環之。成云.繞食三周.不能安坐.莊子曰。大王安坐定氣。劍事已畢奏矣。於是文王不出宮三月。劍士皆服斃其處也。司馬云，忿不見禮，皆自殺也。

雜篇　漁父第三十一

孔子遊乎緇帷之林，司馬云，黑林名也。休坐乎杏壇之上。司馬云，澤中高處也。弟子讀書，孔子絃歌鼓琴，奏曲未半，有漁父者，下船而來，須眉交白，被髮揄袂，行原以上，距陸而止，左手據膝，右手持頤以聽。曲終而招子貢子路，二人俱對。客指孔子曰，彼何為者也。子路對曰，魯之君子也。客問其族。子路對曰，族孔氏。客曰，孔氏者何治也。治何術業。子路未應，子貢對曰，孔氏者性服忠信，身行仁義，飾禮樂，選人倫，鑒而擇之。上以忠於世主，下以化於齊民，李云，齊，等也。許慎云，齊等之民。將以利天下，此孔氏之所治也。又問曰，有土之君與。子貢曰，非也。侯王之佐與。子貢曰，非也。客乃笑而還，行言曰，仁則仁矣，恐不免其身。苦心勞形，以危其真。嗚乎遠哉，其分於道也。成云，分離於元道。釋文，又作介。司馬云，離也。子貢還報孔子。孔子推琴而起曰。其聖人與。乃下求之。至於澤畔。方將杖拏而引其船。（司馬云。拏。橈也。音餘。）顧見孔子。還鄉而立。（釋文。鄉。或作嚮。）孔子反走。再拜而進。客曰。子將何求。孔子曰。曩者先生有緒言而去。（俞云。緒。餘也。未畢而去。故曰緒言。）丘不肖。未知所謂。竊待於下風。幸聞咳唾之音。以卒相丘也。（成云。助我不逮。）客曰。嘻。甚矣子之好學也。孔子再拜而起曰。丘少而修學。以至於今。六十九歲矣。无所得聞至教。敢不虛心。客曰。同類相從。同聲相應。固天之理也。吾請釋吾之所有。而經子之所以。（司馬云。經。理也。下同。）子之所以者。人事也。天子諸侯大夫庶人。此四者自正。（各守其位。）治之美也。四者離位而亂莫大焉。官治其職。人憂其事。乃无所陵。（成云。陵。亂也。）故田荒室露。衣食不足。徵賦不屬。妻妾不和。長少无序。庶人之憂也。能不勝任。官事不治。行不清白。群下荒怠。功美不有。（無功於國。無譽於民。）爵祿不持。（不能保持其爵祿。）大夫之憂也。廷无忠臣。國家昏亂。工技不巧。貢職不美。春秋後倫。（釋文。朝覲不及等比也。）不順天子。諸侯之憂也。陰陽不和。寒暑不時以傷庶物諸侯暴亂擅相攘伐以殘民人禮樂不節財用窮匱人倫不飭百姓淫亂天子有司之憂也今子既上无君侯有司之勢而下无大臣職事之官而擅飭禮樂選人倫以化齊民不泰多事乎且人有八疵事有四患不可不察也非其事而事之謂之摠成云摠濫也莫之顧而進之謂之佞成云人不采顧強進忠言希意道言謂之諂成云希望意氣導達其言不擇是非而言謂之諛成云苟且順物不簡是非好言人之惡謂之讒析交離親謂之賊稱譽詐偽以敗惡人謂之慝詐偽則稱譽之惡其人則毀敗之是為奸慝姚云張本惡作德謂顛倒是非以敗人之德意更警不擇善否兩容頰適偷拔其所欲謂之險釋文兩容頰適者善惡皆容顏貌調適也頰或作顏宣云偷拔謂潛引人心中之欲此八疵者外以亂人內以傷身君子不友明君不臣所謂四患者好經大事變更易常以挂功名謂之叨變易常節以侔功名是叨濫也專知擅事侵人自用謂之貪專知自謂予知也見過不更聞諫愈甚謂之很人同於己則可不同於己雖善不善謂之矜此四患也能去八疵无行四患而始可教已孔子愀然而歎再拜而起曰丘再逐於魯削迹於

衛。伐樹於宋。圍於陳蔡。丘不知所失。而離此四謗者何也。客悽然變容曰。甚矣。子之難悟也。人有畏影惡迹而去之走者。舉足愈數而迹愈多。走愈疾而影不離身。自以為尚遲。疾走不休。絕力而死。不知處陰以休影。處靜以息迹。愚亦甚矣。子審仁義之間。察同異之際。觀動靜之變。適受與之度。理好惡之情。和喜怒之節。而幾於不免矣。（子審度於接物者如此。而猶幾於不免。）謹修而身。慎守其真。還以物與人。則无所累矣。（外物不與人爭。自無患累也。）今不修之身而求之人。不亦外乎。孔子愀然曰。請問何謂真。客曰。真者。精誠之至也。不精不誠。不能動人。故強哭者雖悲不哀。強怒者雖嚴不威。強親者雖笑不和。真悲无聲而哀。真怒未發而威。真親未笑而和。真在內者。神動於外。是所以貴真也。其用於人理也。（理。倫理也。）事親則慈孝。事君則忠貞。飲酒則歡樂。處喪則悲哀。忠貞以功為主。飲酒以樂為主。處喪以哀為主。事親以適為主。功成之美。无一其迹矣。（成功可見者甚多。故不一其事迹。）事親以適。不論所以矣。（以。用也。啜菽飲水。亦可盡歡。故不問所以。飲酒以樂○不選其具矣○不在具殺。處喪以哀○无問其禮矣○臨喪盡哀。於是觀禮。禮者○世俗之所為也○真者○所以受於天也○自然不可易也○故聖人法天貴真○不拘於俗○愚者反此○不能法天而恤於人○惟人事是憂。不知貴真○祿祿而受變於俗○故不足○釋文。祿。司馬本作錄。案祿祿猶錄錄也。漢書蕭曹贊作錄錄。顏注。猶鹿鹿言在凡庶之中。惜哉子之早湛於人偽○湛。與沈同。而晚聞大道也○孔子又再拜而起曰○今者丘得遇也○若天幸然○先生不羞而比之服役○若僕從然。而身教之○敢問舍所在○請因受業而卒學大道○客曰○吾聞之○可與往者與之至於妙道○成云。從迷適悟為往。妙道。真本也。不可與往者○不知其道○慎勿與之○身乃无咎○子勉之○吾去子矣○吾去子矣○乃刺船而去○延緣葦間○顏淵還車○子路授綏○孔子不顧○待水波定○釋文。船行故水波。去遠則波定。不聞拏音而後敢乘○子路旁車而問曰○旁。同傍。由得為役久矣○未嘗見夫子遇人如此其威也○宣云。威。敬畏。萬乘之主○千乘之君○見夫子未嘗不分庭伉禮○夫子猶有倨敖之容○今漁者杖拏逆立○而夫子曲要磬折○言拜而應○成云。受言必拜而應。得无太甚乎。門人皆怪夫子矣。漁人何以得此乎。孔子伏軾而歎曰。甚矣由之難化也。湛於禮義有間矣。宣云。言已久。而樸鄙之心。至今未去。進。吾語汝。夫遇長不敬。失禮也。見賢不尊。不仁也。彼非至人。不能下人。成云。若非至德之人。則不能使人謙下。下人不精。不得其真。上文云。真者。精誠之至也。故長傷身。惜哉。不仁之於人也。禍莫大焉。而由獨擅之。擅者。專有之。且道者。萬物之所由也。庶物失之者死。得之者生。為事逆之則敗。順之則成。故道之所在。聖人尊之。今漁父之道。可謂有矣。吾敢不敬乎。

雜篇　列禦寇第三十二

列禦寇之齊。中道而反。遇伯昏瞀人。見列子黃帝篇。伯昏瞀人曰。奚方而反。李云。方。道也。曰。吾驚焉。曰。惡乎驚。曰。吾嘗食於十饗。司馬云。饗。讀曰漿。十家並賣漿也。案黃帝篇作漿。而五饗先饋。釋文。饋。遺也。謂十家中五家先見遺。案張湛注。人皆敬下之也。伯昏瞀人曰。若是則汝何為驚已。曰。夫內誠不解。郭云。外自矜飾。案語氣不了。張注引。下有內不釋然也五字。形諜成光。郭云。舉動便辟。而成光儀也。釋文。諜徒協反。郭云。便辟也。說文云。閒也。以外鎮人心。張注。外以矜嚴服物。內實不足。使人輕乎貴老。釋文。謂重禦寇過於老人。而韲其所患。釋文。韲。子兮反。亂也。蘇輿云。下所謂任事效功。即所患也。言將以己所患者攬亂之也。莊子中其字多如此用。下云盍胡嘗視其良亦儒緩自謂。宣云。韲有釀意。一說。韲與齎同。猶致也。並通。夫漿特為食羹之貨。多餘之贏。黃帝篇。多上有無字。張注。一本無無字。案無者。與莊本同。有無字。理較圓。其為利也薄。其為權也輕。而猶若是。而況於萬乘之主乎。身勞於國而知盡於事。黃帝篇無乎字。二語屬齊君說。彼將任我以事而效我以功。成云。驗我以功績。吾是以驚。言往見齊君。彼將任事而課功。責望甚重。將有患亂。故以賣漿之事推之。驚而走也。伯昏瞀人曰。善哉觀乎。善其能觀察人情。汝處已。人將保汝矣。司馬云。保。附也。案言汝且處乎家。人將附汝矣。无幾何而往。則戶外之屨滿矣。成云。既及升堂。請益者多。伯昏瞀人北面而立。敦杖蹙之乎頤。司馬云。敦。豎也。成云。以杖柱頤。聽其言說。立有閒。不言而出。成云。忘言而歸。賓者以告列子。釋文。賓本亦作儐。謂通客之人。列子提屨跣而走。暨乎門。曰。先生既來。曾不發藥乎。釋文。司馬本。發作廢。郭慶藩云。發廢古同聲通用。案黃帝篇作廢。張注。廢。置也。曾無善言以當藥石也。曰。已矣。吾固告汝曰。人將保汝。果保汝矣。非汝能使人保汝。而汝不能使人无保汝也。而焉用之感豫出異也。黃帝篇。之下多感也二字。異下無也字。張注云。汝用何術。能感物如此乎。案本文而焉用之。其義自明。黃帝篇，當釋作汝焉用此感也，張說非，感豫出異者，先物施惠，豫出以感人，是自異也，必且有感。搖而本才。又无謂也。黃帝篇，必且作且必，感下有也字，才作身，案本才，即本質也，與孟子非才之罪也義同，釋文，一本才作性，意亦同也，言必有惠以感人，則此心逐物，搖汝本質，究何謂乎，與汝遊者。又莫汝告也。宣云，無忠告，彼所小言。盡人毒也。張注，小言細巧，易以感人，故為人毒害也，莫覺。莫悟。何相孰也。郭嵩燾云，漢書賈誼傳，日夜念此至孰也，顏注，孰審也，言既無覺悟，又何人相審詳乎，巧者勞而知者憂。无能者无所求。飽食而敖遊。汎若不繫之舟。虛而敖遊者也。成云，物必以智巧困弊，惟聖人汎然無係，譬彼虛舟，任運逍遙，案巧者以下，莊子所增，

鄭人緩也。呻吟裘氏之地。司馬云，緩，人名也，釋文，裘氏，地名，郭云，呻吟，吟詠之謂，祇三年。而緩為儒。郭云，祇，適也，河潤九里。澤及三族。宣云，喻學問既成，必及人，使其弟墨。緩使弟學墨，弟名見下，儒墨相與辯。其父助翟。成云，儒憲章文武，祖述堯舜，甚固吝，好多言，墨遵禹道，勤儉好施，儒墨途別，各執是非，父黨小兒，遂助翟也，十年。而緩自殺。其父夢之曰。使而子為墨者予也。闔胡嘗視其良。既為秋柏之實矣。闔，同盍，何不也，胡，亦何也，闔胡連文，如古書尚猶惟獨之例，自有複語耳，嘗，試也，釋文，良或作埌，音浪，冢也，案緩見夢其父，言弟之為墨，是我之力，何不試視我冢上，所種秋柏已結實矣，冤魂告語，深致其怨，夫造物者之報人也。不報其人。而報其人之天。郭云，自此以下，莊子詞也，成云，造物者，無物也，能造化萬物，故謂之造物，物之智能，稟乎造化，非由從師而學也，故假於學習，輔道自然，報其天性，不報人功也，翟有墨性，不從緩得，緩言我教，不亦繆

乎。彼故使彼。有墨性、故使墨。夫人以己為有以異於人以賤其親。夫人、猶言此人。成云、言緩自恃己有學植之功、異於常人、故輕賤其親、而汝於父也。齊人之井飲者相捽也。故曰今之世皆緩也。齊人穿鑿得井、行李汲而飲之、井主護水至捽飲者之頭、不知泉之天然也。喻緩不知翟天然之墨而忿之。（此注兼采陸成。）自是有德者以不知也、而況有道者乎。釋文、知音智。案以已字同、德之為言得也。言知得之為德、而自是其德、已為不智、況於有道之人、而可不因任其天乎。古者謂之遁天之刑。上文云巧者勞而知者憂、是為天所刑也。德充符篇云、天刑之安可解。不以有道自命、則可逃遁天之刑矣。語又見養生主篇。

聖人安其所安、不安其所不安。成云、安、任也。任群生之性、不引物從己、性之無者、不強安之、此所以為聖人也。眾人安其所不安、不安其所安。捨己以徇物、安其所不安也。不安其素分、不安其所安也。

莊子曰、知道易、勿言難。成云、運知則易、忘言則難。知而不言、所以之天也。之、往也。成云、詣於自然之境。知而言之、所以之人也。古之人天而不人。成云、復古真人、知道之士、天然淳素、無復人情。

朱泙漫學屠龍於支離益。司馬云、朱泙漫、支離益、皆人姓名。單千金之家。單、同殫、盡也。三年技成而无所用其巧。宣云、無龍可屠也。是以君子不貴絕藝而貴中庸之道。

聖人以必不必。故无兵。（郭云，理雖必然，猶不必之，斯至順矣，兵其安有。）眾人以不必必之。故多兵。（宣云，以理之不必然者而各必其所偏見，則乖爭生矣。）順於兵。故行有求。（宣云，徇於兵爭，故動則求濟所欲。）兵恃之則亡。（雖有兵，不可恃。）

小夫之知。（釋文，音智。下為知同。）不離苞苴竿牘。（宣云，裹曰苞，藉曰苴。詩鄭箋，以果實相遺者，必苞苴之。司馬云，竿牘，謂竹簡為書，以相問遺。）敝精神乎蹇淺。而欲兼濟道物。太一形虛。若是者。迷惑於宇宙。形累。不知太初。（勞於蹇難淺薄之事，而欲導群物，以成兼濟之功，虛形器以合太一之理，若是者，已為宇宙之群形物累所迷惑，安能知太初妙理邪。）彼至人者。歸精神乎无始。而甘冥乎无何有之鄉。（郭云，無始，妙本也。無何有之鄉，道境也。俞云，釋文，冥本亦作瞑，又音眠，是也。瞑眠古今字。文選養生論，達旦不瞑，李注，瞑古眠字，是也。甘瞑，即甘眠。徐无鬼篇，孫叔敖甘寢秉羽，甘眠與甘寢義同。淮南俶真訓，甘瞑於溷澖之域，即本此文。）水流乎无形。發泄乎太清。（宣云，出於虛，歸於虛。案以喻至人之自然流行也。）悲哉乎。汝為知在毫毛。而不知大寧。（汝，謂上小夫。大寧，無為泰定之宇。言人見小而遺大也。）

宋人有曹商者。為宋王使秦。其往也。得車數乘。王說之。（秦王。）益車百乘。反於宋。見莊子曰。夫處窮閭阨巷。（阨，同隘。）困窘織屨。槁項黃馘者。（司馬云，槁項，項槁立也。黃馘，面黃熟也。）商之所短也。一悟萬乘之主。而從車百乘者。商之所長也。莊子曰。秦王有病召醫。破癰潰痤者得車一乘。舐痔者得車五乘。所治愈下。得車愈多。子豈治其痔邪。何得車之多也。子行矣。

魯哀公問於顏闔曰。吾以仲尼為貞幹。國其有瘳乎。（宣云.貞.同楨.）曰。殆哉圾乎。（郭云.圾.危也.）仲尼方且飾羽而畫。（宣云.羽有自然之文采.飾而畫之.則務人巧.）從事華辭。以支為旨。（以支辭為正旨.）忍性以視民。而不知不信。受乎心。宰乎神。夫何足以上民。（視示同.梏其聰明.是不知也.習於矯偽.是不信也.忍飾性以示民.而此不知不信之道.使民受之於其心.主之於其神.此豈足以上民乎.）彼宜女與。予頤與。誤而可矣。（彼.謂仲尼.女.謂哀公.頤.養也.言彼或宜於公與.抑彼待我而養與.有此誤舉.猶之可矣.）今使民離實學偽。非所以視民也。為後世慮。不若休之。（勿用為是.）難治也。（難於圖治.）

施於人而不忘。非天布也。（施於人則欲勿忘.有心見德.非上天布施之大道.）商賈不齒。雖以事齒之。神者勿齒。（世之賤商賈者.以其有市易之情也.故抑之不與士民齒.雖或因事齒之.而其心之神理.仍有不齒之見.今以德相布.與商賈何異.神者二字.與下文神者徵之義同.莊子多用此等句法.）

為外刑者。金與木也。（郭云.金.謂刀鋸斧鉞.木.謂捶楚桎梏.）為內刑者。動與過也。（郭云.靜而當.則內無刑.）宵人之離外刑者。金木訊之。（宵小古字通用.離.同罹.下同.訊.問也.）離內刑者。陰陽食之。（成云.若不止分.則內結寒暑.陰陽殘食之也.）夫免乎外內之刑者。唯真人能之。〔成云。心若死灰。內不滑靈府。形同槁木。外不挂桎梏。唯真人哉。〕孔子曰。凡人心險於山川。難於知天。天猶有春秋冬夏旦暮之期。人者厚貌深情。故有貌愿而益。〔釋文。愿。謹愨也。俞云。益當作溢。溢之言驕溢也。荀子不苟篇。以驕溢人。是也。愿與溢義正相反。〕有長若不肖。〔成云。心實長者。形如不肖。〕有順懁而達。〔柔順懁急而內通事理。〕有堅而縵。〔外堅強而內緩弱。〕有緩而釬。〔釋文。釬。胡旦反。又音干。急也。案外舒遲而內悍急。〕故其就義若渴者。其去義若熱。〔宣云。進銳而退速。〕故君子遠使之而觀其忠。〔遠則多欺。〕近使之而觀其敬。〔近則多狎。〕煩使之而觀其能。〔宣云。煩則難理。〕卒然問焉而觀其知。〔宣云。猝則難辦。〕急與之期而觀其信。〔宣云。急則易爽。〕委之以財而觀其仁。告之以危而觀其節。〔宣云。財易起貪。危易改節。〕醉之以酒而觀其側。〔釋文。側不正也。或作則。俞云。上文皆舉美德言之。此獨觀其不正。則不倫矣。其云或作則。當從之。國語周書。威儀有則。周書官人篇。醉之酒以觀其恭。語意相近。大戴禮文王官人篇。作醉之酒以觀其不失也。不失即謂不失法則也。郭嵩燾云。飲酒孔嘉。維其令儀。所謂則也。〕雜之以處而觀其色。〔男女參居。而觀其色之邪正。〕九徵至不肖人得矣。〔以九事徵驗。雖至不肖之人。亦得其情矣。〕

正考父一命而傴。再命而僂。三命而俯。循牆而走。孰敢不軌。〔成云。正考父。孔子十代祖。宋大夫也。士一命。大夫再命。卿三命。傴僂循牆。並敬容極恭。卑退若此。誰敢將不軌之事而侮之也。如而夫者。郭云。而夫。謂凡夫也。一命而呂鉅。郭嵩燾云。方言。呂。長也。說文。鉅。大剛也。亦通作巨。大也。呂鉅。謂自高大。蓋矜張之意。再命而於車上儛。三命而名諸父。孰協唐許。釋文。協。同也。唐。唐堯。許。許由。皆崇讓者也。言誰比同於唐許也。

賊莫大乎德有心而心有睫。宣云。德而有心。已非自然。心中又有多竅。如有睫然。賊何如之。及其有睫也而內視。及其有睫。則方寸之內。審視多端。內視而敗矣。多紛擾之害。

凶德有五。中德為首。謂耳目口鼻心而心為首。何謂中德。中德也者。有以自好也而吡其所不為者也。郭云。吡。訾也。成云。心所好者。自以為是。所不為者。訾而非之。以心中自是為得。故曰中德。

窮有八極。達有三必。形有六府。美髯長大壯麗勇敢。八者俱過人也。因以是窮。宣云。自恃故也。緣循。成云。循。順也。緣物順他。不能自立也。偃佒。釋文。偃佒。守分歸一也。郭嵩燾云。尋釋文意。偃佒即偃仰。猶言俛仰從人也。困畏。郭云。困畏。怯弱也。不若人。三者俱通達。不若人。與上俱過人對文。三者皆自處於不若人。然必通達。知慧外通。逐外者其神勞。下文所云。其功外也。勇動多怨。壯往者仇隙眾。仁義多責。解仁義者責望厚。達生之情者傀。達於知者肖。郭云。傀然大恬解之貌也。王念孫云。郭以傀為大。是也。肖當訓小。方言。肖。小也。

廣韻同。肖與傀正相反。言任天則大，任智則小也。達大命者隨，大命，謂天命之精微。達之則委隨於自然而已。達小命者遭。小命，謂人各有命。達之則安於所遭，亦無怨對。

人有見宋王者，錫車十乘，以其十乘驕穉莊子。李云：自驕而穉莊子也。郭慶藩云：穉，亦驕也。管子軍令篇：工以雕文刻鏤相穉。尹知章注：穉，驕也。莊子曰：「河上有家貧恃緯蕭而食者，郭慶藩云：北堂書鈔簾部、御覽七百並引司馬云：蕭，蒿也。織緝蒿為薄簾也。其子沒於淵，得千金之珠。其父謂其子曰：『取石來鍛之！釋文：謂椎破之。夫千金之珠，必在九重之淵而驪龍頷下，子能得珠者，必遭其睡也。使驪龍而寤，子尚奚微之有哉！』宣云：言殘食無餘也。今宋國之深，非直九重之淵也；宋王之猛，非直驪龍也。子能得車者，必遭其睡也。使宋王而寤，子為韲粉夫！」

或聘於莊子，莊子應其使曰：「子見夫犧牛乎？成云：犧，養也。君王預前三月養牛祭宗廟曰犧。衣以文繡，食以芻叔，釋文：叔，大豆也。及其牽而入於太廟，雖欲為孤犢，其可得乎！」

莊子將死，弟子欲厚葬之。莊子曰：「吾以天地為棺槨，以日月為連璧，星辰為珠璣。萬物為齎送。吾葬具豈不備邪。何以加此。弟子曰。吾恐烏鳶之食夫子也。莊子曰。在上為烏鳶食。在下為螻蟻食。奪彼與此。何其偏也。

以不平平。其平也不平。（以偏見平天下。其平仍是不平。）以不徵徵。其徵也不徵。（郭云。徵。應也。成云。聖人無心。有感則應。此真應也。若有心應物。不能應也。）明者唯為之使。（成云。自炫其明以應務。為物驅使。何能役人。）神者徵之。（宣云。任神理者。則無往而不應。）夫明之不勝神也久矣。而愚者恃其所見。（專用己智。）入於人。（宣云。溺於人事。）其功外也。（其功力皆徇外矣。）不亦悲乎。

雜篇　天下第三十三

天下之治方術者多矣。（成云。方。道也。）皆以其有為不可加矣。（宣云。其有。謂所學。）古之所謂道術者。果惡乎在。曰。无乎不在。曰。神何由降。明何由出。（既無不在。則神聖明王。何由降出。獨與眾異。宣云。又設問也。）聖有所生。王有所成。皆原於一。（下文所云。內聖外王之道。宣云。又答。）不離於宗。謂之天人。（不離。若孔子言顏氏之不違。宗。主也。謂自然。）不離於精。謂之神人。（成云。淳粹不雜。謂之神妙。）不離於真。謂之至人。（成云。凝然不假。謂之至極。）以天為宗。以德為本。以道為門。兆於變化。變化不測。隨物見端。謂之聖人。成云。以上四人。止是一耳。隨其功用。故有四名。以仁為恩。以義為理。以禮為行。以樂為和。薰然慈仁。謂之君子。宣云。君子是道之緒餘。以法為分。以名為表。宣云。以法度為分別。以名號為表率。以參為驗。釋文。參本又作操。宣云。以所操文書為徵驗。以稽為決。宣云。以稽考所操而決事。其數一二三四是也。宣云。分明不爽如是。百官以此相齒。宣云。此又一等人。相齒。謂以此為序也。官職是名法之迹。以事為常。事。謂日用。以衣食為主。蕃息畜藏老弱孤寡為意。皆有以養。蕃息謂物產。畜藏謂貨財。兼養及無告之人。民之理也。宣云。又一等人。古之人其備乎。配神明。醇天地。育萬物。和天下。澤及百姓。明於本數。係於末度。郭云。本數明。故末不離。六通四辟。釋文。本又作闢。小大精粗。其運无乎不在。其明而在數度者。舊法世傳之史尚多有之。宣云。言史所由傳。其在於詩書禮樂者。鄒魯之士。搢紳先生多能明之。士。儒者。搢紳先生服官者。成云。搢。笏也。亦插也。紳。大帶。宣云。六經所由傳。詩以道志。書以道事。禮以道行。樂以道和。易以道陰陽。春秋以道名分。釋文。道。音導。其數散於天下而設於中國者。設。施也。百家之學時或稱而道之。宣云。百家所由傳。天下大亂。賢聖不明。成云。韜光晦迹。道德不一。成云。法教多端。天下多得一察焉以自好。（一察.猶言一隙之明.）譬如耳目鼻口。皆有所明。不能相通。猶百家眾技也。皆有所長。時有所用。雖然。不該不徧。一曲之士也。判天地之美。析萬物之理。（郭云.各用其一曲.故析判.）察古人之全。寡能備於天地之美。稱神明之容。（釋文.稱.尺證反.成云.觀察古昔全德之人.猶鮮能備兩儀之亭毒.稱神明之容貌.況一曲者乎.）是故內聖外王之道。闇而不明。鬱而不發。天下之人各為其所欲焉。以自為方。（道術.）悲夫。百家往而不反。必不合矣。後世之學者。不幸不見天地之純。古人之大體。道術將為天下裂。不侈於後世。不靡於萬物。不暉於數度。（宣云.不示奢侈.不事靡費.不務光華.）以繩墨自矯。（成云.矯.厲也.用仁義為繩墨.以厲其志行.）而備世之急。（郭云.勤而儉.則財有餘.故急有備.）古之道術有在於是者。墨翟禽滑釐。聞其風而說之。（釋文.墨翟.宋大夫.尚儉素.禽滑釐.翟弟子.不順五帝三王之樂.嫌其奢.）為之大過。己之大循。（循.順也.其為之大過.特己之大順而已.不堪教世也.）作為非樂。命之曰節用。生不歌。死无服。（成云.非樂節用.墨子書二篇名.生不歌.故非樂.死無服.故節用.謂無衣衾棺槨等資葬之服.）墨子汎愛兼利而非鬭。（釋文.化同己儉.為汎愛兼利.郭云.令百姓皆勤儉.各有餘.故以鬭為非.）其道不怒。（成云.克己故不怨怒於物.）又好學而博不異。（郭云.既自以為是.則欲令萬物皆同乎己.）不與先王同。（不以先王為然.）毀古之禮樂。（郭云.嫌其侈靡.）黃帝有咸池。堯有大章。舜有大韶。禹有大夏。湯有大濩。文王有辟雍之樂。武王周公作武。古之喪禮。貴賤有儀。上下有等。天子棺槨七重。諸侯五重。大夫三重。士再重。今墨子獨生不歌。死不服。桐棺三寸而无槨。以為法式。以此教人。恐不愛人。以此自行。固不愛己。宣云．既拂人之性．亦自處於薄．未敗墨子道。今墨之道．尚未敗也．雖然。歌而非歌。哭而非哭。樂而非樂。是果類乎。是果與人情類乎．其生也勤。其死也薄。其道大觳。郭嵩燾云．釋詁．觳．盡也．管子地員篇．又次曰五觳．觳者薄也．使人憂。使人悲。其行難為也。恐其不可以為聖人之道。反天下之心。天下不堪。墨子雖能獨任。自為之．奈天下何。離於天下。其去王也遠矣。宣云．非王者之道．墨子稱道曰。稱其道之所由．昔者禹之湮洪水。決江河。而通四夷九州也。名山三百。俞云．山．當作川．字之誤也．此文專以川言．不當言支川而不及名川．呂覽始覽篇．淮南地形訓．並曰名川六百．支川三千。小者无數。禹親自操槖耜。而九雜天下之川。釋文．槖．舊古考反．崔郭音託．則應作橐．司馬云．盛土器也．耜音似．三蒼云．耒頭鐵也．崔云．捶也．司馬云．盛水器也．九本亦作鳩．聚也．郭嵩燾云．雜匯諸川之水．使同歸於大川．故曰九雜．腓无胈。脛无毛。沐甚雨。櫛疾風。置萬國。奠定萬國．禹大聖也。而形勞天下也如此。使後世之墨者多以裘褐為衣。以跂蹻為服。（成云。後世墨者。翟之弟子。裘褐粗衣。木曰跂。草曰蹻。）日夜不休。以自苦為極。曰不能如此。非禹之道也。不足謂墨。（墨戒其徒如此。）相里勤之弟子。五侯之徒。南方之墨者。（成云。姓相里。名勤。南方之墨師。五侯。並學墨人。韓非顯學篇有相里氏之墨。有相夫氏之墨。有鄉陵氏之墨。）苦獲已齒鄧陵子之屬。俱誦墨經。（李云。苦獲已齒。二人姓字也。案鄧陵疑即鄉陵。形近致譌。）而倍譎不同。相謂別墨。（倍譎。倍異詭譎也。自謂墨之別派。）以堅白同異之辯相訾。（宣云。非彼說。）以觭偶不仵之辭相應。（宣云。是一說。觭同奇。釋文。仵同也。案奇偶本不同。強以相應。則無不可同。）以巨子為聖人。（宣云。巨子。墨之高弟。釋文。若儒家之碩儒。）皆願為之尸。（成云。以為師主。）冀得為其後世。（宣云。思繼其統。）至今不決。（宣云。其教不絕。）墨翟禽滑釐之意則是。其行則非也。（成云。意在救世。所以是也。為之太過。所以非也。）將使後世之墨者。必自苦。以腓无胈。脛无毛。相進而已矣。（相進。猶相競。）亂之上也。治之下也。（宣云。亂天下之罪多。教天下之功少。）雖然。墨子真天下之好也。（真天下能好人者也。俞云。即孟子墨子兼愛意。）將求之不得也。（將求救天下之術而不得邪。古邪也字通用。俞云。即心誠求之意。）雖枯槁不舍也。（雖枯槁其身。不忍舍去也。俞云。即孟子摩頂放踵為之意。）才士也夫。（可謂竭才之士也夫。）

不累於俗。（不為物累。）不飾於物。（不自矯飾。）不苟於人。（無所苟且。）不忮於眾。（無所忌害。）願天下之安寧。以活民命。以天下生民為重。人我之養畢足而止。不必求有餘也。以此白心。宣云。暴白其志之無他。古之道術有在於是者。宋鈃尹文聞其風而悅之。成云。宋尹。並齊宣王時人。同遊稷下。(案見漢書藝文志名家。)宋著書一篇。尹著書二篇。咸師於黔而為之名也。性與教合。故聞風悅愛。作為華山之冠以自表。郭云。華山上下均平。接萬物以別宥為始。釋文。始。首也。崔云。別善惡。宥不及。語心之容。命之曰心之行。成云。命。名也。發語吐詞。每令心容萬物。即名此容受而為心行。案言我心如此。推心而行亦如此。以聏合驩。釋文。聏。崔音而。郭音餌。司馬云。色厚貌。崔郭王云。和也。聏和萬物。物合則歡矣。以調海內。強以其道調之。請欲置之以為主。請欲時君。皆置此心以為主。見侮不辱。不自謂辱。救民之鬬。禁攻寢兵。救世之戰。寢。息也。以此周行天下。上說下教。雖天下不取。不取其說。強聒而不舍者也。故曰上下見厭而強見也。上。時君。下。謀臣。雖然。其為人太多。其自為太少。曰。其言若此。請欲固置五升之飯足矣。先生恐不得飽。弟子雖飢。不忘天下。成云。宋尹稱黔首為先生。自謂為弟子。先物後己故也。案宋尹見為置餐者。言請欲先生惟置五升之飯足矣。日夜不休。曰。我必得活哉。圖傲乎救世之士哉。宣云。又言我必得以自活哉。圖活民命。傲救世之士耳。曰。君子不為苛察。不以身假物。以為无益於天下者。明之不如己也。又言君子不宜苛察。故侮厭弗顧。不假外物以為身。故飢飽弗計。人皆自炫其明。然計較太多。雖有益於世而莫之為。故宋尹以為彼之無益於天下者。明之不如己也.以禁攻寢兵為外。宣云.外以此救世.以情欲寡淺為內。宣云.內以此克己.其小大精粗。其行適至是而止。其行止於是.則其道術之大小精粗.亦不過如是.

公而不當。崔本作黨.云.至公無黨也.盧云.作不黨是.易而无私。成云.平易.決然无主。宣云.決去係累.而無偏主.趣物而不兩。宣云.隨物而趨.不生兩意.不顧於慮。不謀於知。無旁顧.無巧謀.於物无擇。與之俱往。古之道術有在於是者。

彭蒙田駢慎到聞其風而說之。成云.並齊之隱士.俱遊稷下.各著書數篇.俞云.據下文.彭蒙.當是田駢之師.意林引尹文子.有彭蒙曰.雉兔在野.眾皆逐之.分未定也.雞豕滿市.莫有志者.分定故也.齊萬物以為首。宣云.以此為第一事.曰。天能覆之而不能載之。地能載之而不能覆之。大道能包之而不能辯之。知萬物皆有所可。有所不可。故曰。選則不偏。必有未應選.教則不至。必有未受教.道則无遺者矣。唯道兼包之.所謂齊也.是故慎到俞云.史記孟荀列傳.慎到.趙人.著十二論.漢書藝文志.法家有慎子四十二篇.名列先申韓.申韓稱之.棄知去己。成云.息慮棄知.忘身去己.而緣不得已。泠汰於物。以為道理。釋文.泠汰.猶沙汰也.泠.音零.案言到雖棄知去己.而因必不得已.始沙汰人物一番.守此以為道理.曰知不知。將薄知而後鄰傷之者也。其言曰.凡知人之道.當如不知.將薄有所知.而已近於傷之者也.此到之棄知.成云.鄰.近也.謑髁无任。而笑天下之尚賢也。釋文.謑髁.訛倪不正貌.案其用人.雖謑髁不正.

無可任使.而以天下尚賢為笑.縱脫无行而非天下之大聖。其在己縱恣脫略.無行可稱.而以天下大聖為非.卑之無高論也.椎拍輐斷與物宛轉。郭云.猶有椎拍.故未泯合.釋文.輐圓也.案郭釋椎拍.謂如椎之拍.凡物稍未合.以椎重拍之.無不合矣.是椎拍之義.言強不合者使合也.輐斷.謂雖斷而甚圓.不見決裂之迹.皆與物宛轉之意也.此到之去己.舍是與非苟可以免。宣云.不執是非.庶無累也.不師知慮不知前後。釋文.上知音智.案不師人之智慮.不問事之前後.魏然而已矣。大公平易.故能巍然.推而後行。曳而後往。若飄風之還。宣云.迴還無方.若羽之旋。宣云.羽自空而下.旋轉不定.若磨石之隧。磨文石.作隧道.喻其光滑.全而无非。故能自全.而不見非責.動靜无過。未嘗有罪。靜無過.動亦無過.罪何由至.是何故。假設疑問.言何故能如此.夫无知之物。无建己之患。无用知之累。動靜不離於理。是以終身无譽。无知之物.木石是也.言譬彼無知之物.不建己以為標準.故不來指目之患.不用智以相推測.故不受嫉忌之累.移之則動.置之則靜.恆不離於物理.明白易見.是以終其身無譽之者.無譽則亦無咎矣.故曰至於若无知之物而已。到之言推極於此.无用賢聖。夫塊不失道。何用賢聖為哉.彼土塊亦不失為道也.豪桀相與笑之曰。愼到之道。非生人之行。而至死人之理。適得怪焉。其能事之豪桀.則相與笑之.曰.慎子之道.非是生人之行.而至於有死人之理.適足得世之怪詫焉而已.田駢亦然。其言相同.舉以包駢.學於彭蒙。得不教焉。不教之教.觀其所行.學焉而心自得也.舉蒙之弟與師.而蒙可知.彭蒙之師曰。古之道人。至於莫之是莫之非而已矣。

與慎到言至於若無知之物無異。其風窢然。惡可而言。向郭云。窢。逆風聲。言古道人之風教窢然迅過。惡可言傳。常反人。不見觀。常反人之意議。不見為人所觀美。下文云。以反人為實。而不免於魭斷。即不得已而用斷決。亦惟與物宛轉。不免於慎到之輐斷。輐鯇音義同也。其所謂道非道。而所言之韙不免於非。郭云。韙。是也。案謂彭師之言。是中有非。於道則未見也。彭蒙田駢慎到不知道。故此三人者。直謂之不知道。雖然。概乎皆嘗有聞者也。然論其梗概。皆嘗有舊聞。如棄知去己。必非無所師承。乃其緒論去之彌遠耳。

以本為精。以物為粗。成云。本。無也。物。有也。用無為妙道為精。用有為事物為粗。以有積為不足。郭云。寄之天下皆有餘也。澹然獨與神明居。宣云。此虛玄無為之教。古之道術有在於是者。關尹老聃聞其風而悅之。釋文。關尹。關令尹喜也。或云。尹喜字公度。老聃即老子也。為喜著書十九篇。成云。周平王時。函谷關令。故謂之關尹。俞云。漢志道家有關尹子九篇。注云。名喜。為關吏。或以尹喜為姓名。失之。又漢志無老子十九篇之書。呂覽不二篇。關尹貴清。高注。關尹。關正也。名喜。能相風角。知將有神人。而老子到。喜說之。請著上至經五千言。上至經之名。他書未見也。建之以常无有。主之以太一。成云。建立言教。以凝常無物為宗。悟其恉歸。以虛通太一為主。以濡弱謙下為表。以空虛不毀萬物為實。成云。表。外也。以柔弱謙和為權智外行。以空惠圓明為實智內德。

關尹曰。在己无居。形物自著。宣云。己無私主。隨物同著。其動若水。其靜若鏡。其應若響。宣云。皆無心故。芴乎若亡。寂乎若清。同焉者和。得焉者失。宣云。同物則和。自得則失。未嘗先人而常隨人。成云。和而不唱。

老聃曰知其雄守其雌宣云.能而處於不能.為天下谿宣云.處下待輸有而不積.知其白守其辱潔而不為自潔.為天下谷宣云.居虛受感應而不藏.人皆取先己獨取後曰受天下之垢人皆取實己獨取虛无藏也故有餘巋然而有餘郭云.獨立自足之謂.宣云.疊一語.甚言之.其行身也徐而不費宣云.不先故徐.不先則少事.少事故不費.无為也而笑巧無為似拙.而可以笑彼巧者.人皆求福己獨曲全曰苟免於咎人求福不已.己獨委曲.以保安全.曰苟免咎禍而已.以深為根以約為紀成云.以深玄為德之本根.以儉約為行之綱紀.曰堅則毀矣銳則挫矣常寬容於物不削於人成云.知足守分.故不侵削於人.可謂至極姚本.可謂作雖未.云從李氏本改.關尹老聃乎古之博大真人哉

芴漠无形變化无常死與生與天地並與齊物論篇云.天地與我並生.神明往與芒乎何之忽乎何適神明往而不知所適.萬物畢羅宣云.無不包也.莫足以歸無可為我歸宿者.古之道術有在於是者莊周聞其風而悅之以謬悠之說釋文.謂若忘於情實者也.荒唐之言荒.大也.唐.空也.无端崖之辭無端可尋.無崖可見.時恣縱而不儻恣縱.謂縱談恣論.不儻.成云.不偏黨.非也.釋文作而儻無不字.近之.謂忽然而至也.不以觭見之也成云.觭.不偶也.宣云.言不以一端自見.以天下為沈濁不可與莊語莊語.猶正論.以卮言為曼衍以重言為真以寓言為廣因世人不

可與莊語。故以此三言為說。已見寓言篇。曼衍。因其事理而推衍之。所謂巵言日出。因以曼衍也。重言。述尊老之言。使人聽之而以為真。故曰所以已言也。寓言。以廣人之意。所謂藉外論之也。獨與天地精神往來。○以精神與天地往來。寄於至高之境。姚云。莊以關尹老聃。不過如篇首所云。不離於真之至人。猶未至極。若莊生之獨與天地精神往來。則所謂不離於宗。謂之天人者。而不敖倪於萬物。○未嘗鄙棄萬物。存驕亢之見。敖倪與傲睨字同。不譴是非。○以與世俗處。○不責人之是非。以與世俗混處。成云。譴。責也。其書雖瓌瑋。○而連犿无傷也。○釋文。瓌瑋。奇特也。犿。本亦作抃。同。芳袁反。又敷晚反。李云。宛轉貌。一云。相從貌。謂與物相從不違。故無傷也。其辭雖參差。○而諔詭可觀。○成云。參差者。或虛或實。不一其言也。諔詭。言滑稽也。彼其充實○不可以已。○夫其詞理充實。不能自已。上與造物者遊。○而下與外死生无終始者為友。○其於本也。○宏大而辟。○同闢。深閎而肆。○宣云。放縱也。其於宗也。○可謂稠適而上遂矣。○釋文。稠。音調。本亦作調。案遂。竟也。達也。言其於所宗主也。可謂調通而上達者矣。蘇輿云。此即篇首所謂不離於宗者。雖然。其應於化而解於物也。○其理不竭。○其來不蛻。○芒乎昧乎。○未之盡者。○然其因應於變化而冥解於物情也。其用不竭。其來不遺。芒昧如不可見。未有能盡其妙者。

惠施多方。○方。術也。其書五車。○言其多。其道舛駁。○郭慶藩云。司馬本。舛作踳。文選魏都賦注。引司馬云。踳讀曰舛。駁。色雜不同也。又引司馬此注。一作舛馳。法言敘曰。諸子各以其知舛馳。淮南俶真訓。二者代謝舛馳。氾論訓。見聞舛馳於外。說山訓。分流舛馳。玉篇引作僢馳。義亦同也。其言也不中。○中。竹仲反。歷物之意。○曰。○

其歷指事物之意.有曰.至大无外.謂之大一。至小无內.謂之小一。杜撰小一.以配大一.无厚不可積也.其大千里。司馬云.苟其可積.何但千里乎.天與地卑.山與澤平。天地一致.山澤均平.日方中方睨.物方生方死。成云.睨.側視也.居西者呼為中.處東者呼為側.則無中側也.猶生死也.生者以死為死.死者以生為死.日既中側不殊.物亦死生無異也.大同而與小同異.此之謂小同異。謂之大同.而與小同有異.是同異雜也.然止謂之小同異.萬物畢同畢異。此之謂大同異。如寒暑晝夜.是萬物畢同畢異也.方謂之大同異.南方无窮而有窮。宣云.謂之南.已有分際.舉一以反三也.今日適越而昔來。宣云.知有越時.心已先到.案此語又見齊物論篇.彼來作至.連環可解也。成云.環之相貫.貫於空虛.不貫於環.是以兩環貫空.不相涉入.各自通轉.故可解也.我知天下之中央。燕之北。越之南是也。此擬議地球中懸.陸路可達.故燕北即是越南.與鄒衍瀛海之談又別.氾愛萬物。天地一體也。宣云.天地非大.我非小.惠施以此為大觀於天下。而曉辯者。天下之辯者相與樂之。惠自以為於天下之理獨觀其大.以此曉示辯人.辯人亦樂之也.卵有毛。宣云.卵無毛.則鳥何自有也.雞三足。司馬云.雞兩足所以行.而非動也.故行由足發.動由神御.今雞雖兩足.須神而行.故曰三足也.郢有天下。宣云.稱王自大.犬可以為羊。宣云.犬羊之名.皆人所命.若先名犬為羊.則為羊矣.馬有卵。成云.胎卵溼化.人情分別.以道觀者.未始不同.鳥卵既有毛.獸胎何妨名卵.丁子有尾。成云.楚人呼蝦蟆為丁子.蝦蟆無尾.人所共知.以道觀之.無體非無.非無尚得稱無.何妨非有可名尾也.案蝦蟆初生.無足有尾.聞雷後.足出而尾沒矣.火不熱。宣云.人皆火食.是不熱.山出口。宣云.空谷傳聲.

輪不蹍地。輪轉不停，蹍地則何以轉。目不見。宣云：見則何以不自照。指不至，至不絕。有所指，則有所遺，故曰指不至。下至字，疑耳之誤。數語皆就人身言。耳雖有絕響之時，然天下古今，究無不傳之事物，是不絕也。至字緣上而誤，遂不可通矣。龜長於蛇。成云：夫長短相形，無長非短，謂蛇長龜短，乃物之滯情，今欲遣此迷惑，故云龜長於蛇。俞云：即莫大於秋豪之末，而泰山為小意。矩不方。宣云：天下自有方，非以矩。規不可以為圓。宣云：天下自有圓，非以規。鑿不圍枘。成云：鑿，孔也。枘者，內孔中之木。宣云：枘自入之耳，鑿未嘗圍之。飛鳥之景未嘗動也。鳥飛多以晝，故云影未嘗動。司馬引墨子云：影不徙也。鏃矢之疾而若不行不止之時。鏃矢行止，人為之也。專以鏃矢言，是有不行不止之時矣。狗非犬。成云：狗犬同實異名。名實合，則彼所謂狗，此所謂犬也。名實離，則彼所謂狗，異於犬也。墨子曰：狗，犬也。然狗非犬也。黃馬驪牛三。宣云：二色與體為三。白狗黑。宣云：白黑，人所名。烏知白之不當為黑乎。孤駒未嘗有母。李云：駒生有母，言孤則無母。孤稱立，則母名去也，故孤駒未嘗有母。一尺之捶，日取其半，萬世不竭。司馬云：捶，杖也。若其可析，則常有兩；若其不可析，其一常存，故曰萬世不竭。辯者以此與惠施相應，終身无窮。桓團公孫龍辯者之徒，成云：桓，公孫，並趙人，辯士，客遊平原君之門，而公孫龍著守白論，見行於世。飾人之心，易人之意，成云：彫飾人心，改易人意。能勝人之口，不能服人之心，辯者之囿也。宣云：辯者迷於其中而不能出。惠施日以其知同智。與人之辯，及其同遊之人所辯論。特與天下之辯者為怪，成云：特，獨也。字亦有作將者。案為怪，謂騁其譎異。此其柢也。俞云：柢，與氐通。史記秦始皇紀，大氐盡畔秦吏。正義：氐，猶略也。此其柢也，猶云此其略也。然惠施之口談，自以為最賢，自以為解理最賢於眾. 曰天地其壯乎。司馬云.惠唯以天地為壯於己也. 施存雄而无術。司馬云.施意在勝人而無道理之術. 南方有倚人焉。曰黃繚。釋文.倚.本或作畸.同.李云.異也.成云.姓黃.名繚.不偶於俗. 問天地所以不墜不陷。風雨雷霆之故。惠施不辭而應。不慮而對。成云.不辭謝而應機.不思慮而對答. 徧為萬物說。成云.徧為陳說萬物根由. 說而不休。多而无已。猶以為寡。益之以怪。成云.加奇怪以騁其能. 以反人為實。而欲以勝人為名。是以與眾不適也。成云.不能和適. 弱於德。陳於物。內弱外強. 其塗隩矣。隩.曲而隱也.非大道. 由天地之道。觀惠施之能。其猶一蚉一䖟之勞者也。其於物也何庸。成云.庸.用也. 夫充一尚可。宣云.內聖外王.皆原於一.充之而可.何須逐物邪. 曰愈貴道。幾矣。曰.詞也.言愈自貴重.不須多言.於道亦庶幾矣. 惠施不能以此自寧。自安定其心. 散於萬物而不厭。成云.散亂精神. 卒以善辯為名。惜乎。惠施之才。駘蕩而不得。釋文.駘.李音殆.放也.宣云.不得.無所得. 逐萬物而不反。是窮響以聲。形與影競走也。聞響大而高聲.不知聲宏而響愈振.見影來而疾走.不知形捷而影競隨之也. 悲夫。

新譯莊子讀本　◎黃錦鋐／注譯

《莊子》一書對中國哲學、文學、藝術均有深遠影響，因此可說是研究中國文化者所不可不讀。不過《莊子》的文字瑰奇，變幻多端，一般讀者頗難以窺其端倪。本書參考、引述前人與時賢之著述，加以注釋、語譯，力求通俗易曉，以供初學《莊子》的讀者參考之用，也盼能為進一步的深入研究開一坦途。

莊子　◎吳光明／著

本書以考證訓詁為準備工作，直接探入莊子特異的核心妙境，一面持續推理以達西方哲學般的理脈一貫，論理謹密，另一面由哲思內容及詩趣方法的互纏共響，呈現中國哲學的特色。

本書既闡明莊子所掀起的方法論的革新，又與孔子、孟子、老子及蘇格拉底、魯克雷雕斯等東西賢哲對話，而襯出莊子又玄奧又現實的特殊意境。

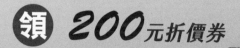

國家圖書館出版品預行編目資料

莊子集解／王先謙著.－－五版九刷.－－臺北市：東大，2024
面；　公分

ISBN 978-957-19-2786-2（平裝）
1. 莊子－註釋

121.332　　93017671

古籍重刊

莊子集解

作　　者　王先謙
創 辦 人　劉振強
發 行 人　劉仲傑
出 版 者　東大圖書股份有限公司（成立於 1974 年）

地　　址　臺北市復興北路 386 號　（復北門市）　(02)2500-6600
　　　　　臺北市重慶南路一段 61 號（重南門市）　(02)2361-7511

出版日期　初版一刷 1974 年 7 月
　　　　　四版二刷 1999 年 5 月
　　　　　五版一刷 2004 年 10 月
　　　　　五版九刷 2024 年 5 月
書籍編號　E030100
I S B N　978-957-19-2786-2